LE SCANDALE DE LA FIFA

Andrew Jennings

LE SCANDALE DE LA FIFA

traduit de l'anglais et adapté
par Bruno Capaldi et Éric Wattez

Préface de Romário de Souza Faria

Éditions du Seuil
25, bd Romain-Rolland, Paris XIVe

La traduction et l'adaptation
sont de Bruno Capaldi et Éric Wattez
Titre original : *The Dirty Game*
Éditeur original : Century (Hutchinson), London

ISBN original : 978-1780895420

ISBN 978-2-02-129915-1

www.seuil.com

Comme toujours, pour les fans… et les oursons

« Les chansons douces ne durent jamais trop
longtemps sur les radios brisées »

John Prine, *Sam Stone*, 1971

Préface

La plupart des journalistes n'ont pas le courage d'Andrew Jennings. Il a la capacité et la volonté de faire connaître la vérité par tous les moyens, dans les journaux, à la radio, sur Internet et à la télévision. Andrew est l'un de ces professionnels envers qui j'ai un respect total, ses articles et ses livres sont autant de coups portés à la FIFA. Je suis heureux de dire que si mon travail ici au Congrès a été aussi positif, c'est en partie grâce aux éléments qu'il m'a procurés. Merci à lui, qu'il continue de m'alimenter. Je ne me prends pas pour Andrew Jennings, je suis Romário ! Comme lui, j'ai du cran et je n'abandonne jamais en cours de partie.

Romário de Souza Faria
Champion du monde de football 1994
et député fédéral

27 mai 2015, 6 heures du matin

Toc toc toc... « Veuillez vous habiller et sortir les mains en l'air..., monsieur. » Sept cadres de la FIFA trop bien nourris sont ainsi tirés de leurs lits dans l'un des plus luxueux hôtels du monde – où ils descendent aux frais du football – et conduits dans des cellules en béton au commissariat de police de Zurich – aux frais du contribuable suisse. Les mains en l'air ? Pas si sûr. Les dirigeants de la FIFA n'ont pas coutume d'obéir aux lois, quelles qu'elles soient. Les policiers doivent être prudents.

Je savais que cela arriverait un jour, mais le FBI refusait de me dire quand ils allaient frapper. Plus de trois ans auparavant, je leur avais transmis les documents cruciaux de la FIFA qui ont provoqué cette descente à l'aube à l'hôtel Baur au Lac. J'avais dû faire preuve de patience. D'une grande patience.

Je savais que les preuves rassemblées par la brigade du FBI chargée de la lutte contre le crime organisé eurasien basée à New York faisaient l'objet d'une évaluation par le Département de la Justice à Washington et étaient examinées par un grand jury d'East New York. Le procureur de Brooklyn, Loretta Lynch, supervisait cette enquête secrète depuis des années, à mesure qu'elle s'étendait de par le monde.

Les preuves que j'avais fournies au FBI en août 2011 révélaient que Chuck Blazer, un Américain membre de l'équipe dirigeante de la FIFA, menant une vie d'une fabuleuse opulence dans la Trump Tower à Manhattan, volait chaque année des millions de dollars à la FIFA et aux organisations régionales de football. Il s'était « évaporé » hors des États-Unis pour éviter de payer des impôts. J'avais découvert qu'il cachait sa fortune dans les paradis fiscaux des Caraïbes. Le FBI avait transmis mes documents au fisc américain et peu après, Chuck Blazer, d'une obésité grotesque, avait été arrêté à Manhattan sur son scooter électrique d'aide à la mobilité.

Quelques jours plus tard, Blazer, confronté à la perspective de finir ses jours en prison, capitulait et devenait un témoin d'État, mettant en cause des douzaines d'autres escrocs de la FIFA impliqués eux aussi dans les extorsions de pots-de-vin contre l'attribution de droits de marketing et de télévision pour ses tournois de football.

Blazer fut transféré à Londres où il enregistra secrètement certains officiels de la FIFA et leurs associés véreux. L'un d'eux négocia de plaider coupable et remboursa la somme ahurissante de 151 millions de dollars qu'il avait siphonnée en dessous-de-table et pourcentages sur contrats. Il accepta qu'on lui branche un micro et piégea ainsi plusieurs autres officiels éminents de la FIFA, dont certains furent arrêtés à Zurich.

Plus d'un an avant que je leur transmette les documents de Blazer, le FBI m'avait contacté pour me demander de les aider à identifier quelques-uns des escrocs de la FIFA. Ils avaient vu mes documentaires à la télévision et lu mon premier livre qui mettait au jour le racket de la FIFA. Ils savaient que j'étais très informé et que j'avais des sources bien implantées dans les profondeurs opaques de la FIFA. Ils semblaient enquêter alors sur une organisation criminelle de blanchiment d'argent.

Est-ce qu'un journaliste doit aider le FBI ? La question ne se posait pas. Les polices européennes avaient fermé les yeux devant l'accumulation de preuves que j'avais déjà publiées et montrées à la télévision. Les responsables britanniques du football m'évitaient, préférant les prébendes qu'ils acceptaient avec gratitude du président Blatter.

Contre toute attente, je fus invité à Londres par un intermédiaire de confiance pour rencontrer des personnes qui se révélèrent être des agents spéciaux du FBI et des fonctionnaires du Département (américain) de la Justice luttant contre le crime organisé. Il me sembla qu'ils étaient prêts à faire le travail que les autres autorités judiciaires, notamment celles de la Suisse, se gardaient bien de faire.

En lisant l'acte d'inculpation ahurissant de 164 pages que le Département de la Justice a rendu public après la descente de police de Zurich, je me rends compte que ce sont mes preuves qui ont provoqué le cataclysme à la FIFA, l'affaire du jour dans le monde entier.

La nouvelle ministre de la Justice américaine à Washington, en fonction depuis à peine un mois, n'était autre que Loretta Lynch, qui avait supervisé l'enquête sur les crimes de la FIFA pendant des années à New York. Elle déclara : « Ils étaient censés faire respecter les règles qui garantissent l'honnêteté dans le football. Au lieu de cela, ils ont corrompu les affaires du football mondial pour servir leurs propres intérêts et s'enrichir personnellement » Au cas où cela n'aurait pas suffi à inquiéter les officiels de la FIFA qui restaient tapis à Zurich et ailleurs, elle ajouta : « Le Département de la Justice est déterminé à mettre un terme à ces pratiques, à éradiquer la corruption et à traduire en justice les malfaiteurs. »

Ouille !

Les officiels arrêtés – et ceux qui craignent de l'être – mettront du temps à comprendre qu'ils ont fait quelque chose de mal. Les pots-de-vin et les dessous-de-table étaient monnaie courante depuis que João Havelange devint, avec l'aide du crime organisé, président de la FIFA en 1974. Le sport le plus populaire de la planète était depuis contrôlé par des voyous dénués de toute moralité, dont la plupart portaient d'impressionnants blazers de la FIFA.

Le reste du monde du sport, tenu à l'écart du palais de verre de la FIFA sis sur une colline au-dessus de Zurich, sentait l'odeur de pourriture et huait le président Blatter lorsqu'il osait se montrer en public. Mais on ne connaissait pas le détail des vilénies. Eux savaient, et ils se regardaient en admirant leurs camarades voleurs et corrupteurs, entourés d'une poignée de naïfs qui jouissaient du style de vie extraordinaire qu'Havelange puis Blatter leur procuraient afin qu'ils se tiennent à carreau. Peu sont minces ; la plupart se sont gavés de homard, de caviar et de vins fins pendant des décennies.

Ils en étaient venus à penser qu'arnaquer le football était une prérogative que Dieu leur avait accordée, au même titre que les sièges spacieux en cuir à l'avant des avions, les limousines, la fréquentation de présidents, de Premiers ministres et de monarques. Parfois, ils étaient couverts de pétales de rose par des petits enfants en Inde, décorés de guirlandes par de jolies jeunes femmes ailleurs, et plus tard dans la journée, gratifiés de faveurs sexuelles selon leurs goûts.

À présent, lorsqu'ils se regardent dans leur miroir en se rasant, ils voient des victimes persécutées par l'impérialisme américain et des gens sans distinction – tels des journalistes. Leurs avocats leur expliquent, avec lassitude, que leurs pots-de-vin en dollars américains transitaient par les banques de New York, ce qui donnait lieu automatiquement à une foule de crimes passibles de poursuites.

Pendant la décennie où j'ai couvert la corruption policière à Londres, j'ai passé pas mal de temps avec des criminels majeurs, des braqueurs de banques et autres bandits armés. Ils corrompaient les inspecteurs pour ne pas aller en prison. Ils méprisaient ces derniers et admiraient ceux qui étaient honnêtes.

Leur métier était technique et dangereux, me disaient-ils, fièrement : « Andrew, je suis un criminel professionnel. » Ils étaient plus honnêtes que ces maquereaux qui se dupent eux-mêmes dans leurs blazers de la FIFA en prostituant un sport honnête pour s'enrichir.

Havelange a encouragé les malversations et Blatter l'a laissée continuer. Les gros ne font pas de révolution de palais, ils exploitent leur monopole pour engraisser. Blatter, devenu dément avec l'âge à cause du pouvoir n'a pas exercé le contrôle qu'il aurait dû. John Gotti aurait descendu un membre du comité exécutif par an pour faire régner la discipline.

Tout cela prit une tournure fatale le 2 décembre 2010. Blatter aurait dû donner des instructions à ses comparses réunis à la table de la FIFA pour décider de l'attribution des Coupes du monde de 2018 et 2022 : « Vous pouvez accepter les pots-de-vin de n'importe qui, comme d'habitude. Mais on ne peut pas aller au Qatar. Il y fait trop chaud l'été et on ne peut pas risquer la colère des fans, des clubs, des chaînes de télévision – ni le spectacle interminable de cercueils renvoyés au Népal.

» Pareil pour la Russie. Si le prix du baril ne tient pas et si le rêve de Poutine de rebâtir l'empire soviétique déclenche un effondrement financier, il ne pourra pas se payer la Coupe 2018. Ils devront revenir sur leurs promesses de stades, d'hôtels, d'aéroports. Les fans ne s'aventureront pas plus loin que Moscou. »

Mais Blatter fut léthargique, trop occupé à se mirer dans la glace, baignant dans la béatitude des hommages d'un ancien président des États-Unis et d'un futur roi d'Angleterre.

Il laissa ses parasites grouper les votes pour les deux Coupes du monde en une fois, afin de doubler les dessous-de-table quand il était encore temps, dépassant les bornes de façon fatale. Arrogants, cupides, sûrs de leur impunité, ils déposèrent des bulletins de vote qui allaient inévitablement leur exploser à la figure, et à celle du football.

Cela a pris beaucoup de temps, peut-être trop dans la carrière d'un journaliste. Je ne suis pas rapide, je suis lent et méthodique ; il m'a fallu observer longtemps ces pauvres types pour comprendre leurs manigances. Voici comment cela marchait :

Le sport déclenche les passions ; la passion engendre l'argent ; cet argent et les officiels qui le contrôlent ne sont soumis à aucune règle ; le crime organisé remplit le vide ; les escrocs privatisent le sport, le vendent aux grandes marques mondiales au moyen de leurs compagnies de marketing poreuses.

Les enfants continuent à jouer nu-pieds, sans chaussures, ni douches ni équipement décent. L'argent est parti, parfois aux Caïmans, parfois à Vaduz.

« **Monsieur Jennings**, vous devez vous sentir reconnu ? » s'enquit un régiment de journalistes de télévisions étrangères quand je me présentai à Zurich avec mon équipe de la BBC après les arrestations. En effet. De la part de Chuck Blazer, j'avais reçu des compliments d'une autre nature. Comme il se doit, en 2011, je lui avais envoyé une série de questions pour qu'il puisse réagir à l'article que j'allais publier sur ses rackets.

« Vous êtes minable comme journaliste » avait lancé Blazer du haut de la Trump Tower le 17 juillet 2011 à 16 heures 57 minutes et 21 secondes. J'ai publié mon article, puis appelé les agents fédéraux.

J'ai fait des reportages de guerre au Moyen-Orient, en Tchétchénie, en Amérique centrale et dans les pubs de Londres où certains buveurs ont l'habitude de venir armés de pistolets ou de couteaux. Je sais ce que c'est que de trembler de peur. Quand les voyous de la FIFA tentent de m'intimider, cela ne fait que m'irriter.

« **Mères de famille en chaleur** : cliquez ici pour vous désabonner. » Vous êtes attiré par ces poitrines qui tournoient sur votre écran… et vous regardez votre ordinateur mourir. Tous les matins lorsque je relève mon courrier électronique, j'efface ces messages de jeunes femmes d'une saisissante beauté m'invitant à me régaler de leurs photos ou plus. Il suffit d'un clic pour les avoir. Pendant un temps je recevais des alertes d'informations de la BBC et de CNN semblant tout à fait authentiques, avec des exclusivités du type « Le gouvernement britannique finance secrètement l'État islamique » – envoyées directement par des trolls d'Europe centrale grassement rémunérés. « Cliquez ici pour plus d'infos. » Non merci.

Un certain voyou de la FIFA était tellement énervé par mon blog qu'il paya pour le faire frapper par des attaques massives de « déni de service » (DDOS, ou *distributed denial of service*) qui, à leur apogée, ont paralysé une partie conséquente du trafic internet du Royaume-Uni et touché près de la moitié de celui provenant de l'étranger. Mes limiers ont pu déterminer que ces attaques provenaient de Russie, de Biélorussie, d'Ukraine et de Chine. Est-ce que la FIFA a payé ? Je vais demander aux flics suisses de chercher plus à fond dans les factures et les paiements de la FIFA.

Ma plus grosse enquête sur la corruption dans le domaine du sport avant celle sur la FIFA portait sur le Comité international olympique (CIO). Il a fallu une décennie pour mettre au jour la vénalité structurelle du CIO et révéler qu'elle était organisée par un fasciste impénitent – Juan Antonio Samaranch – qui pensait que la Seconde Guerre mondiale avait été gagnée par la mauvaise équipe. Sa malhonnêteté institutionnelle fut dévoilée en 1999 dans le scandale des votes contre espèces ou faveurs sexuelles grâce auxquels Salt Lake City obtint l'attribution des Jeux d'hiver de 2002.

Aucun membre du CIO n'a été arrêté, quelques personnes insignifiantes ont été sacrifiées et les services d'une grande agence de relations publiques ont été achetés pour inonder la presse de communiqués sur une réforme qu'il est difficile aujourd'hui de détecter. Le comité s'en est sorti indemne.

Mais tout est fini pour la flaque fangeuse qu'est devenue la FIFA. Les enquêtes se multiplient et le FBI a promis de nouvelles arrestations, dont certaines seront spectaculaires. On a eu notre dose d'« enquêteurs indépendants » grassement rémunérés par Blatter et d'agents complaisants qui pondent des rapports impubliables – principalement parce qu'ils sont vides. Les publier révélerait leur ineptie. On les brandit pour les faire miroiter aux journalistes et les convaincre qu'un jour des vérités dérangeantes seront dévoilées. Ils rêvent. Elles l'ont déjà été.

Le football doit abandonner le palais cossu de Blatter au-dessus de Zurich, dont le seul coût de nettoyage des vitres est inadmissible. Les flics suisses se dépêchent d'accomplir le travail qu'ils se sont gardés de faire pendant trente ans. Mais il est trop tard pour réarranger les sièges de la salle de réunion du conseil d'administration pour les fesses des officiels et des « conseillers stratégiques », pour déchiqueter les documents qui listent l'immense « salaire » de Blatter, ses bonus, ses indemnités, et les vols en première classe pour ses petites amies, et dire ensuite que tout a été réformé. Et reprendre les voyages dans les grands fauteuils en cuir, bien à l'écart des fans qui transpirent au fond de l'avion.

La règle autoritaire de Blatter, selon laquelle les joueurs, les clubs, les fans ou les associations nationales qui attaqueraient en justice son royaume illégal seront suspendus, peut être oubliée. La protection du sport du peuple nécessite que des policiers et des auditeurs payés par le contribuable veillent. Il est impossible que ce soient des fils de Blatter qui s'en chargent.

En route vers l'ombre, Blatter peut rembourser avec sa retraite de la FIFA les 29 millions de dollars qu'il a dépensés pour son hagiographie intitulée *Passions unies*, le pire film jamais porté à l'écran. Là où il va, il n'aura peut-être pas besoin de retraite.

Embarquer les caisses d'archives, descendre de la colline à l'aéroport et ne jamais revenir. La destination finale de l'avion peut attendre. Entretemps, les fans et les petits clubs ont besoin de conférences nationales, régionales et continentales pour débattre de nouveaux statuts qui remettent tout à plat et donnent réellement le pouvoir à la base. Qui paiera ? Coca-Cola, McDonald's, VISA et Adidas parlent de moralité. Le moment est venu de le montrer dans les actes. Ils peuvent aussi financer la mise en ligne de chaque document des archives. Nous, citoyens, avons obtenu de haute lutte de nos gouvernements la transparence en ligne et la liberté d'information. C'est le tour du football. Les salaires, les dépenses de voyages et d'hôtels, les indemnités journalières des clubs, des fédérations nationales, et de ce qui était la FIFA. Toutes les rencontres en ligne sur Internet. Plus de cachettes. La transparence totale. Plus tout ce qui pourrait nous venir à l'esprit.

Une nouvelle organisation, qui pourrait provisoirement s'appeler l'Union mondiale du football, me redonnera le droit d'assister aux conférences de presse sur le football, droit que Blatter m'avait retiré en 2003 parce que j'en savais trop. Le sigle posera peut-être problème, il faut encore travailler la question.

Je remercie l'émission « Panorama » de la BBC, un magazine bimensuel au Royaume-Uni, les producteurs de la ZDF et d'ARD en Allemagne, NPR, PBS et

« Sixty Minutes » de CBS aux États-Unis ainsi que les médias qui m'ont soutenu au Brésil quand les gamins avaient besoin de nouvelles chaussures.

Maintenant, venez avec moi à la rencontre de la Mafia à Palerme, des gangsters de Rio qui ont appris à João Havelange l'art de la fraude et du détournement de fonds et comment traire la vache à lait du football, et de la bande actuelle dont la corruption nous a finalement donné l'occasion de récupérer le ballon.

Andrew Jennings, Cumbria,
Juin 2015

PROLOGUE

À Palerme

À la rencontre de la Mafia

Palerme, février 1987. Nous sommes dans une orangeraie aux abords de la ville, en train de filmer un petit bâtiment industriel. Il est vide, mais il n'y a pas si longtemps c'était une usine de jus d'orange. Selon les demandes de subventions officiellement déposées auprès de l'Union européenne, c'était même la plus importante usine de jus d'orange au monde.

La Mafia s'en servait pour toucher frauduleusement des subsides publics qui finançaient la production d'un jus d'orange qui n'avait jamais existé. Elle avait versé des dessous-de-table, intimidé des officiels qui avaient validé leurs demandes – et volé des millions de dollars. L'arnaque s'est arrêtée et ces mafieux-là ont disparu. Mais nous sommes en Sicile et on nous regarde.

Une grosse limousine noire avec des vitres teintées s'approche de mon équipe de tournage. Un homme baraqué en sort et marche droit vers moi. Regardant par-dessus son épaule vers un mystérieux et éminent personnage resté dans la voiture, il lâche sèchement : « Y dit, toi pas filmer ici. »

Je fais semblant de ne pas comprendre, juste le temps que mon cameraman vole quelques images supplémentaires du bâtiment abandonné. Alors que le gars commence à verdir de rage, je lui attrape la main et la serre fermement. J'ai juste le temps de lui dire *« Arrivederci »* et de crier à mon équipe : « C'est le moment de filer ! »

C'était une journée pourrie. Plus tôt, on avait poussé jusqu'à Altofonte, une petite ville au-dessus de Palerme. Nous savions que c'était de là que venait un chef mafieux devenu depuis le représentant en chef de l'organisation à Londres. Notre voiture de location s'était vite retrouvée coincée dans les rues étroites. Un moment, nous avions tourné à gauche, à l'aveugle, dans une autre venelle – pour nous retrouver face à un attelage de quatre chevaux avec des plumeaux noirs sur la tête. C'est pas vrai, un enterrement ! Nous avions réussi à nous faufiler à côté des chevaux et du corbillard, n'osant fixer personne dans le cortège. Sans demander notre reste, nous sommes partis par la première route qui s'était présentée.

Un soir de la même semaine, nous étions escortés par des policiers en armes qui nous faisaient passer par des corridors bétonnés et d'épaisses portes métalliques blindées, tout au long d'un labyrinthe situé sous le palais de justice de Palerme. Finalement, nous étions parvenus jusqu'au petit bureau de Giovanni Falcone, le juge antimafia. Un homme jovial qui, bien que se sachant menacé par les tueurs, avait pris le temps de poser ses dossiers, de partager un whisky avec nous et de nous régaler avec ses histoires sur les gangsters que nous pistions.

Cinq ans plus tard, en 1992, la Mafia a eu la peau de Falcone et de son épouse. Sa voiture s'est littéralement désintégrée quand un détonateur a fait sauter une demi-tonne d'explosifs placés dans une canalisation courant sous l'autoroute menant à l'aéroport de Palerme.

J'ai fini le film, démontrant comment la Mafia avait blanchi et rapatrié en Italie, via les banques de la City de Londres et via Bellinzone en Suisse, des millions de dollars provenant du trafic d'héroïne en Amérique. Après ça, j'ai voulu en savoir plus sur le fonctionnement de la Mafia. J'ai lu des essais, des rapports rédigés par des policiers haut gradés et des criminologues qui ont étudié de près l'organisation et les modes opératoires des syndicats du crime. Un travail qui s'est révélé être une préparation idéale pour enquêter sur les fédérations sportives internationales.

J'ai commencé à tourner autour de la FIFA (Fédération internationale de football) dans les années 1990. À partir de 2000, je me suis concentré sur son président, le Suisse Sepp Blatter et son prédécesseur le Brésilien João Havelange. Et très vite, j'ai découvert autour d'eux des complots qui rappellent ceux qui hantent la Sicile – mais transplantés sur un autre continent. J'ai voyagé dans le temps, j'ai fait des recherches et j'ai lu. Cela m'a mené cinquante ans en arrière, jusqu'à Bangu, un quartier à l'ouest de Rio. Du monde des *bicheiros*, les « banquiers » comme on surnomme ceux qui tiennent le *jogo de bicho*, la loterie clandestine brésilienne, je suis ensuite revenu vers l'Europe où j'ai découvert des valises secrètes pleines de lingots que certains ramassent à Zurich. En les suivant, j'ai refait le chemin vers Copacabana et… la Coupe du monde 2014.

AJ

CHAPITRE 1

Bienvenue à Rio

Les fréquentations d'Havelange ont la gâchette facile

Avenidas das Américas, Rio, 8 avril 2010. BOUM ! Le blindage de la Toyota Corolla résiste aux balles, mais les portes en acier renforcé ne peuvent protéger l'adolescent au volant de la bombe qui a été logée sous son siège. Dans leurs deux voitures d'escorte, les gardes du corps armés ne peuvent que pleurer sur le sort de Diogo Andrade, 17 ans, volatilisé sous leurs yeux. Ils ne pourront même pas reconstituer son corps déchiqueté.

Son père, Rogério, assis sur le siège du passager, s'en sort avec un nez cassé. Plus tard, dans un lit de l'hôpital Barra D'Or, il ne pense qu'à sa revanche. Il sait qui a organisé l'attentat à la bombe. Mais comment son équipe de sécurité s'est-elle fait berner ?

Les automobilistes en état de choc restent, eux, coincés derrière les décombres éparpillés sur le boulevard qui longe les somptueuses plages du Barra da Tijuca. Ils regardent hébétés les policiers et les auxiliaires médicaux qui, sous un soleil radieux, tentent de rassembler les restes de la victime. Encore cette guerre des gangs. Est-ce que ça va s'arrêter un jour ?

C'est le printemps 2010, les promoteurs et leurs puissants amis font bien peu de cas des contribuables avec leurs projets extravagants pour refaire le légendaire stade Maracaña. Leur idée : réduire les tribunes populaires pour faire de la place et installer des loges VIP réservées à la caste des flambeurs internationaux.

Bienvenue à Rio, où les gangsters en col blanc s'affrontent discrètement, avec leurs cohortes d'avocats et de politiciens véreux, pour ramasser les plus belles parts du gâteau du Mondial 2014 et des Jeux olympiques de 2016. Plus visible – sur l'avenidas das Américas – il y a un autre champ de bataille en ville, celui d'une famille mafieuse déchirée, celle qui domine les jeux clandestins, les machines à sous et le commerce de la poudre blanche.

Oubliez les petits dealers des *favelas* qui traficotent avec une vue imprenable sur l'océan, qui échangent des coups de feu avec la police fédérale ou l'armée, ces milices du nettoyage ethnique qui font le ménage avant l'installation des chaînes hôtelières. Le terrain à bâtir est l'une des marchandises les plus précieuses en ville. Si des quartiers entiers doivent être rasés – il faut bien en passer par là pour créer une économie de première classe – alors soit ! Les profits ? Il suffira juste de les placer dans des banques des Caraïbes.

Ces tueurs, là-bas sur le boulevard, appartiennent à une autre vieille élite de la ville. On les célèbre dans les médias et le monde du sport. Ils sont protégés par des policiers et des politiciens corrompus.

Les échos de l'explosion se répercutent jusqu'aux hauteurs de la ville. Le Christ rédempteur, perché sur le pic du Corcovado, verse-t-il une larme pour le garçon perdu ? João Havelange, l'ancien président de la FIFA, lui, frissonne alors qu'il se repose dans son luxueux appartement. Cette violence vulgaire est inutile. N'avait-il pas tout fait pour la famille Andrade ? N'avait-il pas mis le parrain de Rio à la tête de l'équipe nationale ? Ne lui avait-il pas accordé une place prestigieuse dans le football ? Il avait tenté d'écarter la police antimafia. Et quand cette foutue juge avait refusé de se laisser intimider, il n'avait pas compté ses visites en prison pour réconforter son vieil ami.

L'ami en question, Castor de Andrade, le grand-oncle de l'adolescent assassiné, avait longtemps régné sur la ville. Un meurtre par-ci, un meurtre par-là. De l'argent à gogo pour le Carnaval de Rio. Lui au moins, le patricien Havelange, avait réussi à monter un syndicat du crime global sans faire un mort, pas même une jambe cassée. L'argent était le lubrifiant fourni par les multinationales et les télévisions qui se battaient pour récupérer un peu de sa marchandise, la Coupe du monde de foot.

Ailleurs en ville, Romário discute avec les officiels du Partido Socialista Brasilairo. Il veut évincer Ricardo Teixeira, sorte de président à vie de la Confédération brésilienne de football et son entourage corrompu qui contrôle le sport le plus populaire du pays et ses finances. Une chance d'y parvenir serait de se présenter aux élections pour le Congrès dans six mois. Les politiciens ont du pouvoir. Et puis, il y a la petite Ivy, sa petite fille adorée de 5 ans, trisomique. Romário est bien placé pour savoir à quel point son pays néglige les handicapés. Certains week-ends, il participe à des matchs de charité dans des petites villes un peu partout dans le pays pour collecter des fonds destinés aux associations caritatives.

Les patrons du football brésilien rient sous cape. Comment ce Romário, un fils des *favelas*, pourrait représenter un quelconque danger pour des hommes riches et puissants comme eux, avec leurs équipes de politiciens qui leur mangent dans la main ?

Direction Sao Paulo. José Maria Marin, un enfant chéri de la dictature militaire – comme son vieux complice, le politicien Paulo Maluf, réputé être le plus grand voleur d'argent public du Brésil – est désormais vice-président de la Confédération brésilienne de football (CBF). Tout va bien, tout le monde a oublié depuis longtemps comment Marin a contribué à piéger Vladimir Herzog, un courageux journaliste qui fut torturé à mort. Et si Ricardo « le rusé » Teixeira devait s'exiler sans crier gare – une habitude latino-américaine – pour se planquer dans une de ses luxueuses résidences en Floride ? José Maria Marin, l'ancien partisan de la junte, récupérerait la place dans le pot de miel.

LE TUMULTE de l'explosion mortelle sur l'avenidas das Américas ne s'entend pas jusqu'à Johannesburg. À huit semaines du coup d'envoi de la Coupe du monde 2010, Sepp Blatter, le président de la FIFA, et ses capos sud-africains ont déjà bien assez de problèmes. Outrés par les tarifs prohibitifs, les fans restent chez eux. Dans les *townships*, les citoyens sont dans la rue tous les jours. L'argent public devrait servir à améliorer l'habitat, à apporter l'eau courante, à installer le tout-à-l'égout et à créer des emplois, pas à construire des stades qui ne serviront plus à rien après le Mondial. Mais pourquoi faudrait-il écouter ces gueux ? La police fait taire les émeutiers.

La Coupe du monde est une bonne nouvelle pour Danny Jordaan, le patron de la candidature sud-africaine promu directeur exécutif du tournoi. Discrètement, son frère Andrew s'est vu offrir un job bien payé comme agent de liaison en charge de l'accueil des VIP pour le compte de la société Match Events Service au stade de Port Elizabeth. Un actionnaire de cette entreprise s'appelle Philippe Blatter, le neveu de Sepp Blatter. Ceux qui sont majoritaires au capital de Match sont les frères mexicains Jamie et Enrique Byrom. Ils sont basés à Manchester et à Zurich. Leurs comptes bancaires sont en Espagne.

Les frères Byrom sont très déçus. Ils ont remporté l'appel d'offres pour gérer l'accueil des riches amateurs de football, qui viennent surtout de l'étranger. Un contrat très lucratif. Comme si ça ne suffisait pas, ils ont aussi remporté l'offre pour un contrat de distribution de l'ensemble des 3 millions de billets du tournoi. Les deux Mexicains qui facturent hôtels et vols au prix fort s'imaginaient donc encaisser de très gros bénéfices. Las ! Ils croulent sous les invendus et risquent de perdre 50 millions de dollars. Ils envisagent de récupérer leur mise dans quatre ans au Brésil.

Les avocats zurichois ont bien mérité leurs honoraires. Dans quelques semaines, on rendra public l'abandon de l'enquête pénale sur les officiels de la FIFA qui ont touché des commissions occultes sur les contrats marketing d'ISL. Les avocats ont tellement bien travaillé que les noms des bénéficiaires resteront secrets pour toujours. Un peu d'argent sera remboursé. Et le dossier enterré. Des Brésiliens sont-ils suspectés ? *« No comment. »* Et vous, monsieur Blatter ? *« No comment. »*

Sepp Blatter, le président de la FIFA, se faisait quand même du mouron. Et si les policiers publiaient les pièces prouvant qu'en mars 1997, il connaissait l'existence d'un pot-de-vin de 1 million de dollars destinés à Havelange ? C'est possible : ce « bâtard » de reporter britannique a été tuyauté et il a déjà sorti des informations qui auraient dû rester confidentielles. Bon, pas de panique : si jamais l'affaire revenait à la surface, le président recruterait ses propres enquêteurs et il se ferait blanchir à coup sûr.

Le reporter britannique, lui, ne lâche pas le morceau. L'un des détectives suisses travaillant sur l'affaire l'a rencontré dans un restaurant surplombant le lac de Zurich. Il lui a dit : « Surtout ne lâchez rien. »

Le président de la FIFA ne cherche même pas à cacher son état dépressif. Son règne touche-t-il à sa fin ? En février 2010, il avait accordé un entretien à une journaliste du quotidien cairote *Al-Ahram*. Et soudainement, il s'était lancé dans une grandiose tirade, énonçant la liste de ses réalisations. Cela sonnait presque comme une notice nécrologique. Blatter n'avait pas pu se retenir face à cette jeune femme arabe si bien informée.

« Avec Mohamed, on a passé des moments merveilleux comme des amis, jusqu'au dernier congrès en mai 2009, racontait Blatter. Et tout d'un coup, notre amitié est passée à la trappe. Demandez-lui : pourquoi ? Moi, je ne sais pas. »

Faux. Blatter sait pourquoi. Mohamed, la journaliste égyptienne l'a compris, est le Qatari Mohamed Bin Hammam. Depuis douze ans, il allonge le cash nécessaire pour acheter des votes qui ont permis à Blatter de rester sur son trône. Mais maintenant, il veut le job, il veut prendre la place de Sepp. Pour faire campagne, Mohamed peut trouver plus d'argent que Blatter et il va gagner. L'élection aura lieu en 2011 et au moment où le pauvre Diogo se fait mettre en pièces à Rio, Mohamed est déjà en train de remplir ses enveloppes en papier kraft. Oui, il distribue vraiment ses pots-de-vin dans des enveloppes kraft.

Les vieux rapaces de la FIFA n'entendent pas l'explosion à Rio. Ils pensent seulement au doux froissement des billets verts. Cette année 2010 va être la plus prospère de toutes. Quatre mois après le tournoi sud-africain, les maîtres du foot mondial – ils sont vingt-quatre au sein du comité exécutif de la FIFA – doivent décider quel pays va accueillir l'édition 2018. Sans doute inquiets de ne plus être de ce monde dans quatre ans pour encaisser de nouveaux pots-de-vin quand il faudra choisir le pays hôte de 2022, ils annoncent qu'ils vont voter pour choisir les deux destinations en décembre 2010. Le père Noël passera deux fois.

Voyez un peu qui se présente ! Poutine en meurt

d'envie pour la Russie. Les jalabiyas du Qatar en veulent aussi. Deux des pays pétroliers les plus riches au monde qui viennent mendier des faveurs. Oh ! lala, c'est trop beau ! Toute l'année, Ricardo Teixeira, le président de la Confédération brésilienne de football (CBF) arbore le même sourire. De l'autre côté de la frontière, au Paraguay, le président de la Confédération sud-américaine de football (Conmebol), Nicolás Leoz, renifle aussi l'argent – et plus encore. Nicolás coexistait facilement avec le dictateur Alfredo Stroessner qui dirigea le Paraguay pendant trente-quatre ans jusqu'en 1989. Depuis toujours, Leoz récupère des dessous-de-table dans le football. Il ne sait pas encore que son comportement carnassier va bientôt être mis au grand jour par la télévision britannique.

L'« aspirateur » nigérian, Amos Adamu, a, quant à lui, rejoint le cénacle des 24 membres du comité exécutif de la FIFA en 2006, quatre ans plus tôt. Il a passé l'examen d'entrée avec mention : il a volé tout l'argent qu'il pouvait dénicher dans le sport nigérian. Il n'a toujours pas présenté le bilan comptable des Jeux panafricains d'Abuja de 2003. Si tout continue à rouler comme ça, son fils Samson aura sans doute aussi un jour sa part du gâteau.

De l'autre côté du continent, au Caire, le patron du foot africain, Issa Hayatou, ne s'appauvrit pas non plus. Plus tard dans l'année, la BBC le coincera à propos de versements à tout le moins curieux.

Il y a beaucoup de dirigeants de la FIFA dont la probité pose question, mais les preuves de leurs écarts ne sont pas faciles à trouver. Ainsi, quand les accusations pleuvent sur le Thaïlandais Worawi, il envoie balader tout le monde et se fait absoudre par ses compagnons du comité exécutif de la FIFA.

Voilà six mois, le 2 octobre 2009, João Havelange, le plus ancien membre du Comité olympique international (CIO), était à la tête de la délégation de Rio qui s'est rendue à Copenhague pour présenter la candidature de la ville aux Jeux Olympiques de 2016. Normalement, les Jeux ne devraient pas coûter trop cher, car deux ans avant, Rio aura hébergé les Jeux panaméricains. Il suffira de redonner un coup de peinture aux installations pour être prêt en 2016.

Le Brésilien Carlos Nuzman, également membre du CIO, était officiellement le chef de la délégation, mais Havelange s'est fait accompagner par Jean-Marie Weber. C'est lui le « porteur de valises », l'ancien manager d'une société de marketing sportif qui, au siècle dernier, a distribué 100 millions de dollars de pots-de-vin à des hiérarques du sport – y compris à Havelange. Le président Obama, venu à Copenhague, a pris la parole pour défendre la cause de Chicago. Weber, lui, a parlé à ses vieux amis du CIO – et c'était plié.

Une rafale de mitraillette a expédié *ad patres* Antonio Carlos Macedo alors qu'il roulait sur sa Harley Davidson dans Rio. Il avait été le chef de la sécurité de Rogério Andrade et on l'a abattu fin 2010, un mois avant le vote pour désigner les pays hôtes des Mondiaux de foot 2018 et 2022. Rogério s'était mis en tête que c'était lui, Antonio Carlos, le poseur de la bombe qui avait démembré son fils. La famille Andrade n'arrête pas de s'entretuer depuis la crise cardiaque qui, en 1997, a officiellement coûté la vie au patriarche Castor de Andrade, le mentor de João Havelange. Son fils Paulinho, qui s'attendait à hériter des plus beaux morceaux de l'empire du crime, fut exécuté un an plus tard, sans doute par Rogério. D'autres gangsters ont aussi été éliminés, mais la ville ne sera jamais aussi bien tenue que pendant les années de règne de Castor et João.

CHAPITRE 2

Les meilleurs amis du monde

Le boss du crime et le boss du foot mondial

C'est le mariage de l'année 1986 à Rio. Le père de la mariée est le plus grand gangster du Brésil, dont on dit qu'il a fait exécuter cinquante de ses rivaux. Pour éviter la prison, il arrose les autorités de la ville, les politiques, les juges et la police. Il est propriétaire d'un club de foot. Ses deux hôtes de marque sont assis à sa table. L'un de ses invités, à la droite de la photo, est grand, avec des traits anguleux et un regard dur. C'est João Havelange, il dirige le football mondial.

Entre João Havelange et le gangster, le gendre de João, un jeune homme qui, dans quelques années, deviendra le patron du football brésilien. Il s'appelle Ricardo Teixeira. Ricardo est radieux, plein d'assurance au côté du malfrat. Debout derrière eux, deux hommes, vigilants, protecteurs, visage fermé. Ce cliché démontre que le foot mondial entretient des liens troubles avec le crime organisé.

« MES PROTÉGÉS, SOYEZ LES BIENVENUS AU CARNAVAL ! » Tout de blanc vêtu dans son costume châtoyant, Castor de Andrade s'agenouille au milieu du sambodrome, lève les bras dans un salut triomphal et sourit de toutes ses dents au public en extase sur les gradins. « Je vous apporte le carnaval. »

Et c'est vrai ! Le gangster est le mécène de l'école de samba qui s'est imposée comme la meilleure du Carnaval de Rio en 1979, 1985, 1990, 1991 et encore en 1996 à sa sortie de prison, l'année d'avant sa mort. Il a pris le contrôle du business du Carnaval en créant la Liga Independente das Escolas de Samba do Rio de Janeiro, une façade pour siphonner les subsides du gouvernement et une arrière-cour pour blanchir de l'argent sale.

Castor a fini son droit au début des années 1960 avant de se joindre au racket organisé par sa grand-mère et son père. Il se fait passer pour un bon catholique, n'oubliant jamais de marquer sa dévotion à Notre-Dame d'Aparecida, la sainte patronne du Brésil. À l'occasion du Carnaval de 1993, il s'autorise un discours où il se dit victime de « la persécution des *bicheiros* », une allusion aux enquêtes portant sur les « banquiers » qui, comme lui, tiennent les jeux clandestins. Il a tort de se croire invincible. Cette fois, il pousse le bouchon trop loin en provoquant le procureur qui enquête sur son cas.

C'est là l'origine de la fortune de Castor de Andrade, la puissance invitante au mariage, des millions qu'il distribue généreusement en ville. Il est à la tête du racket sur les loteries et les machines à sous. La rumeur dit qu'il est aussi dans le trafic de poudre, de mèche avec des bandits colombiens, italiens et israéliens.

En 1964, les Généraux font entrer leurs tanks dans les rues de Rio. Ils prennent le pouvoir pour vingt et un ans. Ils laisseront toujours une paix royale à Castor et à ses réseaux criminels. Le général qui dirige la police de Rio a été mis en demeure d'« éviter tout problème avec Castor de Andrade ».

Castor est un personnage qui compte un peu partout au Brésil. Son amitié avec João Havelange, le grand homme à sa table lors du banquet de mariage, l'a amené vers de hautes responsabilités dans le sport national. Deux ans après le coup d'État militaire, Castor a été ainsi félicité par la junte pour avoir emmené la *Seleção* gagner un tournoi au Chili, puis un autre en Uruguay. Les fédérations des États de Rio et du Minas Gerais l'ont aussi couvert d'honneurs.

Au cœur du football de Rio, Castor de Andrade est le bienfaiteur du club de Bangu qu'il arrose généreusement avec ses rouleaux de billets. Sous son haut patronage, le club a un atout maître, car il fait peur aux arbitres. Pendant un match contre l'Amérique au Maracaña, il déboule sur la pelouse en agitant un revolver. Jusque-là, l'équipe de Bangu était à égalité, deux partout. Tout d'un coup, un penalty sifflé pour une raison douteuse lui donne la victoire. Des années après, il y a toujours un buste en bronze de lui dans le lobby du club de Bangu, à côté des trophées qu'il a permis de remporter.

CASTOR JOUE AVEC LE FEU. Il a accepté une invitation sur le plateau de Jô Soares, l'un des animateurs de talk-show les plus regardés. Nous sommes en

1991 et les enquêteurs font chou blanc. Alors faisons-leur un doigt d'honneur à la télévision ! Sa vanité ne résiste pas à l'envie de s'asseoir là où défilent les politiques et les artistes les plus renommés. Soares n'hésite pas à lui poser la seule question que les téléspectateurs veulent entendre.

« Quel est le lien entre votre famille et la loterie clandestine, le *jogo do bicho* ? Comment tout cela a-t-il démarré ? » Castor n'esquive pas. Rappelez-vous qu'il a fait des études, que son élocution reste fluide quand il ment, que son portugais est élégant, sa voix douce et agréable.

« Ma grand-mère était veuve. Elle habitait rua Fonseca dans la banlieue de Rio. Pour faire bouillir la marmite, elle relevait les paris du *jogo do bicho.* Mon père était conducteur de train. Quand il a épousé ma mère, sa belle-famille l'a encouragé à entrer dans l'organisation du *jogo do bicho.* »

Castor continue. « Mais ça, c'est du passé. Aujourd'hui, tout ça, c'est fini. » Le public rigole. Jô Soares rit aussi. Castor rit. Tout le monde sait que Castor est le patron du *jogo do bicho.* Tout le monde sait que derrière son apparence respectable, il y a un meurtrier.

Il parle aussi du foot et sort une autre de ses bonnes blagues. Apparemment, des voleurs se sont introduits chez lui. « Ils étaient au bon endroit pour trouver de l'argent et des bijoux. Mais une fois qu'ils ont réalisé où ils étaient, ils se sont carapatés », raconte Castor, amusé par cette histoire.

« S'IL VOUS PLAÎT, PROTÉGEZ-MOI. Andrade va me tuer. Je vous dirai tout. » Les enquêteurs ont trouvé un informateur. Un des membres du gang de Castor est venu les voir. Il a encaissé pour son propre compte des paris qu'il aurait dû faire passer au boss. Et maintenant, il craint pour sa vie. Les flics sont les seuls à pouvoir l'aider.

Il leur donne des clés pour comprendre l'empire du jeu de Castor. Le *jogo do bicho*, le « jeu de l'animal », est illégal, mais il fait partie des traditions populaires. On l'a toléré tant qu'il se pratiquait à une échelle modeste. Comme l'un des folklores de la rue.

Sa grand-mère Iaià supervisait les mises avec son fils Eusébio de Andrade Silva, le père de Castor. À l'époque, il y avait beaucoup de racket un peu partout en ville. Sur une feuille avec des dessins d'animaux, les parieurs misent sur leurs favoris. Par superstition ou par la grâce d'une date anniversaire, chacun se persuade qu'une de ces bestioles va lui porter chance. L'organisateur du *bicho* s'occupe du tirage au sort, loin des regards, puis les résultats sont affichés sur des arbres ou des poteaux. Les flics, eux, font mine de ne rien voir.

L'informateur continue de lever le voile. Castor a hérité du racket familial et s'est mis à travailler avec ses oncles. Sans états d'âme, ils ont éliminé leurs rivaux, contrôlant toujours plus de coins de rue, là où sont pris les paris. Le fils de Castor, Paolo, a rejoint le business et au bout d'un moment, ils ont contrôlé les mises dans neuf des grandes banlieues de Rio. Dans les rues, leurs coursiers foncent sur des motos pétaradantes pour ramasser le cash.

L'argent coule à flots. Castor s'agrandit. Il investit dans

les machines à sous et les jeux vidéo. Il vend des armes. Son atelier mécanique rend des services aux Généraux qui ont des véhicules militaires à réparer. Il possède des stations-service et un négoce de voitures d'occasion.

L'informateur sait que Castor a acheté des bateaux de pêche. Sans doute pour ramener la poudre du nord. Il y a aussi un mafieux sicilien qui est caché dans les ateliers textiles de Castor à Bangu. Les policiers remplissent leurs calepins.

Castor fume de très gros cigares. En public, il passe pour le père de famille parfait, marié depuis toujours et fidèle à Wilma. Seulement, tout le monde sait, mais surtout n'en parlez pas, que Castor entretient ses maîtresses dans des appartements un peu partout en ville.

L'informateur ne sait pas jusqu'où Castor fait circuler ses enveloppes de cash. Mais il sait que lui et ses complices n'ont jamais le moindre problème avec la police. Maintenant il est temps qu'il retourne dans la rue pour ne pas éveiller les soupçons. Castor ne s'est rendu compte de rien. Ouf !

TOUT A L'AIR CALME pour l'homme à l'Uzi qui doit surveiller les piles de billets. Alors, il s'est assis dehors pour prendre son déjeuner. Dans la banlieue décrépie de Bangu, les rues sont remplies de passants qui s'arrêtent parfois pour un café.

Discrètement, les six équipes de policiers, suant à grosses gouttes, sortent des voitures banalisées et s'approchent de l'objectif, la maison de la rue Fonseca. Nous sommes en mars 1994. À cette époque-là, Castor arrose quotidiennement des officiers de police pour la protection de ses coursiers qui ramassent les paris de milliers de Cariocas. Mais ces visiteurs-ci viennent d'ailleurs.

Mme Rosana, la secrétaire de Castor, entend frapper et regarde dans l'œilleton. Elle ne reconnaît pas les policiers devant la porte. « Ce ne sont pas nos flics ! »

Castor s'est glissé par la porte de derrière et déjà il a filé. Mais voyez un peu ce qu'il a laissé en plan : des alignements de tables où des hommes et des femmes comptent le cash. Et les livres de comptes ! C'est le monde secret du gangster, plein de pouvoir et d'influence.

Un appel d'urgence au quartier général pour Marcos Paes, le gradé qui supervise cette équipe des opérations spéciales de la police militaire. « Nous sommes tombés sur deux registres. » Réponse de l'officier supérieur : « Personne ne bouge, personne n'y touche sauf moi ! »

« J'étais sous le choc quand j'ai vu les noms de ceux qui percevaient de l'argent d'Andrade, se souvient Marcos Paes, aujourd'hui chef de la sécurité du parlement de Rio. Il y avait des officiers de police avec qui j'avais travaillé, des procureurs, des juges et des hommes politiques importants. Nous savions qu'il y avait des gens corrompus. Mais nous n'aurions jamais pu imaginer que Castor avait le bras aussi long. »

Dans la liste, il y a un nom que tout le monde connaît. Il est même connu dans le monde entier. Le généreux Castor, le roi du Carnaval, a offert au patron du foot mondial un box privé pour regarder la parade. Le prix de ce cadeau : 17 640 dollars. Pour Havelange, cela devenait un mode de vie. Se faire payer en douce par des personnages peu recommandables en échange de faveurs.

« J'ai eu des gardes du corps armés pendant des années. C'était très dangereux d'enquêter sur le *jogo do bicho*. J'ai souvent été menacé de mort, ainsi que ma famille », raconte Antonio Biscaia, le procureur qui a dirigé les investigations. La famille Andrade était le principal gang mafieux de Rio. « Un soir, alors que je sortais d'un restaurant, une voiture avec quatre hommes à l'intérieur m'a foncé dessus. Ils m'ont canardé. Mes gardes m'ont jeté à terre et je m'en suis sorti. Les tireurs se sont enfuis. »

« Nous devions faire tout notre travail en secret. Nous savions qu'il y avait des gens haut placés dans la police ou au pouvoir qui étaient impliqués. Pour tout vous dire, pas grand monde n'avait envie d'arrêter Andrade. »

Les livres de comptes sont emportés au bureau de Biscaia. Il en fait deux copies qu'il enferme dans un coffre. En pleine nuit, l'officier reçoit un coup de fil : des policiers viennent d'essayer de forcer le coffre. Ils seront mutés sur le champ.

Vingt ans plus tard, nous le rencontrons dans son bureau de Rio. Allure sérieuse, taille moyenne, cheveux grisonnants et fines lunettes. Il évoque sans précipitation ce qu'il avait trouvé dans les registres. Bien sûr qu'Havelange y figurait. Et un tas d'autres noms et de transactions suspectes.

Castor récapitule tous les transferts financiers de sa famille et de ses associés, nom après nom, arrangement après arrangement. Castor a accumulé d'innombrables contacts, dans la politique, la police, le gouvernement, le football. Et tous ses affidés profitent de son empire du racket.

« Enquêter sur le *jogo do bicho* à l'époque était dangereux et compliqué, raconte Biscaia avec précaution. Il y avait toujours quelqu'un pour vous décourager. L'influence de Castor s'étendait au sommet du pouvoir. Il était dangereux. Il ressemblait à un voisin sans histoires, mais c'était un assassin, il aurait fait n'importe quoi pour garder la main sur la Mafia. » Biscaia ferme les yeux. Il y a tant à raconter.

Havelange ne se contentait pas de prendre de Castor ; comme nous allons le voir, il lui renvoyait l'ascenseur.

« Pour ce que j'en sais, des hommes de Castor ont essayé de me tuer trois fois. C'était effrayant de découvrir à quel point ils se sont rapprochés de ma famille. » Denise Frossard était la juge qui ne pouvait pas être achetée. En 1993, elle a mis Castor sous les verrous.

« Ce type se montrait en compagnie de policiers haut gradés, de personnalités et même d'hommes politiques. Histoire de vous faire comprendre qu'il était intouchable », raconte Denise, l'air décontracté, en survêtement dans son bureau au premier étage de sa maison.

Selon elle, l'image de bon vivant cultivée par Castor était juste un rôle qu'il se donnait pour faire du business. « J'ai étudié sa personnalité de près. Il n'aimait pas plus le football que le Carnaval. C'était juste pragmatique. Les connections que lui apportaient ces icones culturelles lui étaient utiles, c'est tout. Pour lui, c'était du business. »

Denise, une toute petite femme, est incapable de tenir en place. Elle n'arrête pas de remuer les pieds sous le bureau et malaxe une boule de papier avec les doigts.

Elle se balance de droite à gauche sur son fauteuil, puis d'avant en arrière.

Son appartement, dans un beau quartier de Rio, ressemble à une cachette. Elle est loin de Bangu. De sa fenêtre, elle a une vue à couper le souffle sur Rio. Les montagnes se fondent dans la mer et le coucher de soleil sur le splendide lac Rodrigo de Freitas au sud de la ville. Denise rit beaucoup pendant notre conversation. Elle se concentre puis, à intervalles réguliers, semble perdue dans ses pensées.

Se souvenir des attaques qu'elle a subies à l'époque de l'enquête et de la condamnation de Castor de Andrade n'est pas une partie de plaisir, même vingt ans après. « C'était dur, très difficile », dit-elle. Elle respire lentement et se passe la main sur le front, comme si elle tentait d'effacer cet épisode de sa mémoire. C'est le seul moment de faiblesse de cette juge âgée de 63 ans, arrivée à Rio en 1970 de sa province natale du Minas Gerais. Avant de me reconduire chez moi, elle me dépeint plus vivement encore la violence de Castor. « Il n'y avait pas de passion ni de compassion chez les têtes de *Jogo de Bicho*. Juste les affaires : le Carnaval, le football, la religion, tout était construit ; toutes les relations sociales de Castor dans ces milieux étaient construites dans le but de gagner de l'argent, du pouvoir et de l'influence. Aucune passion là-dedans. Castor était un homme froid, pragmatique et cruel. »

LE DISCOURS PLEIN DE DÉFI que Castor donna au sambodrome début 1993 dénonçant la « persécution des *bicheiros* » fut une erreur fatale. Pas question de le tolérer plus longtemps. Il faut en finir avec son immunité. Les enquêtes accélérèrent. Fin 1993, Castor de Andrade est déféré devant la juge Denise Frossard. Elle le condamne à six ans de prison, au côté de deux de ses lieutenants et de son gendre Fernando Iggnácio.

Les livres de comptes et les répertoires de Castor sont rendus publics. La liste des destinataires des paiements aussi : l'ancien président Fernando Collor de Mello, le gouverneur de Rio Nilo Batista, le maire de Rio Cesar Maia, 7 hommes d'affaires, 3 juges, 12 parlementaires, 25 commissaires de police et une centaine de policiers.

Plus loin dans les listes figure aussi Paolo Maluf, maire de Sao Paulo, pilleur patenté de fonds publics. Il y a aussi son complice politique, José Maria Marin, membre du parti promilitaire Alliance rénovatrice nationale (Arena) qui, après la disgrâce de Ricardo Teixeira, prendra la tête du football brésilien. Le foot brésilien ne change pas.

Castor de Andrade est respecté et admiré par ses amis, pour son éducation, sa politesse et ses réalisations. Je sais aussi que Castor de Andrade aide généreusement de nombreuses organisations philanthropiques venant en aide aux enfants de condition modeste à Bangu, ainsi que des associations qui soutiennent les paraplégiques.

Cette incroyable lettre, adressée « à qui de droit », a été jointe au dossier judiciaire de Castor par un policier corrompu. Elle a été écrite en 1987 par João Havelange, le président de la FIFA en personne, alors que Castor commençait à être dans la ligne de mire des procureurs de Rio. Juste un an après le fameux banquet de mariage.

J'autorise Castor de Andrade à utiliser cette lettre comme bon lui semble. Castor de Andrade, un homme controversé mais de caractère, est une personne aimable, avec qui il est plaisant de partager des moments et qui sait comment s'attirer des amis grâce à l'une de ses qualités prédominantes : la loyauté. Voilà ce que j'ai pu constater pendant plus de trente ans, à de nombreuses reprises, dans les luttes d'appareil au sein des fédérations sportives.

Castor de Andrade est un bon père de famille, un ami dévoué et mérite l'admiration comme dirigeant sportif et directeur d'une école de samba. De plus, il est le protecteur désintéressé, par l'intermédiaire d'associations, de nombreuses personnes dans le besoin.

La lettre d'Havelange liste les réussites de Castor dans le football et les immenses services rendus à la nation. Havelange insiste :

Je suis le président de la FIFA et Castor est un personnage reconnu du monde du sport à Rio.

Je connais Castor Gonçalves de Andrade Silva depuis plus de trente ans. J'étais déjà ami avec son père, Eusébio de Andrade. Je connais son épouse Wilma de Andrade Silva et leurs enfants, Paulo Roberto, un ingénieur de 36 ans et Carmen Lúcia, 21 ans, étudiante en droit. Castor et Madame Wilma ont trois petits-enfants.

J'autorise Castor de Andrade à utiliser cette déclaration à sa convenance.

Rio de Janeiro, 2 octobre 1987
João Havelange

L'avertissement est clair : n'allez pas chercher des noises à son copain.

Une fois son vieil ami sous les verrous en 1993, João ne l'a pas oublié. Le président de la FIFA est même allé visiter cette fripouille en prison.

DEPUIS LA MORT DE CASTOR, en avril 1997, la lutte pour le pouvoir a laissé une rivière de sang derrière elle, des dizaines de meurtres rien qu'à Rio. Le conflit entre Rogério Andrade et Fernando Ignacio a coûté la vie à une cinquantaine de civils et de soldats. L'une des victimes fut le fils de Rogério, Diogo, 17 ans, tué par erreur dans l'attentat à la bombe de 2010.

Fernando Ignacio et Rogério de Andrade sont aujourd'hui encore les maîtres du *jogo do bicho* partout dans le pays. Les policiers font de nouveau semblant de ne rien voir quand ils surprennent des prises de paris dans la rue. Comme avant, ils laissent faire en échange de bakchichs. Les politiques aussi s'en moquent.

Il y a quelques années, Rogério Andrade a même ordonné l'assassinat de son propre cousin, Paulinho, le fils de Castor, pour récupérer sa part dans le *jogo do bicho*. « Tuer votre famille ou vos amis n'a pas d'importance. On accepte tout pour avoir le pouvoir. Le *jogo do bicho* n'a rien de romantique », dit Denise.

Tous mes remerciements à Carolina Mazzi pour son travail de recherche et ses interviews.

CHAPITRE 3

La mallette d'or d'Havelange

Pourquoi pèse-t-elle aussi lourd quand il quitte Zurich ?

Aéroport de Zurich, n'importe quand entre 1974 et 1998. Pour Rudi, le chauffeur, c'était facile d'accueillir le président de la FIFA à la sortie de son avion chaque fois qu'il arrivait de Paris. Quand il quittait Rio, Havelange aimait d'abord passer un jour ou parfois plus à Paris. Rudi installait les bagages de son patron dans la limousine, plaçant la petite mallette en aluminium sur le côté. Elle était facile à porter. Mais ça serait plus difficile au retour. Le chauffeur devrait alors la prendre à deux mains pour la hisser dans le coffre de la voiture.

Quand le président arrivait dans les anciens bureaux de la FIFA sur la colline de Sonnenberg, il ouvrait sa valise et en sortait une vingtaine de paquets verts de café moulu sous vide, un cadeau pour les employés. « Il avait un goût affreux, se souvient un fonctionnaire de la FIFA. On s'attendait à mieux du Brésil ! » Une fois que la valise était vide, Havelange partait avec Rudi chez l'un des marchands d'or les plus réputés de Zurich. On l'y connaissait comme un « très bon client », car à chaque fois qu'il faisait le trajet de Rio à Zurich, Havelange venait en compagnie de Rudi pour remplir la valise de lingots d'or.

« En moyenne, Havelange dépensait 30 000 dollars d'un coup », se souvient un employé. D'où venait l'argent ? Personne ne savait au juste – mais Havelange n'était jamais à court de liasses de billets pour le marchand de métaux précieux. Achetait-il de l'or pour le compte de ses amis gangsters à Rio ? Ou était-il en train de blanchir les commissions qu'il extorquait à partir de la Suisse, en échange des contrats lucratifs qu'il distribuait pour le Mondial ?

La petite valise en aluminium faisait le voyage au moins cinq fois par an avec le président et rentrait toujours au pays pleine de lingots. Comment Havelange faisait-il pour passer en contrebande plusieurs kilos d'or au Brésil ? Facile ! Il disposait d'un passeport diplomatique et ses bagages n'étaient jamais fouillés. Son subordonné, Sepp Blatter, a dû assister à tout ça et n'a rien dit. Il observait les méthodes criminelles.

L'une des grandes réussites d'Havelange a été de ne rien laisser paraître de ses activités criminelles, trompant son monde avec son port aristocratique et son masque de gentleman, dur mais bienveillant. Je m'en suis rendu compte au congrès de la FIFA à Séoul en 2002. À l'époque, Havelange était devenu président honoraire, remplacé par son ambitieux porteur de serviette Sepp Blatter, un bureaucrate minable qui n'avait pas une once de la classe de son ancien patron.

J'essayais de faire une bonne photo d'Havelange alors qu'il montait vers l'estrade. Il me remarqua, s'arrêta à mi-chemin, prit sa pose paternelle et me regarda tel un capitaine d'industrie charismatique, me donnant le temps de faire plusieurs clichés.

En Europe et au Brésil, des journalistes complaisants l'ont décrit comme un homme d'affaires extraordinaire qui avait fait la prospérité de la FIFA. Ils n'avaient rien compris. Havelange a surtout eu de la chance d'arriver à la barre du football international quand les télés et les sponsors ont commencé à lâcher des sommes de plus en plus extravagantes à des officiels de son genre, trop heureux de privatiser en douce le « sport du peuple ».

En vérité, un président de la FIFA honnête se serait certainement révélé beaucoup plus dur en affaires. La priorité d'Havelange, c'était d'encaisser ses pots-de-vin et rétrocommissions sur les contrats de sponsoring. Il s'intéressait plus à son propre enrichissement qu'à la prospérité du jeu. Dassler et les hommes de son agence de marketing International Sport and Leisure (ISL), les accoucheurs de la mondialisation du *sport business*, ont dû bien rigoler dans son dos. Leurs clients – une série de multinationales – auraient payé encore plus si Havelange avait été un vrai négociateur avec un grand produit à vendre. Il a préféré tout lâcher pour pas trop cher en échange de pots-de-vin.

TOUT AUSSI MALHONNÊTE était le portrait d'Havelange en bon père de famille. « J'ai eu la grande chance d'épouser en 1946 Anna Maria Hermanny-Havelange et notre mariage dure depuis cinquante-deux ans, déclara-t-il en 1998. Nous avons eu une fille, Lúcia, qui nous a comblés avec trois petits-enfants,

Ricardo, Joana et Roberto, ils sont notre joie et notre espoir dans l'avenir. »

C'est le genre de propos qui met mal à l'aise. Le patriarche brésilien tenait sa fille en si piètre estime qu'il l'a laissé épouser ce visqueux de Teixeira qui, dans la force de l'âge, l'a larguée pour Anna, autrement plus jeune.

Havelange a atteint un haut niveau comme nageur. Il s'est toujours vanté de ses exploits olympiques en natation et au water-polo, aux Jeux de 1936, puis à ceux de 1952. Mais il semble qu'il était aussi décidé à se montrer très performant sous les draps. Havelange a toujours pris soin de rendre hommage à sa chère épouse Anna Maria lors des manifestations de la FIFA, mais tous les officiels présents étaient au courant de ses incartades.

L'une de ses maîtresses les plus mémorables à la FIFA était une grande et belle femme, appelons-la Miss Magnifique.

Elle fut remarquée par le président à l'occasion de l'une de ses visites à Zurich et ils entamèrent une liaison qui dura cinq ans.

Miss Magnifique était installée dans un appartement luxueux à Zürichberg, la plus élégante des banlieues de Zurich, décoré avec du mobilier hors de prix. Les cadeaux en or massif pleuvaient sur elle.

Havelange ne passait pas beaucoup de temps à Zurich et Miss Magnifique, lasse, commença à se distraire avec un cadre de rang moyen au sein de la FIFA. Ils ne firent pas grand-chose pour dissimuler leurs loisirs sportifs et bientôt tout le monde fut au courant dans les bureaux. Une autre employée du président devint jalouse et envoya une lettre anonyme à l'épouse légitime du nouvel amant de Miss Magnifique. Et ça tourna au grotesque.

En 1985, les huiles de la FIFA firent une tournée en URSS, en commençant par Moscou. Havelange emmena un éleveur brésilien de chevaux de course, qui était un vieil ami, et Abilio de Almeida, un Brésilien membre du comité exécutif. Mis au parfum, semble-t-il par des officiels zurichois, ces deux-là informèrent le président qu'il n'était pas le seul athlète à présider Miss Magnifique.

La tournée les conduit à Bakou en Azerbaïdjan où leurs hôtes avaient prévu une réception grandiose avec nourriture à gogo. Havelange avait l'air déprimé et après quelques minutes, il se leva et indiqua à sa suite brésilienne de le suivre et de sortir. La soirée était foutue, les Azéris restaient sur le flanc et tous les spectacles furent annulés.

Le personnel de la FIFA apprit que la veille, à Minsk, le président avait découvert que Miss Magnifique prenait du bon temps dans une chambre où elle retrouvait son autre amant. Havelange appela la chambre en question, tomba sur l'homme et lui demanda si Miss Magnifique était dans les parages. Plutôt que de nier, son rival répondit à Havelange : « Attendez un moment, je vous la passe. »

Quand l'équipe de la FIFA rentra à Zurich, Havelange refusa de voir Miss Magnifique et lui donna de l'argent. Son amant fut épargné.

ARRACHER la FIFA à Sir Stanley Rous, un Anglais vieillissant, avait coûté beaucoup d'argent. Havelange avait fait le tour du monde, souvent en emmenant avec lui la *Seleção,* et il avait creusé un grand trou dans les comptes de la Confédération brésilienne de football (CBF). En fait, il tapait dans la caisse depuis 1958 et quand il partit pour la FIFA en 1974, le déficit s'élevait à 6,6 millions de dollars.

Les généraux qui tenaient le pouvoir depuis dix ans voulaient enquêter sur Havelange et ses malversations dans le sport. Mais sa toute nouvelle notoriété internationale posait problème. Il était le patron du plus grand des sports avec ça ! L'accuser de corruption aurait été une honte pour le Brésil. Il s'en est donc sorti.

UN AUTRE FANTASME d'Havelange consistait à se présenter comme « idéaliste et visionnaire ». Il oubliait de préciser au passage qu'il avait aussi été « trafiquant d'armes ». Quand le dictateur portugais Salazar fut écarté du pouvoir en 1968, de nombreux compatriotes sympathisants partirent pour le Brésil. C'est avec ces gens-là qu'Havelange fit des affaires. Une longue enquête publiée en 1994 dans l'édition brésilienne de *Playboy* fut consacrée à la trajectoire du dirigeant sportif. Son auteur, Roberto Pereira de Souza, exposait les liens de João Havelange avec des émigrés portugais qui vendaient des armes au régime brutal du dictateur bolivien Hugo Banzer. De Souza racontait que les documents attestant de ce trafic avaient été détruits sur ordre de l'ancien président brésilien Fernando Collor de Mello. Notre confrère révélait néanmoins l'existence d'un contrat louche portant sur la vente de 80 000 grenades à un prix très au-dessus de leur valeur réelle.

Havelange naviguait habilement d'un dictateur latino-américain à un autre. La Coupe du monde suivante, en 1978, fut organisée dans la vaste prison militaire qu'était devenue l'Argentine. Le fameux journaliste et écrivain uruguayen, Eduardo Galeano a résumé la situation : « Sur un air de marche militaire, le général Videla a accroché une médaille au revers de la veste d'Havelange pendant la cérémonie d'ouverture au Estadio Monumental de Buenos Aires. »

Tout près de là, l'Auschwitz argentin, le camp de torture et d'extermination de l'École de mécanique de la Marine, tournait à plein régime. À quelques kilomètres de là, les prisonniers embarqués en avion étaient jetés vivants à la mer. « Enfin, le monde peut voir le vrai visage de l'Argentine », pérorait le président de la FIFA devant les caméras de télévision.

S'associer aux criminels déments qui régnaient sur l'Argentine avait rapporté bien plus qu'une simple médaille. La FIFA s'était trouvé un nouveau vice-président dont la seule présence – bien avant l'apparition de la génération des gangsters – avait déjà fait tomber la réputation de l'organisation dans le caniveau. L'amiral Carlos Lacoste s'était forgé une douteuse notoriété quand il fut accusé d'avoir ordonné l'assassinat, en 1976, de son respecté collègue, le général Omar Actis qui, le premier, avait eu la charge de l'organisation du Mondial. Actis avait d'ailleurs mis Havelange hors de lui, car il ne voulait pas investir dans la construction d'un nouveau grand stade, ni dans la modernisation de l'équipement de télédiffusion argentin afin que le tournoi puisse être retransmis en couleurs.

Eduardo Galeano, l'écrivain uruguayen, voyait clair en ce qui concernait Lacoste. « L'amiral, un illusionniste doué pour faire disparaître des montagnes de dollars qui se retrouvent ensuite dans les poches de ses complices devenus soudainement richissimes, a pris la direction de la Coupe du monde. L'officier en charge jusque-là a, lui, été mystérieusement assassiné. Lacoste s'est retrouvé à gérer des sommes énormes hors de tout contrôle. Il semble qu'il ait gardé, sans se gêner, une bonne partie de cette manne pour son usage personnel. »

Lacoste a brillamment passé tous les examens de l'université Havelange et a été nommé vice-président de la FIFA en 1979. Heureusement, ça n'a pas duré. Quand l'Argentine a retrouvé la démocratie en 1983, Raúl Alfonsín, le président élu, ne voulut pas que son pays soit représenté à l'étranger par ce sinistre personnage. En dépit des efforts d'Havelange, Lacoste dut démissionner en 1984. Havelange trouva que Julio Grondona, président de la Fédération argentine de football depuis 1978, aurait pu mieux défendre Lacoste. Les relations entre les deux hommes furent glaciales pendant quelques années. Grondona, lui, voulait saisir sa chance. Si Lacoste était viré, il deviendrait le candidat naturel pour le remplacer à la FIFA. Une sacrée réussite puisqu'il en est aujourd'hui encore le vice-président.

Des photos d'archives montrent pourtant un Grondona très proche du général Videla, l'homme qui avait pris le pouvoir après avoir fomenté le coup d'État de mars 1976. Videla fut condamné à perpétuité en 1985 pour s'être livré à des horreurs sans nom. Non content d'avoir armé le dictateur Banzer et aidé le dictateur Videla à obtenir la Coupe du monde, Havelange a aussi pris beaucoup de plaisir à serrer la main d'un troisième boucher latino-américain, Augusto Pinochet, le dictateur chilien. Pour les vieux qui dirigeaient la FIFA, la Confédération brésilienne et la Confédération d'Amérique latine (Conmebol), il n'y avait aucune raison de s'expliquer. Ils pouvaient manipuler le football à leur guise.

Les rapports financiers limités de la FIFA dissimulent une grande part des spoliations qu'Havelange lui infligeait. Plusieurs gros chiffres concernant ses dépenses et le coût élevé de son bureau à Rio ont été cités. J'ai réussi à obtenir ce qu'il réclamait pour l'année 1998 : le coût du bureau de Rio était de 1,8 millions de francs suisses. Cela fait beaucoup de coups de téléphone.

Pendant ses 24 ans de présidence de la FIFA, Havelange a bénéficié d'un privilège extraordinaire, presque incroyable. Il pouvait signer seul des chèques, sans contre-signature de quelque officiel que ce soit. Il avait autorité pour tirer des chèques en faveur de ses amis, de personnes qu'il avait besoin de corrompre – et de lui-même. Il transmit ce privilège secret à Blatter.

L'un des luxes qu'il s'accordait à lui-même était l'achat de montres très chères pour en faire cadeau aux riches, particulièrement aux dirigeants du Golfe persique. La culture du don chez les Cheikhs milliardaires comprend l'or, le platine et des montres serties de pierres précieuses. La philosophie à la Maison de la FIFA à

Zurich était : « Il faut donner pour recevoir. » La FIFA payait les cadeaux destinés aux pays du Golfe – mais ses officiels conservaient les cadeaux reçus pendant leurs visites. Le fournisseur préféré de la FIFA était la succursale genevoise des joailliers internationaux Harry Winston, la boutique « Rares joyaux du monde », quai Général Guisan.

Même après son remplacement par Blatter, l'ancien président Havelange a continué à dépenser l'argent de la FIFA chez Harry Winston. Je le sais parce qu'un ami en Suisse m'a donnée une copie d'une commande faite par sa secrétaire personnelle. Le 11 juin 1999, sur papier à en-tête de la FIFA, elle a commandé cinq belles montres, dont une en platine. La facture totale se montait à 97 000 francs suisses.

Dans sa retraite Havelange a continué à dépenser comme un milliardaire ivre. Il avait le droit de descendre – avec un ou une invitée – dans n'importe quel hôtel de luxe dans le monde. Et il pouvait dépenser à loisir 30 000 francs suisses sur la carte American Express de la FIFA dont il disposait. Lorsque le président honoraire Havelange régla ainsi une bouteille de vin à 600 euros dans un restaurant parisien, le département finance de la FIFA enragea sourdement.

Ricardo Teixeira partageait les goûts de luxe de son ancien beau-père – tant que la FIFA payait. Comme tout membre du Conseil exécutif de la FIFA, Ricardo avait son propre compte au bureau de la FIFA à Zurich. C'était là qu'ils cachaient l'argent aux yeux des agents du fisc de leur propre pays. Ils peuvent facturer des dépenses exorbitantes pour leurs voyages et leurs hôtels parce que la FIFA ne leur demande pas de reçus, pas de billets, pas de facture de restaurants, pas de preuve de leurs dépenses. Blatter est heureux de les rendre heureux, de sorte qu'on ne leur demande jamais de justifier leurs demandes de remboursements. L'argent qu'ils empochent n'est pas le sien.

L'argent est planqué dans leurs comptes à la FIFA. Lorsqu'ils font du trafic sur les billets de Coupe du monde ils peuvent y déposer les profits en sûreté. Ils étaient aussi autorisés à percevoir des per diem de 200 $ pour chaque jour passé à l'étranger, et cela allait dans leurs comptes zurichois. Le Président Blatter (compte numéro 469) augmenta le montant de ce per diem à 500 $ sans tarder, et créa une nouvelle indemnité journalière pour les partenaires de 200 $.

Problème : comment envoyer l'argent, dans la devise de votre choix, mais d'habitude en dollars, dans votre pays ? Les agents du département des finances de la FIFA vous donnent des liasses en liquide. Sur le chemin de l'aéroport, vous les glissez dans le devant de votre pantalon et sous vos aisselles. Il peut être utile d'avoir une petite amie dotée d'une très grande culotte.

J'ai quelques uns des documents secrets du compte FIFA de Ricardo à Zurich, numéro 1663. Entre 1994, année où il accéda au Conseil exécutif, et 2012 où il fut contraint d'en partir, c'était sa mine d'or privée, hors d'atteinte et inconnue de n'importe quel inspecteur du fisc brésilien. Voici un petit exemple de la façon dont la FIFA pouvait être dépouillée.

Au début de l'été 1998 Ricardo dût ramener le Trophée de la coupe du monde, gagné en 1994, au bureau de la FIFA à Paris, qui s'apprêtait à accueillir la Coupe du monde. Selon sa demande de remboursement, il lui fallut 10 jours pour trouver quelqu'un, peu importe qui, pour recevoir le trophée. Il demanda un remboursement de 7700 $ juste pour être à Paris. Et un autre de 11 550 $ pour les billets d'avion. A-t-il aussi facturé ses billets d'avion à la CBF (Confédération brésilienne de football) ?

CHAPITRE 4

Enfin ! La liste secrète des pots-de-vin

Comment João et Ricardo sont devenus riches

Hôtel Baur au Lac, Zurich, octobre 2010. « Monsieur Teixeira… Monsieur Teixeira ! » Ricardo se retourne. Un homme grisonnant, un peu débraillé, engoncé dans un vieil imper façon Colombo, l'appelle depuis l'entrée de l'hôtel. « Monsieur Teixeira ! Avez-vous touché vos pots-de-vin via la société Sanud ? » Teixeira ne bouge pas. Il reste immobile. Incapable de répondre.

Le concierge de ce superbe cinq-étoiles de Zurich bloque le bruyant intrus sur le parking. Mais c'est un journaliste. Il a une caméra sur l'épaule. Il filme tout et surtout Ricardo Teixeira, le patron du football brésilien, le roi des voleurs, en visite à Zurich pour continuer le pillage de la prochaine Coupe du monde.

Ricardo a apprécié son petit déjeuner et s'apprête à monter dans la Mercedes noire, direction le palais tout en verre de la FIFA pour les réunions du jour. Le chauffeur de la FIFA attend, la porte ouverte, mais Ricardo semble tétanisé… Il n'arrive plus à bouger. Il ne peut plus parler. Il regarde le reporter à l'entrée…

Totalement paumé… Sanud ? Il pensait ne plus jamais entendre parler de Sanud.

Ces fouineurs de la BBC m'ont envoyé deux mails pour une demande d'interview. Ça m'est égal, qu'est-ce qu'ils peuvent bien savoir ?

À Brasilia, une commission parlementaire enquête sur les diverses malversations de la Confédération brésilienne de football (CBF) depuis 2000. Álvaro Dias, le sénateur de l'État du Paraná qui la dirige, semble être tout proche de la vérité. Ses enquêteurs ont découvert des mouvements d'argent à destination de Ricardo Teixeira provenant d'une compagnie du Liechtenstein, une discrète boîte aux lettres qui s'appelle Sanud. Devant la commission parlementaire, Ricardo, tout comme les types de la FIFA, a décrit Sanud comme une simple adresse sans vrai business. Il y en a des milliers dans la petite ville de Vaduz, la capitale du Liechtenstein. Leurs propriétaires intouchables sont tous dissimulés derrière des juristes tout aussi intouchables. L'origine de l'argent de Sanud devait rester un secret… À jamais…

Ricardo a appris à ignorer les « bâtards ». Le fameux journaliste sportif brésilien Juca Kfouri qui le harcèle à coups de révélations exclusives. Les hooligans sur les terrasses avec leurs bannières « *Fora Teixeira* » (« dégage Teixeira »). Des obscénités. Blatter le protège. Il n'a pas trop eu le choix. Ricardo Teixeira sait trop de choses. Il a la main sur la Confédération brésilienne de football.

Il fait ce qu'il veut avec les politiques à Brasilia. Bref, il est intouchable.

« Je crois que c'est ça que tu cherches. » Dix semaines auparavant, par une chaude soirée de l'été 2010, quelque part en Europe centrale, la source est arrivée, a posé sa valise sur une table du café en plein air, et l'a ouverte pour sortir un document de quatre pages.

Une liste de 175 virements secrets, commençant en 1989 et s'étalant sur les douze années suivantes. Cent millions de dollars de dessous-de-table versés par la société de marketing sportif International Sport and Leisure, plus connue sous le nom d'ISL. Pourquoi ? Pour obtenir les contrats pour la Coupe du monde et les milliards qui vont avec.

Je savais depuis neuf ans que cette liste existait. Depuis la chute d'ISL au printemps 2001. Dans des bars enfumés, là où les journalistes boivent des coups avec les officiels bavards du monde sportif, j'avais demandé qui étaient les bénéficiaires des douceurs budgétaires d'ISL. Tout le monde savait qui avait touché de l'argent. On en était presque sûr. Mais il manquait la preuve…

J'ai redemandé à tout le monde. À chaque policier, chaque juriste, chaque officiel de la FIFA voulant bien me rencontrer dans un bistrot de la banlieue de Zurich, à chaque manager d'ISL. J'ai enquillé les kilomètres pour trouver les gens capables de répondre à cette foutue question : « Qui a touché cet argent ? » Ils connaissaient les noms et les dates. Lentement mais sûrement, j'ai construit mon dossier.

Maintenant, j'ai cette liste entre les mains. La source a fini par lâcher le morceau. Oui, je peux bien lui payer une bière. Juste une petite avant qu'elle reparte. J'ai posé la liste sur le bureau et, avec James Oliver, le producteur de la BBC, j'ai tourné les pages jusqu'à celle de l'année 1997. La preuve était là ! Le scoop de ma vie ! Un nom, un seul, en face du pot-de-vin de 1,5 million de francs suisses payé le 3 mars 1997 : « Garantie JH ». (Cette somme a varié au cours des années, selon les rapports et selon les monnaies, mais c'était le chiffre qui figurait sur cette fameuse liste).

Enfin ! La preuve que João Havelange, inamovible président de la FIFA depuis vingt-quatre ans, avait touché des pots-de-vin. Je l'ai révélé dans des interviews télévisées, je l'ai écrit dans de nombreux articles, j'ai surpris Sepp Blatter avec mon équipe de télévision. La question était simple : « Havelange a-t-il touché ce pot-de-vin ? » Blatter a toujours fui. Maintenant, j'ai compris. Mon enquête porte, en fait, sur une sorte de syndicat criminel parfaitement organisé.

Au fil des pages, ce ne sont que pots-de-vin sur pots-de-vin. Certains s'élèvent à plusieurs millions de dollars. Une fois la source partie, il faut appeler notre rédacteur en chef chez lui, à Londres. Nous avons fait le voyage en espérant rapporter quelques bonnes pistes. Mais là, nous avons, étalés devant nous, les détails de la plus grosse affaire de corruption jamais vue dans le monde du sport. Nous assurons au rédacteur en chef que nous avons de très gros biscuits. Mais il faudra encore beaucoup de travail pour décrypter les indices.

Et puis nous avons ri et ri encore, cessé de travailler et nous nous sommes saoulés. Pour ma part cela faisait presque 20 ans que j'avançais à tâtons dans cette histoire, montant un réseau de contacts, de sources. Il y avait beaucoup de travail à faire parce que nous voyions clairement que la plupart des dessous-de-table avaient été versés à des sociétés anonymes enregistrées dans le très secret Lichtenstein. Il nous fallait encore travailler pour les faire éclater au grand jour.

Un comptable de chez ISL m'a confié l'information capitale pour démasquer João Havelange. J'ai tourné une interview de ce comptable durant l'été 2006. Dans une chambre d'hôtel face au lac de Lucerne et aux montagnes, il m'expliqua son incroyable découverte. Pendant une période de vacances, il fut nommé dans le département d'ISL en charge des fameux pots-de-vin. Il me dit que, sur une période de presque vingt ans, ISL a payé des dizaines de millions de livres sterling à des officiels du football, en échange de garanties pour obtenir la gestion des droits marketing de la Coupe du monde. Et surtout, il avait un nom à me donner.

« Comptable : Je me suis rendu compte qu'ISL payait des sommes énormes pour obtenir ce genre de droits.

Moi : Comment pourriez-vous appeler ce genre de paiements ? Quel nom leur donneriez-vous dans le langage courant ?

Comptable : Eh bien, en langage courant, c'était ouvertement de la corruption.

Moi : Des pots-de-vin ?

Comptable : Oui.

Moi : Mais quel genre de personnes touchait cet argent ? Y avait-il beaucoup de monde ou seulement une poignée de « *happy few* » ?

Comptable : Au sommet de la FIFA, il y a juste une poignée de gens habilités à prendre ce genre de décisions, comme celle d'attribuer les droits commerciaux de la FIFA.

Moi : Mais pourquoi des dessous-de-table ?

Comptable : Ils versaient des bakchichs pour obtenir les meilleurs droits sportifs sur terre !

Moi : Selon ce que vous savez sur ces pots-de-vin versés aux officiels du football, s'agissait-il d'enveloppes déposées à l'arrière d'une voiture dans un parking ? Comment ça se passait réellement ?

Comptable : En fait, ça se passait de la même manière que dans une entreprise qui verse des salaires.

Moi : Donc, qui a touché de l'argent, des pots-de-vin de la part d'ISL ?

Comptable : Il y a eu des versements systématiques de la part d'ISL, via des banques, vers les grands pontes. M. Havelange, président de la FIFA à l'époque, a touché de l'argent. Il y a eu de nombreux paiements. Mais je me souviens d'un montant de 250 000 francs suisses pour un versement. »

La BBC a diffusé cette interview le 11 juin 2006. La FIFA n'a pas réagi. Havelange n'a jamais nié ces allégations de versements de pots-de-vin pendant ses années au pouvoir. Blatter n'a pas commenté. Ses avocats n'en ont jamais parlé non plus.

Le comptable a manipulé tous les versements qui

transitaient chez ISL pour être ensuite dispatchés à partir de Vaduz au Liechtenstein. Mais il ignorait à quel point le plus populaire et le plus rentable des sports a été détourné.

« Élisez-moi président de la FIFA et nous deviendrons tous les deux très riches », réclamait le vorace João Havelange en discutant avec un grand industriel allemand. Horst Dassler avait lui aussi beaucoup d'appétit. Sa famille avait lancé Adidas en Bavière. Mais le dynamique Horst transforma bien vite les chaussures, les chemises et les ballons en une énorme machine. Ce n'était pas encore assez pour ce génie toujours sur la brèche. Il avait saisi les grosses aubaines du *sport business*. Il créa la société ISL. Pour augmenter le chiffre d'affaires des deux compagnies, il avait besoin de contrôler les officiels des fédérations internationales. Il connaissait leurs tarifs. Pas de problème pour Horst.

Horst, toujours aussi déterminé, était connu dans les années 1970 comme quelqu'un de très généreux. Les officiels du sport n'hésitaient pas à se montrer avec de superbes montres suisses au poignet, avant d'obliger leurs athlètes à porter les fameux maillots à trois bandes. Un dirigeant important de l'UEFA, pour son anniversaire, trouva ainsi une nouvelle Mercedes garée devant chez lui.

Cela aurait pu rester une petite histoire, mais les visées de ce bon Horst étaient grandioses. Il sortit des tombereaux de cash pour truquer les élections de la FIFA en 1974. Juste avant la Coupe du monde en Allemagne, João Havelange devenait enfin l'omnipotent président du football. Élégant, charismatique et, comme son mentor Castor de Andrade à Rio, un grand voleur…

Dassler créa sa propre famille de truands, avec une antenne particulièrement active à Rio de Janeiro. Havelange semblait avoir des connexions avec tout ce que l'Amérique du Sud comptait de personnalités louches. Il était ainsi l'ami du tortionnaire, le général Jorge Videla, et de toute sa junte qui a organisé la Coupe du monde argentine en 1978. Cette année-là, tout avait été fait pour que l'équipe du pays hôte l'emporte. Horst et sa bande étaient aussi à Montréal, aux Jeux olympiques deux ans auparavant. Il était là pour recruter et il repéra un de ses compatriotes dans le lot, un certain Thomas Bach, jeune et talentueux escrimeur tout juste médaillé. Ce dernier fut intégré dans une équipe chère à Horst Dassler, celle des « relations internationales ». Comprenez celle qui distribuait les enveloppes aux dirigeants du sport mondial. En 2016, Thomas Bach sera à Rio ! Dans le plus beau costume, celui du président du CIO.

L'influence de Horst continuait à croître. En 1980 il acheta les voix des membres du CIO du bloc soviétique et de l'Afrique. Son article pour le magazine interne du CIO, La Revue olympique, publié au moment idoine, promettait aux membres qui laisseraient les affaires arriver à eux par la grande porte à Lausanne que leur style de vie s'en verrait considérablement amélioré. Comme convenu ils installèrent le candidat de Horst comme nouveau président, le fasciste de Barcelone, Antonio

Julio Samaranch, un homme fort ambitieux dépourvu de toute apparence de moralité.

Un an après, en 1981, Horst allait prendre en main un autre scrutin : l'élection qui amènerait l'Italien Primo Nebiolo – un homme qui n'a jamais dit non à un petit bakchich – à la tête de l'IAAF (Fédération internationale d'athlétisme). Le bras droit de Primo, qui lui succèdera en 1999, le Sénégalais Lamine Diack a, lui aussi, touché de l'argent des hommes d'Horst. À ce moment-là, ISL avait carrément pris le contrôle du football, des Jeux olympiques et de l'athlétisme. Horst Dassler allait les privatiser en les vendant aux multinationales.

Le fonctionnement était assez clair pour ce qui est du football. Une partie de l'argent des sponsors était tout simplement détournée pour engraisser les pontes de la FIFA. Les sponsors que l'on avait magnifiquement rebaptisés « partenaires » payaient afin d'utiliser la Coupe du monde pour leur propagande commerciale et, c'est très important pour ces gigantesques entreprises, pour mettre au pas leurs concurrents sur les marchés internationaux, à commencer par ceux des pays hôtes du tournoi. Une partie de ces bons gros dollars qui auraient dû servir à soutenir le développement du football dans le monde entier était transférée par ISL sous forme de pots-de-vin pour João Havelange et sa mafia.

La machine était bien huilée. Malheureusement, Horst Dassler mourut d'un cancer foudroyant en 1987. Il n'avait que 51 ans. Dans les bureaux d'ISL, situés au-dessus de la gare de Lucerne, un seul homme connaissait tous les rouages. Il savait qui était payé et combien. Jean-Marie Weber, l'assistant personnel favori d'Horst Dassler. D'après Christoph Malms, l'un des principaux cadres d'ISL, Weber était le seul à pouvoir faire vivre ISL. Weber, l'homme aux valises, était devenu l'agent indispensable pour les paiements illicites aux criminels de tous bords.

En 1999, deux ans avant l'implosion du système, les cadors d'ISL ont décidé de transférer la boîte de Lucerne vers une superbe tour blanche à Zoug. Les conditions fiscales étaient plus favorables dans le canton de Zoug. Et ISL n'était plus maintenant qu'à 30 kilomètres de la FIFA, son « partenaire ». Idéal pour des échanges de la main à la main ! Mais ils avaient vu trop gros et ISL s'écrasa… Ce fut la faillite.

Au printemps 2001, les enquêteurs, les détectives, les comptables et les juristes envoyés par les créanciers à la recherche d'un pactole de 300 millions ne lâchaient plus les hommes d'ISL. Tous, sans exception, tombèrent sur le pot aux roses : les énormes dessous-de-table transférés par « l'homme aux valises » vers les stars du football mondial.

En fouillant dans les comptes d'ISL, ils trouvèrent des virements étonnants, ils recopièrent la fameuse liste des destinataires et l'enfermèrent dans un coffre. Mais, au fait, que contient cette fameuse liste ? Des colonnes pleines de dollars et de francs suisses, des taux de conversion et des dates. Il y avait aussi les noms de quelques personnalités du football et d'autres sports. Et puis les noms d'un tas de compagnies en bois basées au Liechtenstein avec leurs noms bizarroïdes : Monard, Wando, Seprocom, Scienta, Beleza, Ovado, etc.

La liste démarre en 1989... les mystères aussi... Cette année-là, au beau milieu des paiements vers les sociétés de Vaduz, apparaissaient sept chèques au porteur. Le *nec plus ultra* du blanchiment d'argent. De la bonne grosse corruption sur un petit bout de papier. Pas de nom sur un chèque au porteur. Juste « payer le porteur de ce chèque ». Pas de problème, les banques s'exécutent. Pas la moindre trace. Personne ne sait qui touche l'argent. Jean-Marie Weber connaissait bien les habitudes des *top managers* de la FIFA. Ces gars-là voulaient toucher. Beaucoup, beaucoup. Mais sans faire de bruit. Pas de scandale.

En 1989, il y eut donc sept chèques au porteur. Les deux premiers, émis le 27 février, étaient d'un montant de 1 million ! Le bienheureux qui eut droit à ces 2 millions, en récupéra un autre, toujours de 1 million, le 21 juin. Dix semaines plus tard, encore un autre chèque au porteur et pour finir, un petit dernier en décembre (beau cadeau de Noël). Pas mal du tout, 5 millions en un an ! João Havelange en était-il le destinataire ?

Ne nous arrêtons pas à cette série de chèques au porteur. Regardons aussi une petite affaire au tout début de la liste. Le 29 septembre 1989, Sicuretta, compagnie bidon du Liechtenstein, fait son apparition. À la clé, 1,5 million de francs suisses – environ 1 million de dollars. Cette somme allait-elle dans le même portefeuille que les chèques au porteur ? Seuls deux officiels de la

FIFA avaient besoin de pots-de-vin. Et un gendre à garder au chaud.

Encore 3 millions se sont envolés en 1990. Toujours les chèques au porteur. Mais, plus important encore, revoilà Sicuretta. Au deuxième semestre, deux paiements totalisant plus de 1,5 million de dollars passent chez Sicuretta, une société vraiment très utile pour ISL. En 1991, le propriétaire terriblement secret de Sicuretta encaisse 1,9 million de dollars. Ça ne pouvait être que João Havelange. Il avait tous les pouvoirs à la FIFA et donc les plus gros pots-de-vin.

Les pots-de-vin de Sicuretta étaient blanchis au Liechtenstein par un juriste suisse installé à dix minutes à peine d'ISL à Zoug. Vers le milieu de l'année 1991, ISL voulut le remercier : 1,25 million de dollars. Là aussi, c'est dans la liste ! Jean-Marie Weber l'emmena à Paris, en 1998, pour la Coupe du monde. Il fut accueilli par Sepp Blatter, qui venait de prendre la succession de João Havelange à la tête de la FIFA. Sepp Blatter lui a-t-il au moins dit merci ?

Tout allait pour le mieux à cette époque. Huit ans de bonheur absolu. Ricardo Teixeira avait juste à lever la main de temps en temps, émettre un grognement et attendre ensuite que son beau-père, le président João Havelange, sévisse. Un regard intimidant vers les autres membres de la FIFA. Et la fameuse phrase : « Maintenant, nous allons voter pour accorder le contrat à nos véritables amis d'ISL. »

João Havelange ne réclamait pas seulement de l'argent pour ses affaires personnelles. Son gendre vorace, le fameux Ricardo Teixeira, avait lui aussi quelques besoins ! Il avait fort bien retenu les leçons de Castor, son beau-père et son mentor. Dans les grandes familles de gangsters, on sait partager !

Ricardo Teixeira se souvient encore de son premier million, touché en août 1992. Mais ce n'était rien. L'année suivante fut merveilleuse... En février, en mai et encore en septembre 1993, il toucha un total de 3 millions. Oui, 3 millions de dollars sur un an ! Tout est passé par Sanud, la société écran de Vaduz. Et pourtant, ce bon Ricardo n'était même pas membre du comité exécutif de la FIFA.

En 1994, les contrats pour les pots-de-vin arrivent à trois reprises chez Sanud : en février, mai et novembre. Encore 1,5 million de dollars passant de Vaduz vers les *business* de Ricardo Teixeira au Brésil... Des « emprunts bidon »...

De plus en plus fort. Un appel d'offres doit être lancé pour le contrat de la Coupe du monde 2002. ISL avait eu le contrat de la Coupe du monde en France en 1998. Mais pour celle de 2002, d'autres sociétés rivales sont prêtes à mettre beaucoup d'argent. L'appel d'offres commence durant l'année 1995. Si ISL ne peut pas s'aligner sur les offres concurrentes, elle risque d'exploser. Pour les escrocs de la FIFA, le robinet doré de Vaduz risque de s'assécher.

Durant les premiers mois de 1995, Ricardo Teixeira a droit à quatre marques de la chaleureuse affection d'ISL. En janvier, Sanud reçoit deux fois 250 000 dollars. En mai, ISL double la dose avec deux autres paiements de 500 000 dollars. Au total, 1,5 million de dollars en six mois de l'année !

De son côté, l'homme le plus puissant de la FIFA, João Havelange, est occupé à traire le pis de Sicuretta. Fin mars, il a déjà reçu la somme extravagante de 3,65 millions de dollars ! Au moment où l'offre de la société rivale apparaît, Sicuretta est bénie en recevant 2,1 millions de francs suisses en juillet – soit 1 826 000 dollars. En treize semaines, João Havelange, le vénérable président de la FIFA, vient de rafler plus de 5,4 millions de dollars en treize semaines !

La grosse offre arrive le 18 août 1995 sur le bureau de Sepp Blatter, le secrétaire général de la FIFA. C'est Éric Drossart, le président belge d'IMG Europe, qui la dépose au nom de la grande compagnie américaine. Drossart, comme tout le monde dans ce business, connaît les magouilles financières entre la FIFA et ISL. Comment faire pour renverser leur alliance ? En sortant son carnet de chèques : Drossart fait une offre énorme de un milliard de dollars pour les droits de la Coupe du monde 2002.

Blatter est furieux. Drossart, très malin, a faxé son offre incroyable aux 23 membres du comité exécutif de la FIFA. La plupart, surtout les Européens de l'UEFA, votent contre l'idée de poursuivre avec ISL. En fait, l'UEFA travaillait – proprement – avec l'ISL, mais les Européens ont senti qu'il y avait des pots-de-vin à la FIFA, et ils voulaient y mettre fin. Un milliard de dollars allait sacrement les aider.

Blatter fait poireauter IMG. Le même jour, un virement de 500 000 dollars arrive sur le compte de

Ricardo à la Sanud. Cinq semaines plus tard, en septembre 1995, toujours en attente d'un geste de la FIFA pour la signature du contrat du XXIe siècle, ISL active un virement vers Sicuretta. Et encore 1,9 million de dollars qui font du bien aux petites affaires de João Havelange. En cinq mois, le tableau de chasse du Brésilien s'élève à 7 376 086 dollars !

En décembre 1995, irrité par les rebords stratégiques de la FIFA, Éric Drossart, au nom d'IMG, écrit à Blatter. Il lui promet de surenchérir sur la meilleure offre. Blatter, très poliment, lui répond en lui souhaitant un joyeux Noël, sans rien lui promettre.

Début 1996, ISL n'a plus que six mois pour remporter ce fameux contrat du Mondial 2002. Et hop, un petit versement en passant fin janvier pour Sanud, toujours 500 000 dollars, cette fois pour remercier Ricardo Teixeira. En février, c'est au tour de Sicuretta de palper avec un virement de 1,35 million de dollars. Mais Jean-Marie Weber a-t-il encore beaucoup d'argent à disposition ? Les Brésiliens ne vont-ils pas finir par mettre ISL sur la paille ?

Il y en a encore un peu au fond du tiroir… En avril 1996, 1,35 million de dollars repartent chez Sicuretta. Le 3 juillet, soit deux jours avant que le président Havelange prenne sa décision (ISL ou IMG), Jean-Marie Weber va chercher dans les réserves d'ISL de quoi sortir deux fois 250 000 dollars pour Sanud et aussi un autre virement de 1,35 million de dollars pour Sicuretta.

Havelange gagne la partie contre ses ennemis de l'UEFA et le matin du 5 juillet 1996, il donne la Coupe du monde à ISL. Il y a un petit rebondissement juste avant le vote : Sepp Blatter, alors secrétaire général de la FIFA, annonce que ce sont deux Coupes du monde, celles de 2002 et de 2006, qui vont être attribuées. À IMG on est fou de rage. Chez ISL, par contre, on était au courant depuis longtemps, bien sûr. Les Américains n'ont eu d'autre choix que de se ruer au téléphone pour que leurs banquiers leur apportent des garanties financières supplémentaires pour une seconde Coupe du monde. Mais la partie était pliée.

Le racket d'ISL a continué en 1996, et le 10 septembre la rapacité du Brésilien s'est manifestée de nouveau. 1,35 million de dollars ont été transférés à Sicuretta. Le jeune Ricardo a, lui aussi, eu droit à une petite tournée supplémentaire : le 6 novembre, Sanud reçoit 500 000 dollars.

À eux deux, les deux hommes derrières Sanud et Sicuretta ont extorqué plus de 14 millions de dollars à ISL pour qu'ils gardent le contrat pour la Coupe du monde avec la FIFA.

Est-ce que quelqu'un chez ISL a tenté d'arrêter Havelange et Blatter ? En février 1997, un pot-de-vin de 1,6 million de dollars arrive pour le vieux vampire brésilien, via Sicuretta. Tout a l'air de bien tourner. Mais 25 jours plus tard, les sales secrets d'ISL explosent au visage de Blatter. Impossible de continuer à prétendre qu'il n'était pas au courant.

Le 3 mars 1997 au matin, un document arrive au service financier de la FIFA. Sur ce papier est confirmé qu'ISL a bien payé 1,5 million de francs suisses (1 million de dollars) sur un compte de la FIFA à la banque UBS de Zurich. Or, ce virement n'a aucun sens. Habituellement, les chèques légitimes d'ISL pour la FIFA ont des montants très supérieurs, des centaines de millions provenant des sponsors et des chaînes de télévision.

Cette note sème la panique dans les bureaux de la FIFA. Erwin Schmid, le directeur financier, fonce dans le bureau de Sepp Blatter alors secrétaire général. Il lit la note : « Garantie JH ».

À la FIFA, personne n'est mis au courant de cette garantie accordée à João Havelange. Blatter a gardé le secret. Il faudra plus de cinq ans avant qu'une source courageuse, à l'intérieur même de la FIFA, m'en parle. J'ai sorti ce scoop dans un journal londonien juste avant le coup d'envoi de la Coupe du monde en Corée. Mon rédacteur en chef m'avait donné toute la place pour un grand article. Et, bien que nous n'avions pas encore de preuves solides, provenant d'une autre source, que João Havelange avait bien touché ce pot-de-vin, nous avons illustré l'article d'un beau portrait de lui.

Comment cela a pu arriver ? Impossible que cette garantie JH soit un accident – à moins qu'il y ait eu des intérimaires au service financier d'ISL. Ma source me dit que non.

Une semaine après l'irruption du document « garantie JH », ISL refait un gros virement de 1,9 million de dollars à Sicuretta. João continue de traire sa vache à lait. Un peu plus tard, 2 millions arrivent encore. Un mois après, de nouveau 500 000 dollars encaissés par Sanud, la société-écran qui récoltait pour Ricardo Teixeira. Et en novembre, une autre enveloppe de 500 000 dollars. Puis, d'un coup, les virements pour Sanud se sont arrêtés. Pourquoi ?

1998, l'année du Mondial en France. À ce moment-là de l'histoire, six ans après avoir touché son premier versement, Teixeira a déjà ramassé au minimum 9,5 millions de dollars. La voracité brésilienne va finir par mettre ISL au tapis. Les dirigeants de l'entreprise suisse espéraient sans doute que le départ en retraite de João Havelange, en juin 1998, allait donner un coup de frein aux virements. Mais pas du tout ! Une nouvelle compagnie écran, baptisée Renford Investments, a fait son apparition sous le ciel de Vaduz. Derrière cette structure, toujours les mêmes Teixeira et Havelange. En 1998, Renford recevra trois paiements pour une somme de 3 millions de dollars. Sicuretta, de son côté, continue de fonctionner, récoltant 3 millions de dollars en deux virements.

Saignée à blanc, ISL s'inquiète pour sa survie. Où donc dénicher encore plus d'argent ? Ses dirigeants ont imaginé une cotation en Bourse pour sauver la compagnie. Mais ils n'auraient pas pu dissimuler tous ces pots-de-vin aux investisseurs potentiels qui auraient épluché les comptes. ISL s'est donc résolue à provisionner 24 millions de dollars qui ont été placés dans une société écran, Nunca (« jamais » en espagnol), elle aussi enregistrée à Vaduz dans la discrète principauté du Liechtenstein. Cet argent devait permettre à l'avenir de payer des officiels de la FIFA, tout en espérant que João Havelange se calmerait en vieillissant.

Teixeira et Havelange ont-ils senti que la fin d'ISL approchait ? Pour se défaire de l'emprise des vampires brésiliens, la société suisse a aussi tenté de se diversifier vers d'autres sports, dépensant une fortune dans le tennis. Ça a été un désastre. Le duo de Brésiliens s'en fichaient : ils voulaient leur argent. Sicuretta fait ainsi transiter un montant record de 6 millions de dollars en 1999, tandis que Texeira encaisse 1 million de dollars via Renford.

Cette année-là, Jean-Marie Weber et ses collègues d'ISL demandent une avance de quelques millions à leurs associés de Dentsu, le mastodonte japonais de la publicité. Ils ont besoin de l'accord d'un des directeurs de la société nippone. Il donna son accord et reçut ce qui doit forcément être un pot-de-vin. L'argent a transité par une compagnie basée à Hong Kong, Gilmark. En novembre 1999, il encaisse 1 million de francs suisses – 638 000 $. Six semaines plus tard, on lui a envoyé 1 million de francs suisses supplémentaires.

Jusqu'à la chute finale d'ISL – l'entreprise fut déclarée en faillite en mai 2001 en laissant des dettes à hauteur de 300 millions de dollars –, les vautours se sont servis. Dans les dix-huit derniers mois précédant la liquidation, Renford (Havelange et Teixeira) préleva encore 500 000 dollars. Gilmark (le japonais qui pour finir aura ramassé 2 515 720 dollars) fit de même. J'ai demandé à Dentsu ce qu'ils en pensaient. On m'a juste fait savoir que leur manager peu scrupuleux avait quitté la société. Havelange, fidèle à lui-même jusqu'au bout, récupéra un dernier virement de 1,3 million de dollars via Sicuretta.

Sur toute cette période, rien qu'avec ISL, Havelange aura ainsi « volé » plus de 45 millions de dollars. Sans doute plus, avec ses autres rackets à la FIFA, mais pour les 45 millions, on sait.

Des années plus tard, Havelange fut interrogé par la commission parlementaire qui enquêtait sur le côté obscur du foot brésilien. Il déclara avec aplomb qu'il n'était qu'un pauvre homme. Et que le peu qu'il avait pu gagner ne lui servait qu'à soutenir son épouse.

CHAPITRE 5

Razzia sur le football brésilien

Le fabricant de chaussures favori de Ricardo

Ricardo Teixeira a découvert la banque la plus généreuse de l'histoire. Elle est installée à Vaduz, la capitale du Liechtenstein. Selon la commission parlementaire (CPI, pour *Comissão Parlamentar de Inquérito*) dirigée par le sénateur Álvaro Dias à Brasilia, cette maison formidable a prêté à Ricardo des millions de dollars à des taux d'intérêt « bien en dessous du cours du marché ». Mieux que ça, il n'a jamais payé le moindre centime d'intérêt ni même remboursé les emprunts. C'était la banque de la société écran Sanud, dont il était le seul client !

Saurons-nous un jour comment Ricardo Teixeira a récupéré 9,5 millions de dollars de Sanud et ce qu'il en a fait ? Il a peut-être acheté des villas luxueuses en Floride, à Delray Beach ou à Miami. Ce qui est sûr, c'est qu'il y en a une partie qui a fini du côté de Rio, dans une de ses affaires baptisée RLJ Participaçoes Ltda. Sanud, la société-écran du Liechtenstein, en possédait 50 %. Lúcia Havelange Teixeira, l'ex-femme de

Ricardo et fille de João Havelange, en détenait 24,99 % et Ricardo, les 25,01 % restants.

RLJ n'était que du vent ! Toujours selon le rapport du sénateur Dias, RLJ n'a jamais gagné le moindre centime. C'était une sorte de coquille vide. De temps en temps, cette coquille se remplissait d'argent en provenance de la FIFA. Dans les comptes de Ricardo Teixeira, découverts par les enquêteurs de la commission parlementaire, figuraient des bars et des restaurants à Rio, comme le Chop House, le Turf ou le Port City. Aucune de ses entreprises ne gagnait d'argent. Elles en empruntaient, parfois à des banques offshore aux Caraïbes, et la CBF de Ricardo les payait pour faire traiteur lors de soirées haut-de-gamme.

En 1989, Ricardo Teixeira, avec le soutien décisif de son beau-père et « parrain » João Havelange, devient président de la Confédération brésilienne de football, la CBF. À l'époque, l'équipe nationale porte les tenues de la marque britannique Umbro. Après la victoire du Brésil à la Coupe du monde 1994 aux États-Unis, la valeur de la *Seleção* a monté en flèche. Des réunions secrètes sont organisées car il faut en profiter. En juillet 1996, Ricardo Teixeira prend sur lui de se rendre à New York sans en référer à qui que ce soit au sein de la CBF. Il prend un nouveau partenaire, qui a fait de jolis profits grâce à leur amitié, mais aucun officiel de la CBF ne l'accompagne.

À New York, Teixeira est attendu par une belle brochette d'hommes d'affaires américains venus de Beaverton dans l'Oregon, leur société est enregistrée de l'autre côté de l'Atlantique, dans un paradis fiscal européen. Ces derniers sont accompagnés de leurs avocats qui ont concocté un document de 45 pages pour le Brésilien, un très gros contrat. Ricardo Teixeira le signe sans hésitation. Il vient de donner purement et simplement le contrôle effectif de l'équipe brésilienne à un fabricant de chaussures !

Les Américains, via leur paradis fiscal, versent 160 millions de dollars à Ricardo – avec la promesse de remettre au pot un peu plus tard. Contre cette somme fabuleuse, ils ont acheté le droit de choisir les joueurs de la *Seleção* et de décider où et contre qui ils doivent jouer. Il y aura cinquante rencontres qui seront ainsi organisées. L'entreprise de Beaverton a le droit d'ouvrir une boutique dans les locaux mêmes de la CBF à Rio. On y trouve tous les articles de sport imaginables, tant qu'ils sont siglés Nike.

Pour chaque match se jouant au Brésil, une bannière circulaire de 25 mètres de diamètre représentant le célèbre logo est placée au milieu du terrain avant le coup d'envoi.

La compagnie étrangère de chaussures payait beaucoup d'argent et quand la première tranche arriva entre les mains de Ricardo elle avait bondi et rebondi entre les Pays-Bas, trois banques américaines, une au Bahamas et deux autres à Belo Horizonte et Rio. Lorsque de grosses sommes empruntent de tels circuits il est courant qu'il y ait un peu de déperdition.

Ricardo Teixeira s'est rendu à New York avec un compagnon, un certain José Hawilla, dirigeant de la société de marketing sportif Traffic, le seul brésilien à signer. José a gagné le droit d'utiliser la CBF à son avantage, peu après que Ricardo en ait pris les rennes. Le contrat Nike va lui rapporter 8 millions de dollars en dix ans !

Y voyant une énième preuve des dérives financières de Teixeira, le sénateur Dias a dénoncé vertement les scandaleux profits amoncelés par Hawilla. Selon le fisc brésilien, ce dernier a vu sa fortune personnelle multipliée par 20 grâce à Nike !

Au cours de la même année, 1996, le prix de la coopération de Ricardo avec ISL a été de 1,5 millions de dollars. On ne peut s'empêcher de se demander comment il aborda Nike ? Tenta-t-il ses trucs habituels avec eux ? Essaya-t-il de les racketter en leur parlant de son compte à Vaduz ? Aurait-il pu être un négociateur plus dur encore ? Aurait-il pu obtenir davantage d'argent du football brésilien ?

Qu'est-il réellement arrivé à Ronaldo à Paris dans les heures qui ont précédé la finale de la coupe du monde contre la France ? Souvent la réponse la plus simple est la vraie. Les attentes du Brésil, du monde ont mis sur les épaules du sportif de 21 ans une pression impossible, son système nerveux s'est rebiffé et l'écume lui est montée aux lèvres. Est-ce que la pression d'être l'homme affiche de Nike l'a fait s'égarer sur le terrain ?

Mais les réactions au Brésil à cette débâcle et la façon dont Ricardo manipulait la Confédération brésilienne de football (CBF) provoquèrent une telle colère que les politiciens élus ne purent que poser des questions.

L'argent de Nike commença à couler dans les mains de Ricardo à partir du 1er janvier 1997. Quatre ans plus tard la CBF était devenue insolvable. Si elle avait été une entreprise elle aurait été fichue, démantelée, vendue au prix de la ferraille. Les investigations du Sénateur Dias ont évalué qu'à la fin de 2000 la dette de la CBF avoisinait les 31 millions de dollars.

Comment cela est-il arrivé ? Il y eut des affaires secrètes extraordinaires conclues avec l'empire privé de Ricardo mais la manne fabuleuse du fabricant de chaussures de sport ne suffisait pas à ses manipulations, ses pots-de-vin et gratifications pour garder le contrôle du football brésilien. Quelque chose de très puant était en train de se passer. Il partit à l'étranger et emprunta de l'argent d'une manière probablement sans précédent.

Le premier emprunt est enclenché en octobre 1998, un an après la mise en route du contrat Nike. Ce mois-là, Ricardo Teixeira décide que la CBF a besoin d'emprunter 7 millions de dollars à la Delta. Un établissement bancaire de New York qui, selon le rapport de la commission Dias, avait l'habitude de prêter à ses clients brésiliens (entreprises ou particuliers) à des taux d'intérêt compris entre 9 et 10 %.

Mais – restez bien assis ! – Ricardo Teixeira a, lui, accepté de payer un taux incroyable de 43,57 %. Chose étrange, il règle les intérêts avant la date butoir, mais à un taux encore supérieur de... 52 %. Tout aussi suspect, comme l'argent de Nike avant lui, le prêt de la Delta a fait le tour du monde. Il est passé par une autre banque de New York, puis par le paradis fiscal de Nassau, aux Bahamas, et enfin sur un compte de la CBF à la Rural Bank de Belo Horizonte. Comme pour tous les grands mouvements d'argent destinés à la CBF, de grosses sommes se sont volatilisées pendant le voyage. Ricardo Teixeira ne fournit jamais la moindre explication quand il fut interrogé à Brasilia par la commission sénatoriale.

Visiblement, Ricardo Teixeira était accro à la Delta bank. Il suffit de regarder la série de prêts à des taux d'intérêt toujours prohibitifs qu'il a sollicités auprès de cette banque. Avec à chaque fois de sérieuses fuites pendant que l'argent voyageait de New York vers le Brésil. En décembre 1998, soit deux mois après la première transaction, Ricardo Teixeira signe un nouveau prêt de 4,5 millions de dollars avec, cette fois, un taux d'intérêt de 25 %. Cette fois encore, le prêt est remboursé en avance, le vrai taux passe à 30 %, et cette fois aussi, l'argent passe de New York aux Caraïbes. Là aussi, des centaines de milliers de dollars s'évaporent en route.

Ces deux emprunts semblent quand même bien compliqués à justifier. Surtout que Nike était sur le point d'envoyer un bon gros chèque de 15 millions de dollars au Brésil.

Il n'empêche que Ricardo Teixeira reste très attaché à Delta. Trente-cinq jours après le dernier emprunt, il signe de nouveau pour 10 millions de dollars. Le taux d'intérêt est encore de 25 %. Quelques jours plus tard, il lance une nouvelle opération Delta mais cette fois pour son bar *El Turf* et là, miracle, il ne paie que 12 % d'intérêts, le taux payé par tous les clients de Delta au Brésil.

La CBF va refaire un petit tour avec la banque Delta. En septembre 1999, elle emprunte 3,7 millions de dollars à 21 % (le double du cours du marché). En 2000, Teixeira relance Delta pour 10 millions de dollars, à un taux de 16 %. Finalement, en septembre 2000, il demandera encore 4,5 millions de dollars à 14,5 %. Le sixième emprunt auprès de la banque Delta !

En avril 2001, sollicité par la commission d'enquête parlementaire (CPI), Ricardo Teixeira se défendra en arguant que les taux pratiqués par Delta n'avaient rien d'inhabituel. Pour preuve, il nomma huit entreprises brésiliennes qui, à sa connaissance, avaient payé les mêmes taux. Quelques jours plus tard, toutes les sociétés mentionnées par Ricardo démentirent. Observation de la CPI : « Le président de la CBF a donné de fausses informations. »

Ce n'étaient pas là les seuls mystères qui entouraient la façon dont Ricardo faisait des affaires avec l'argent de la CBF. Ils devaient faire fréquemment des opérations de change et ils passèrent un contrat avec une société afin d'obtenir les meilleurs taux du marché. Cela passait quand celle-ci obtenait un taux de 0,19 % au dessus de celui de la Banque centrale pour la simple somme de 185$ pour le compte de la CBF. Puis Ricardo autorisa une transaction pour acheter 700 000 $. Le coût pour la CBF ? 15,44 % au dessus du taux de la Banque centrale. Le rapport Dias appela cela du « pillage ».

Alors même que l'agent du chausseur gonflait les revenus de la CBF à des hauteurs sans précédent, Ricardo continuait à faire de mauvaises affaires sur le marché des changes et à pousser le football brésilien à s'endetter davantage. Il sortit du circuit bancaire et s'adressa à des prêteurs privés, sujets à aucune régulation, payant parfois des intérêts de 100 %. Pour la seule année 1998, Ricardo autorisa des paiements de 178 918 $ d'intérêts sur deux de ces prêts. Les enquêteurs en découvrirent d'autres et leurs commentaires furent cinglants.

Parfois le chéquier de la CBF avait besoin d'un passeport de tourisme : l'argent qui était dessus aimait trop les voyages. Parfois, comme des voyageurs infortunés, il disparaissait. Lorsque le Brésil prit part à la Gold Cup en Amérique en 1998, la CBF vira la somme de 400 000 $ dans une banque de Miami. L'argent n'y moisit pas longtemps. À peine transféré, l'argent repart aussitôt pour un compte de Montevideo, la capitale de l'Uruguay. Les enquêteurs de la CPI n'ont jamais retrouvé sa trace ni compris pourquoi il est parti en Uruguay ? Pour qui ? Mais ils ont découvert qu'un ami proche et associé de Ricardo s'est occupé du transfert. Sur le terrain, le Brésil a été battu par les États-Unis. Au beau milieu du deuil national, personne ne s'est aperçu de la disparition de ces 400 000 dollars.

Il n'est pas simple de faire le portrait de ce Ricardo Teixeira. Les enquêteurs de la CPI lui trouvèrent une double personnalité. Le premier Ricardo se comportait comme un administrateur totalement incompétent, un naïf errant au milieu des loups des marchés financiers. Ce Ricardo-là passait des accords ineptes avec des prédateurs qui pompaient toute la richesse de la CBF, au point de l'amener au bord de la faillite. Et ce malgré l'apport invraisemblable de Nike.

L'autre Ricardo était un homme tout à fait différent.

Un homme avec beaucoup de flair qui semblait capable de faire d'excellentes affaires pour son propre compte. La CPI a analysé le portefeuille d'actions de Ricardo Teixeira et a découvert que chaque année, entre 1995 et 2001, il a fait des profits. Dans ce laps de temps, le président de la CBF a passé 1 409 ordres (soit une moyenne de 1 transaction toutes les 36 heures). Il excellait dans cet exercice. Bref, un homme avisé en matière financière qui savait faire de l'argent pour son propre compte, mais aurait perdu ce talent une fois à la tête de la CBF.

Est-ce Ricardo l'idiot ou Ricardo le malin qui omit de recruter un auditeur indépendant à la CBF ? Le sénateur Dias a relevé que cela signifiait que les parties prenantes ignoraient ce qu'il advenait de la manne provenant du fabricant de chaussures américain de l'Oregon.

La manne trouva rapidement le chemin des poches de Ricardo et de sa petite équipe soudée qui contrôlait le football brésilien. Ils commencèrent par se payer eux-mêmes généreusement, mais ce n'était apparemment jamais assez et entre 1998 et 2000 ils augmentèrent leurs salaires de 300 %. Celui de Ricardo s'envola jusqu'à 239 267 $ bien que rien ne prouvât une plus grande ardeur au travail de sa part. Mais le plus grand gagnant fut son oncle Marco Antonio, secrétaire général de la CBF, qui en 2000 avait besoin de pas moins de 286 000 $ par an pour nourrir sa famille. Et pour fournir de nouvelles chaussures pour les petits, Marco et le reste de la bande s'accordaient un 13ème et un 14ème mois de salaire.

Les dirigeants de la CBF commencent à coûter fort cher. Les revenus de la CBF ont certes quadruplé : de 18 millions de dollars en 1997 à 79 millions de dollars en 2000. Mais ses dépenses ont décollé encore plus vite encore. Augmentations salariales, bonus, intérêts, coût de la dette, etc. En 2000, la CBF est dans le rouge ! Ricardo Teixeira a alors une autre idée géniale : reverser moins d'argent aux associations, aux éducateurs, à tous ceux qui font vraiment fonctionner le football brésilien. Leur part dans la répartition des ressources passe de 55 à 35 %.

Ricardo n'avait pas d'autre choix s'il voulait maintenir son train de vie. Exemple des exigences du bonhomme : en octobre 1997, il passe quatre jours à New York, et pas question de prendre un taxi comme tout le monde. Non, il lui faut une limousine à son entière disposition. Et hop, 1 185 dollars à payer par la CBF. Il n'y va pas non plus avec le dos de la cuillère quand il choisit ses restaurants. Les enquêteurs de la CPI ont analysé ses notes de frais sur trois mois de 1998. Ils ont dégoté 18 repas pour un total de 12 594,40 dollars ! L'addition moyenne d'un repas présidentiel s'élevait à 700 dollars !!!

La CBF a offert une carte de crédit à Ricardo. Elle n'a pas eu le temps de prendre la poussière. Le bout de plastique était particulièrement bien connu du magasin Lidador, spécialisé dans les champagnes fins.

Ricardo aimait vraiment bien le champagne, y compris dans son propre restaurant, *El Turf*. En février 1996, la CBF règle une magnifique facture à cet établissement : du Dom Pérignon, des bouteilles de vieux whisky, 1 300 litres de bière, des énormes steaks, des poulets, etc. Il fallait bien fêter le lancement de l'IAFB, Instituto de Assistência ao Futebol Brasileiro !

Ricardo Teixeira affirmait que cette association à but non lucratif allait venir en aide aux quelques 60 000 footballeurs actifs ou à la retraite. L'association devait trouver des emplois, des formations professionnelles, construire cinq hôpitaux pour les joueurs blessés. Une assurance-vie gratuite et une assistance juridique pour les anciens joueurs et leurs proches étaient annoncées.

Les enquêteurs de la commission parlementaire cherchent toujours où sont cachés les hôpitaux... Ils n'ont pas trouvé de traces du reste non plus. En revanche, ils ont découvert que Ricardo avait quelques amis. Il s'était occupé personnellement du recrutement des 17 employés de l'association, dont 5 émargeaient déjà à la CBF. La quasi-totalité de l'argent de l'IAFB partait en salaires ! Le reste en notes de parking et frais divers ! Le sénateur Dias nota, avec une pointe d'ironie : « Il ne reste vraiment pas grand-chose pour des actions concrètes. »

Une autre préoccupation de Diaz était que l'un des membres du conseil de supervision de l'IAFB était Wagner Abrahão, un proche de Ricardo qui faisait d'importantes affaires avec la CBF. Le rapport de la Commission d'enquête parlementaire (CPI) demanda s'il était probable qu'il critique quoi que ce soit de cet institut ? (Nous reviendrons sur ce Wagner Abrahão au chapitre 7 où nous examinerons les affaires de la coupe du monde).

Après la Coupe du monde en France, une série de petits événements amusants se sont déroulés dans les bureaux du département financier de la FIFA. En 1999, Ricardo y a transféré une somme énorme au nom de la CBF : 2 989 593 dollars. Interrogé sur les raisons de ce versement, il expliqua de façon obscure : « C'est un règlement entre comptes visant à compenser les créances et les dettes entre deux entités » – quel que soit le sens de ces mots. Où allait l'argent en réalité ? Où partait-il après avoir atterri dans les comptes de la FIFA ? Ni Blatter ni Texeira ne répondront à ces questions.

La saga de l'argent brésilien transitant par Zurich se prolongea en 2000. Un jour, Ricardo Teixeira arriva dans le bureau des finances de la FIFA avec un sac bien rebondi ! On lui demanda si on pouvait l'aider. Il ouvrit le sac. Il y avait 400 000 dollars dedans. Impassible, Ricardo dit que cet argent était une avance destinée à la confédération brésilienne, afin de couvrir les frais de sa participation au Mondial en France, vingt mois plus tôt. Aucune explication sur la provenance du cash.

Ricardo demanda alors aux employés de la FIFA de transférer cet argent sur un compte de la CBF. Les financiers étaient un peu gênés. Pour eux, la Confédération brésilienne avait déjà touché l'argent qui lui était dû. Ils tentèrent de vérifier et ne trouvèrent aucune trace de cette somme ni à Zurich ni à la CBF à Rio. CQFD !

Les financiers finirent néanmoins par accepter de transférer les 400 000 dollars vers la CBF. Ils insistèrent pour que le virement aille sur un compte courant de la confédération, avec une annotation de la provenance. Oh non, leur dit Ricardo, ce n'est pas ce que je souhaite. Il leur demanda de lui faire un chèque. Et curieusement, on lui fit ce fameux chèque. À partir de cette minute, la FIFA avait abandonné son statut de siège du football pour devenir une lessiveuse d'argent sale.

Quelques jours plus tard, Ricardo retourna à la FIFA. Il rendit le chèque et demanda qu'on lui redonne la somme en liquide. Chose étonnante, le bureau des finances accepta et lui remit les 400 000 dollars dans un sac. Il est probable qu'il se soit ensuite rendu à sa banque préférée de Zurich, avec un document émanant de la FIFA spécifiant qu'elle lui avait versé cet argent.

J'ai retrouvé cette histoire à la page 19 d'un rapport portant sur les finances de la FIFA pour l'année 2000, envoyé par la branche zurichoise de l'auditeur KPMG à Sepp Blatter. Les comptables de KPMG étaient horrifiés, demandant qu'à l'avenir les chèques ou le cash soient traités uniquement par des gens « autorisés ».

J'ai évidemment envoyé des mails à Ricardo Teixeira, au bureau d'audit KPMG et à la FIFA pour demander des explications sur les sources et la destination de cet argent. Personne n'a jamais répondu.

Les journalistes ont enquêté sur la CBF et écrit pas mal de papiers sur les « erreurs » de fonctionnement de Ricardo Teixeira et ses mystères financiers. Les supporters brésiliens le détestent. Mais alors pourquoi les juges, les politiques, les avocats et tous les officiels du football n'ont-ils pas sorti le sifflet et brandi le carton rouge pour le mettre en prison ? Comment Ricardo Teixeira a-t-il fait pour s'en sortir ? La réponse : il suffisait de payer ! Les flots d'argent déversés par le vendeur de chaussures américain ont aussi arrosé des politicards qui se sont chargés de protéger le racket de Ricardo à Brasilia et dans les différents États de la république fédérale.

Le cash était transmis aux fédérations des 26 États qui le faisaient suivre à des politiques dont il fallait financer l'élection. Les enquêteurs de la commission parlementaire ont découvert que les dons de la CBF pour aider le développement du football ne restaient en fait que vingt-quatre heures dans les comptes des fédérations d'État, avant de repartir à droite et à gauche dans les poches de politiques véreux.

Dias décrit ce vol comme une opération triangulaire qui impliquait la CBF, bien sûr, les 26 fédérations d'État et les politiciens en campagne électorale. C'était évidemment de la fraude à grande échelle. On achetait des voix dans un pays qui luttait encore pour être une démocratie après plus de vingt ans de dictature militaire. En 2000, ces prétendues dotations détournées du football se sont quand même élevées à plus de 7 millions de dollars. Le prix de la protection de Teixeira ! Tout cet argent grâce à l'argent « donné » par les amis de l'Oregon – sans qu'ils n'en sachent rien, bien sûr.

La CBF n'a jamais demandé le moindre reçu ou état comptable aux différentes fédérations pour savoir comment elles avaient utilisé cet argent. Les fédérations ne payaient pas non plus leurs cotisations annuelles à la CBF. Dias soutient que ce système avait créé des liens de dépendance et de subordination à tous les niveaux de la pyramide du foot brésilien. Selon lui, les fédérations locales ne faisaient que distribuer des passe-droits en tout genre. Elles étaient devenues des bastions du népotisme, au service de politiques perpétuellement réelus.

Ceux d'entre eux qui réussirent à entrer au Congrès national à Brasilia ne furent pas déçus. Ricardo était prêt à tout : il avait mis à leur disposition une villa estimée à 1 million de dollars à Lago Sul. Juste pour ses amis politiciens ! Ricardo n'avait pas oublié la phrase de son partenaire Sepp Blatter qui évoquait toujours la « famille du football ».

Ricardo n'a jamais oublié ce que son partenaire SEPP appelle « la famille du football ». Courant 2000 la somme de 8 000 $ a été envoyée à une communauté au nord est de Rio. Dans les comptes de la CBF elle apparaît comme « Soutien à la ville de Pirai ». L'argent fut immédiatement transféré sur le compte d'un cousin de Ricardo, candidat à un siège au conseil local. Dias releva aussi que Ricardo était propriétaire de trois fermes à Pirai. Il vendait de façon éhontée son lait à la CBF. Dias en conclut qu'alors que les hommes politiques du réseau de Ricardo profitaient largement de l'argent du fabricant de chaussures, il n'y avait pas de dons systématiques en faveur d'anciens joueurs ou de leurs associations.

Ricardo achetait des politiques. De nombreuses personnes pensent qu'il achetait aussi des juges. Plusieurs magistrats se sont vu offrir des voyages tous frais payés avec leurs épouses pour la Coupe du monde, aux États-Unis en 1994 et aussi en France en 1998 Ils ont voyagé en classe affaires et dormi dans d'excellents hôtels. Parmi les rares juges ayant accepté d'évoquer les cadeaux de Ricardo, l'un expliqua benoîtement qu'il avait accepté ce voyage parce qu'il pensait qu'il était important pour lui de mieux comprendre les différences de culture…

Plusieurs avocats de Rio étaient enclins à recevoir de l'argent de la CBF, même si le litige concernait les affaires privées de Ricardo. Qu'il s'agisse de poursuivre le journaliste Juca Kfouri ou de défendre les sales affaires du restaurant *El Turf*, Ricardo pouvait toujours piquer l'argent du fabricant de chaussures.

Les investigations du sénateur Dias sur la corruption de la CBF en 2001 finirent quand même par aboutir. Et ce malgré les gros efforts de l'équipe des politiques pro-Ricardo. Dias me dit un jour : « Le football est devenu un juteux business au Brésil. Les enquêtes ont été bridées voire stoppées, en raison des relations de la CBF avec les gouvernements des différents États, le Congrès et l'ensemble du système judiciaire. Au Congrès, Teixeira avait même créé ce que nous appelons sa *"Bancada da Bola"*, un groupe de députés prêts à tout pour défendre la CBF.

» En tant que sénateur, j'ai décidé de relancer de nombreuses plaintes pour corruption qui avaient été négligées par les autorités gouvernementales. J'ai pris mon temps afin d'obtenir suffisamment de signatures de sénateurs pour lancer une commission d'enquête.

Pour contourner les lobbyistes de la CBF, je programmais les commissions d'enquête les vendredis, quand les senators sont absents de Brasilia.

» Quand nous avons commencé à entamer les enquêtes au Sénat, les membres de la *"Bancada da Bola"*, qui travaillaient depuis longtemps sous la coupe de Ricardo Teixeira et de la CBF, réalisèrent qu'il était impossible de s'opposer à la volonté d'une commission d'enquête parlementaire. »

La CBF a tenté de faire diversion en montant une autre commission d'enquête au Congrès. Cette dernière était dirigée par Aldo Rebelo qui fit du bon boulot. Mais, les hommes de la CBF réussirent à saboter son travail : son rapport définitif ne fut jamais approuvé par l'assemblée.

Dia ajoute . « La CBF et Ricardo Teixeira ont aussi essayé de compromettre les investigations du Sénat. Beaucoup de sénateurs ont laissé tomber la commission et d'autres se sont opposés au rapport final qui envoyait devant la justice dix-sept personnalités – des cadres haut placés de la fédération brésilienne, dont Ricardo Teixeira.

» Alors, je me suis présenté devant la tribune un jour où le Congrès était plein et la presse présente. Elle a largement diffusé mon discours qui dénonçait les tentatives du CBF pour corrompre la commission. Pour éviter d'être critiqués dans les journaux, les sénateurs qui hésitaient à approuver mon rapport ont suivi. Et le rapport a été approuvé. »

Les politiciens bien dressés par Ricardo Teixeira avaient fait de leur mieux pour bloquer la commission lorsqu'ils ont échoué, Sepp est intervenu pour déclarer : « Nous ne tolèrerons aucune enquête qui pourrait nuire aux règles du football. Si les sénateurs appellent des arbitres et des officiels à témoigner, le Brésil pourrait être banni du monde du football. Le Brésil ne participera pas à la Coupe du monde 2002, ni au Championnat du monde espoir, ni à la Coupe du monde des moins de 17 ans, ni à la Coupe du monde féminine, ni au Tournoi de football en salle au Guatemala. »

Cette sortie n'impressionna pas du tout le président du Sénat Antônio Carlos Magalhães. « Le Congrès ne se laissera pas intimider. Nous devons ramener la morale dans ce pays et ceci inclut évidemment le football. Si le prix à payer est de ne pas participer à la Coupe du monde, soit. »

On n'entendit plus Sepp Blatter ! Mais ce ne sera pas la dernière fois qu'il se trompera sur les sentiments du peuple brésilien. La *Seleção*, la valeur sûre du foot brésilien, a battu l'Allemagne en finale du Mondial 2002 au Japon. Imaginez un peu que le Brésil ait été banni, quelles auraient été les réactions des sponsors et des grandes chaînes de télévision ?

Mais même Dias n'arrivera jamais à tout savoir. Le matin du 27 juin 1999, un feu se déclare au centre d'entraînement de Teresópolis. Un local qui renfermait d'importants documents sur l'histoire financière de la CBF, notamment toutes les années de 1985 à 1994, est détruit. Les sénateurs demandent une enquête pour savoir si l'incendie est criminel. Aucun résultat.

Dias demanda une inculpation pour Ricardo Teixeira. Le boss de la CBF devrait croupir en prison depuis longtemps. Pour des raisons sur lesquelles nous ne pouvons que conjecturer, la police, les procureurs et les juges ne firent pas les enquêtes et n'imposèrent pas les pénalités qu'attendait à juste titre le peuple.

CHAPITRE 6

Coups de poignard dans le dos de Mandela

Des dessous-de-table ont apporté
la Coupe du monde en Allemagne

UN PROPRIÉTAIRE DE PUR-SANG DE RIO a été payé 1 million de dollars pour annihiler le mince espoir du Brésil d'organiser le Mondial 2006. La campagne souterraine pour octroyer le tournoi à l'Allemagne impliquait l'humiliation du Brésil et l'entubage de l'Afrique du Sud avec en toile de fond des manœuvres destinées à maintenir Sepp Blatter à la tête de la FIFA.

Alors que la période d'hyperinflation touchait à sa fin au Brésil, Ricardo Teixeira et João Havelange voulaient une Coupe du monde pour profiter des sommes énormes charriées par l'événement. Ils avaient déjà tenté de l'obtenir en 1994 mais, vu l'état lamentable de l'économie laissé par la junte, cette candidature n'avait eu aucune chance d'aboutir et la victoire revint aux États-Unis.

Épisode suivant en 2000, tandis que Blatter se bat pour survivre à l'élection présidentielle programmée en 2002. Les représentants européens, toujours fâchés, n'ont pas pardonné le scrutin manipulé par lui et Havelange et les votes achetés à Paris en 1998. La seule façon pour Sepp de rester au pouvoir est de faire plaisir au vieux continent en donnant la Coupe du monde 2006 à l'Allemagne. Les pays membres de l'UEFA seront satisfaits et leurs officiels décrocheront des jobs et des billets grâce au tournoi. C'est ça, le marché. Seulement, Blatter a aussi promis à l'Afrique qu'elle aurait une chance de gagner. Ça c'est un problème. Ce sera un camouflet pour Mandela. Mais bon, le vieil homme n'a pas le droit de vote au sein de la FIFA.

Le Brésil aussi a lancé sa candidature, seulement les dix voix du Conmebol (la Confédération sud-américaine de football) n'auront qu'un poids insignifiant à l'élection présidentielle. Dans ses froids calculs, Blatter les traite comme quantité négligeable. Blatter et ses associés allemands s'arrangent alors pour que le boss de la Confédération brésilienne de football (CBF) trouve une compensation, et sa candidature s'évanouit à trois jours du vote.

LES TROIS ACTEURS CLÉS dans la campagne de cette année 2000 pour s'attribuer le tournoi de 2006 sont un milliardaire allemand, gros bonnet de la télévision, un des anciens joueurs allemands les plus respectés et un sordide porteur de valises, maître dans l'art bien sombre de répandre la corruption dans le sport. Une expertise qu'il a acquise auprès du grand manipulateur Horst Dassler, l'ancien patron d'Adidas.

Pour représenter la candidature de l'Allemagne, Franz Beckenbauer, qui a remporté la Coupe du monde, en tant que joueur puis comme sélectionneur. Dans l'ombre de Franz, un homme qui ne paie pas de mine avec ses cheveux blancs et ses costumes passe-partout, un certain Fedor Radmann. Ces deux-là mènent leurs carrières de concert depuis des décennies. Beckenbauer a aidé Dassler dans les années 1980. Quand ISL a récupéré les droits télé et de sponsoring du Mondial, des Jeux olympiques et des Championnats du monde d'athlétisme, ses actifs ont été transférés dans une société coquille appelée Rofa, détenue par Beckenbauer et son manager Robert Schwan. Cette société, Rofa, est domiciliée à Sarnen, dans le petit canton d'Obwald, en Suisse alémanique. Un lieu où elle est à l'abri des créanciers.

Radmann, pour sa part, est employé de très longue date par Dassler. Il a été promu à la tête du Service des relations internationales d'Adidas (à l'époque une entreprise familiale), également connu comme le Département des coups tordus et des élections trafiquées. Après le décès de Dassler en 1987, les membres de sa garde rapprochée refont leur vie comme consultants vendant leurs services aux villes et aux pays candidats à l'organisation des Jeux olympiques ou de la Coupe du monde. Leur plus-value : la connaissance intime des petits travers et péchés mignons des hiérarques du sport mondial.

Ces dernières années, en enquêtant sur le monde trouble de l'équipe de Dassler, j'ai découvert que le plus « amusant » de tous était Anwar Chowdhry, un Pakistanais particulièrement sournois, installé dans les beaux quartiers de Karachi. Le job que Dassler lui avait filé en Asie consistait à manipuler les élections dans les fédérations sportives et à verser des dessous-de-table pour faire en sorte que chaque équipe nationale, dans toutes les disciplines, s'habille en Adidas. Chowdhry a été récompensé : une élection truquée à Bangkok, arrangée à coups de curieux pots-de-vin, l'a porté à la tête de la Fédération mondiale de boxe amateur.

En 1999, j'ai assisté à une compétition aux Championnats du monde de boxe amateur à Houston. On m'avait tuyauté sur le fait que les Cubains qui auraient dû remporter la plupart des médailles d'or allaient être privés de leurs récompenses par des juges ripoux. De fait, les Cubains ont été floués sur toute la ligne et sont repartis très rapidement. J'avais tellement de mépris pour Chowdhry que je n'ai pas voulu l'interviewer. Du coup, il m'a envoyé son gendre pour me convoquer dans sa suite au dixième étage de son palace. Intrigué, j'y suis allé et j'ai été harangué par un Chowdhry détendu dans son pyjama déboutonné laissant entrevoir les cicatrices zébrant son corps. Tous ces juges, m'a-t-il assuré, n'étaient que des « bâtards ». Après avoir volé des millions de dollars à son sport, Chowdhry a fini par en être évincé en 2006.

C'est dans ce genre de monde-là que grenouille Fedor Radmann, l'adjoint de Beckenbauer. Cet homme sait lubrifier tous les rouages du monde du sport. Quand Horst Dassler meurt d'un cancer à la fin des années 1980, Fedor quitte son repère adoré de Berchtesgaden, le village des Alpes où il était venu au monde en 1944, pour travailler avec Leo Kirch. Le grand manitou à moitié aveugle et taciturne de la télévision allemande, le troisième acteur décisif de la Grande Conspiration de 2006.

Sepp Blatter, Leo Kirch, Franz Beckenbauer, Fedor Radmann, Jean-Marie Weber – le patron d'ISL –, et Günter Netzer, une autre ancienne vedette du foot allemand, et plus tard Philippe, le neveu de Blatter, constituent la caste des initiés ultimes au sommet du football. L'un des sous-groupes, appelé « la Mafia de Munich », tourne autour du Bayern de Munich. Fedor et Jean-Marie et d'autres membres de l'équipe de Dassler ont, quant à eux, des liens étroits avec le Comité international olympique à Lausanne, dans le sud de la Suisse. Un autre protégé de Dassler, Thomas Bach, recruté dans la fameuse équipe des relations internationales d'Adidas, est devenu président du Comité international olympique en 2013, et supervisera les Jeux de Rio en 2016. Rien ne change, un petit groupe d'hommes d'affaires et d'officiels règne secrètement sur le sport. Leo Kirch est mort en 2011, mais tous les autres figurent dans la liste des invités au congrès de la FIFA de juin 2014.

LA CANDIDATURE allemande connaît des problèmes. Début 2000, l'Afrique du Sud semble avoir pris de l'avance aux yeux des membres du comité exécutif de la FIFA. Pas une bonne nouvelle pour Leo et son bouquet de télés payantes basé à Munich. « Kirch savait qu'une victoire allemande valait de l'or », écrit le *Süddeutsche Zeitung*. Mais l'Allemagne avec ses réglementations financières strictes, sa brigade financière et sa volonté de contrôler de près la vente des billets, n'est pas la destination idéale pour certains pontes du foot.

L'Afrique du Sud à l'inverse est beaucoup plus laxiste, gangrenée par la corruption et, en plus, elle a Nelson Mandela, un homme vénéré au côté duquel il est tellement glorieux de prendre la pose.

Fedor sait dénouer ce genre de problème. Leo, lui, a de l'argent. Quant à Beckenbauer, ça tombe bien, il est président du Bayern de Munich. Les trois hommes montent un plan resté secret pendant trois ans avant d'être révélé en mai 2003 par deux journalistes allemands, Jörg Schmitt de *Manager Magazin* et Thomas Kistner du *Süddeutsche Zeitung*.

Six semaines avant le vote, programmé le 6 juillet 2000, Kirch commence à ouvrir le robinet à cash. Ce jour-là, l'un des avocats de Leo envoie une lettre confidentielle à Dieter Hahn, l'un de ses plus proches collaborateurs. Dans ce courrier sont détaillés tous les arrangements mis au point par Fedor Radmann et Günter Netzer. Maintenant, Fedor a besoin de l'argent !

Ils ont passé du temps à négocier les droits de matchs un peu surprenants pour un club aussi prestigieux que le Bayern. L'équipe de Munich va, par exemple, affronter la sélection nationale de Malte. Pour diffuser cette rencontre sans intérêt, des droits télé d'un montant invraisemblable de 300 000 dollars doivent être versés sur un compte à Malte. Précision : le président de la Fédération maltaise de football, Joe Mifsud, est membre du comité exécutif de la FIFA.

Un autre copieux versement doit partir pour Bangkok où le Bayern doit jouer, cette fois, contre la sélection nationale thaïlandaise.

Le Bayern doit aussi jouer contre l'équipe de Trinidad. Le patron du foot local n'est autre que Jack Warner, encore un membre du comité exécutif, réputé pour avoir la main tendue même quand il dort. Le match n'a jamais eu lieu, mais un an plus tard, Warner obtient les droits télé de la zone caraïbe pour les Coupes du monde 2002 et 2006. Le prix était officiellement de 4,8 millions de francs suisses, mais il semble que Warner n'a jamais rien payé.

Un autre gros versement a servi à organiser une rencontre entre le Bayern et l'Espérance de Tunis. Ce club réputé était alors dirigé par Slim Chihoub, un des gendres du président Ben Ali. Ce jeune homme haut placé a pu mettre la pression sur Slim Aloulou, le Tunisien du comité exécutif de la FIFA qui, jusque-là, penchait en faveur de l'Afrique du Sud.

Slim Chiboub fut élu au Comité exécutif de la la FIFA en 2004 mais ne fut pas réélu en 2009. Il déguerpit de Tunis quand son beau-père fut renversé lors du printemps arabe.

Bonus pour les équipes étrangères : toutes leurs dépenses seraient couvertes par le Bayern de Munich. Au total KirchMedia était prête à dépenser un budget de 3,5 millions d'euros pour que l'Allemagne l'emporte. Pourquoi dépenser cet argent ? Des analystes allemands ont calculé qu'en 2006 KirchMedia pourrait accroître ses profits de 500 millions de francs suisses si la Coupe avait lieu en Allemagne.

Lors de cette fameuse tournée du Bayern qui devait aider l'Allemagne à décrocher l'organisation du Mondial, plus de 3,5 millions d'euros auraient été flambés. Cela faisait beaucoup d'argent mais, selon le calcul des analystes, Kirch aurait largement de quoi se refaire si la Coupe du monde se déroulait outre-Rhin. Il pouvait, dit-on, empocher 500 millions de francs suisses dans l'histoire.

LE PROPRIÉTAIRE DE CHEVAUX de course de Rio entretenait une longue histoire avec Havelange, l'ancien président de la FIFA, son gendre Ricardo Teixeira et Sepp Blatter. Il avait fait le tour du monde avec des équipes brésiliennes. Il avait amené Pelé au Zaïre où il avait posé au côté du plus grand joueur du monde et du président Mobutu. À l'époque, il n'avait sans doute jamais entendu parler de Leo Kirch. À ce stade du récit, il est utile de savoir qu'au fil des années, Kirch avait créé le plus grand catalogue de cinéma au monde, ceux de Hollywood mis à part. C'était un gestionnaire avisé et compétent, distribuant ses films aux chaînes de télé. D'aucuns disaient qu'il était le meilleur dans ce business.

Et pourtant, Fedor Radmann a rédigé ce qui semble une histoire à dormir debout, un contrat qui tenait sur trois pages. Ce contrat que le propriétaire de chevaux brésilien précisait serait « consultant » auprès de Leo Kirch pour les questions « d'exploitation, de droits et de merchandising en relation avec son catalogue de films ». Il était même indiqué que le « consultant » avait une longue expérience et de nombreux contacts dans ce type d'activité.

Et combien valait donc cette expertise aussi soudaine qu'inattendue ? C'était précisé dans le contrat : il y aurait une compensation de 1 million de dollars… en quatre virements. Le premier versement de 250 000 dollars devait partir cinq jours après la signature du contrat. L'argent devait arriver au « compte du consultant à la Banque de l'Europe méridionale (BEMO) au Luxembourg via la Société générale à New York ». Kirch Media devait payer 250 000 dollars par an pendant quatre ans.

Le document envoyé à Dieter Hahn, le manager de Kirch Media continuait ainsi :

« M. Radmann demande à ce que le contrat de consultant soit signé aujourd'hui, de façon à le transmettre au propriétaire de chevaux brésilien à Munich. M. Radmann demande aussi que le premier versement de 250 000 $ soit transféré. »

Trouver de l'argent ne serait pas trop dur. Leo Kirch, à l'époque, détenait de gros intérêts dans la Formule 1 et son groupe était valorisé à 5 milliards de dollars.

Qu'a donc fait le propriétaire de chevaux brésilien avec cet argent ? Il vivait déjà dans un quartier chic, au bout de Copacabana beach. Il était déjà largement assez riche pour faire courir ses pur-sang au Brésil, dans les pays du Golfe ou en France. Est-ce que l'argent allait *in fine* à Ricardo Teixeira pour le pousser à voter en faveur de l'Allemagne et pour le dédommager de l'échec du Brésil ?

Il a signé son contrat le 31 mai 2000. Kirch l'a signé le 6 juin, un mois avant le vote de la FIFA pour choisir le pays organisateur du Mondial 2006. Il est peu probable que la banque luxembourgeoise du propriétaire de chevaux brésilien ait vu le reste de l'argent. Kirch Media, croulant sous les dettes, s'est effondrée en avril 2002.

LE JOUR DU SCRUTIN approchant, les manœuvres des lobbyistes, les coups de brosse à reluire et les rumeurs s'intensifient. Pour l'Allemagne, le danger serait un match nul 12 voix partout. Dans ce cas, Blatter, qui en tant que président ne vote pas aux premiers tours, devra se prononcer. Il a annoncé que son vote irait alors à l'Afrique du Sud. C'est un impératif pour lui s'il veut rallier les suffrages de l'Afrique pour être réélu à la tête de la FIFA en 2002.

Mais ses amis Radmann et le propriétaire de chevaux brésilien lui ont raconté que des enveloppes circulaient et que l'Allemagne allait certainement emporter le morceau. Fantastique ! Blatter va être le vrai gagnant. Il va récupérer les votes de l'UEFA satisfaite du triomphe germanique et il compatira avec les Africains vaincus à qui il fera de solides promesses.

Le vote commença. Au premier tour l'Angleterre reçoit cinq voix. Au second l'Allemagne et l'Afrique du Sud sont ex-aequo à 11 voix chacune. L'Angleterre avec deux seulement est éliminée. L'une des voix pour elle a été donnée par le Néo-Zélandais, Charlie Dempsey. Il avait mandat de sa fédération régionale d'Océanie de voter pour l'Angleterre puis, si elle était éliminée, pour l'Afrique du Sud. Même si l'Allemagne grattait l'autre voix, le résultat serait encore ex-aequo, Blatter devait soutenir les Africains. Le résultat était à présent évident : rendez-vous au Cap en 2006. Dernier tour de scrutin : Allemagne 12, Afrique du Sud 11 ! Rendez-vous à Munich en 2006. Mais cela ne faisait que 23 voix. Qui n'avait pas voté ? C'était

Charlie Dempsey. Il était parti entre deux tours. Il était à l'aéroport de Zurich en train d'attraper un vol pour rentrer chez lui.

Charlie fait tout son possible pour esquiver les questions des journalistes mais, poussé dans ses derniers retranchements, il évoque une « pression insupportable » à la veille du scrutin. Oh là, ça devait être du sérieux. Charlie était certes vieux mais il avait émigré d'un quartier dur de Glasgow à 30 ans et bâti une entreprise de construction prospère en Nouvelle-Zélande. Qu'est-ce qui avait pu intimider ce hardi bonhomme capable de se bagarrer à mains nues ?

Peut-être un coup de fil matinal de Nelson Mandela qui l'a tiré de son sommeil ? Ou alors un fax anonyme envoyé d'Allemagne proposant de l'acheter avec une bonne cargaison de saucisses et une horloge suisse ? Apparemment, ça a suffi pour secouer Charlie et il s'est éclipsé de la FIFA par la porte de derrière, en homme brisé, incapable de s'exprimer dans les urnes.

Plus tard dans la journée, il est révélé que le fax – qui est parvenu à d'autres membres du comité exécutif – a été envoyé par un magazine satirique allemand. Le tabloïd *Bild* dénonce le canular comme « une mauvaise blague contre Franz Beckenbauer ». Logique : l'ancienne star du foot germanique tenait une rubrique dans les colonnes de ce quotidien à scandale, dont l'un des principaux actionnaires n'était autre que Leo Kirch.

Le scandale est énorme. En dehors de la FIFA, personne ne croit l'histoire de Dempsey. Il n'avait qu'une chose à faire : voter. Et maintenant, il est certain de perdre son fauteuil de président de la Confédération du football d'Océanie. Avec une victime collatérale sa fille, Josephine King, dont il avait fait sa secrétaire générale en 1988. Vraiment, il a renoncé car il était terrifié par un coucou suisse, un paquet de saucisses et un appel de Mandela ? Il y a quelque chose de pas net qui se trame. Les soupçons sont énormes, surtout après les magouilles qui ont permis à Blatter d'emporter la présidence de la FIFA deux ans plus tôt à Paris. La rumeur ne tarde pas à courir : Radmann a pris Charlie en main.

Comme un match nul 12 à 12 se profilait, l'arrangement aurait été le suivant : Charlie oublie d'aller voter, il repasse par l'hôtel Dodler Grand où il récupère une valise contenant 250 000 dollars qui l'attend au vestiaire. Un taxi doit l'emmener fissa à l'aéroport attraper un vol direction le Pacifique sud. Charlie est décédé en 2006 à l'âge de 86 ans, et nous ne saurons jamais ce qui l'a poussé à sacrifier ainsi sa position à la tête de la Confédération du football d'Océanie.

Quatorze ans plus tard, on attend toujours que Blatter ou un quelconque membre du comité exécutif critique publiquement les agissements de Dempsey. Ne serait-ce que pour ne pas avoir participé à ce fameux scrutin. Le reste du monde en était, pourquoi pas les Océaniens ? Il est plutôt tentant d'y voir une énième manifestation de l'entreprise criminelle créée par Havelange, puis entretenue par Blatter. Les pourris font des choses pourries. Quant aux autres, bien récompensés de laisser Blatter gérer la FIFA à sa guise, ils regardent ailleurs et se taisent.

En fait, c'est encore pire ! Ils n'ont même pas honte ! Trois semaines après le fameux vote, le comité exécutif s'est rassemblé à nouveau pour une réunion de routine. J'ai mis la main sur une copie des minutes de l'assemblée. Blatter y rappelle à son cercle rapproché que « *la controverse autour du choix du pays hôte du Mondial 2006 a montré qu'il était vital que le comité exécutif fasse preuve de solidarité et d'unité* ». À chaque fois que Blatter a un problème, il se met à ânonner sa langue de bois sortie de manuels de management à deux balles.

Le compte-rendu se poursuit : « *Le président de la FIFA a regretté que tout le bruit consécutif à l'élection ait obligé Charles Dempsey à démissionner du comité exécutif de la FIFA et de la Confédération du football d'Océanie. Le président a aussi répondu à la lettre de démission de Charles Dempsey en l'assurant que le comité exécutif chercherait, le moment venu, une façon de le récompenser pour ses loyaux services auprès de la FIFA.* »

Blatter, à qui Radmann et Weber auraient probablement soufflé toute cette histoire, a tenu parole : en 2004, Charlie a reçu la médaille de l'Ordre du mérite de la FIFA. Pendant la Coupe du monde en Allemagne, le Néo-Zélandais a reçu un autre hommage, rendu par le méprisable Chuck Blazer, un autre membre du comité exécutif de la FIFA dont nous exposerons les frasques plus tard. Voilà ce qu'a déclaré sans rire l'Américain : « Le jour de l'ouverture du Mondial, les Allemands devraient dédier le tournoi à Charlie Dempsey de Nouvelle-Zélande. Plus que quiconque, Charlie a fait en sorte que l'issue soit favorable à nos hôtes.

» Ce qui est intéressant, poursuit Blazer, c'est que

Charlie n'a pas donné directement sa voix à l'Allemagne il y a six ans. Non, il a réussi en ne votant pas. Après avoir soutenu la candidature anglaise, Charlie était écartelé entre son envie de soutenir l'Europe et les instructions de sa confédération qui, quelques mois plus tôt, lui avait demandé de voter pour l'Afrique du Sud.

» Pour Charlie, cela aurait été comme rompre un contrat de mariage. Après tout, c'est l'Europe qui avait permis à l'Océanie d'avoir sa propre confédération (la zone était précédemment sous la coupe de la Confédération asiatique de football) et Charlie n'était pas de ce genre d'hommes qui laissent tomber leurs amis. Charlie a dit à ses proches que la nuit précédente, Nelson Mandela et le chancelier allemand Gerhard Schröder lui avaient téléphoné, et qu'il était à bout de nerfs. »

L'EUROPE ÉTAIT CONTENTE. Maintenant, il fallait que Blatter console l'Afrique. Les dirigeants de la Fédération d'Afrique du Sud de football étaient ulcérés. Ils menaçaient de porter cette très sale affaire devant un tribunal arbitral. Blatter les convainquit de rester tranquilles et leur promit que désormais le Mondial serait attribué par roulement à tous les continents. Et que l'Afrique aurait le tournoi dès 2010. Teixeira était d'accord. Il avait besoin que Blatter reste en place et était certain que, dès 2014, le nouveau roulement apporterait le Mondial à... l'Amérique latine.

Le propriétaire de chevaux brésilien a peut-être été l'autre grand perdant – en dehors de Nelson Mandela et la FIFA dont la réputation continuait de se dégrader – dans la conspiration ourdie par Kirch. Quand l'entreprise de ce dernier est mise en liquidation au printemps 2002, les syndics de faillite fouillent les archives et découvrent le contrat de consultant du Libanais. Ils saisissent vite que les paiements sont infondés et ressemblent beaucoup à des dessous-de-table dont les versements sont contraires aux intérêts des actionnaires et des créanciers de Kirch. Il semble que le propriétaire de chevaux brésilien ait reçu une mise en demeure de rembourser ses 250 000 dollars, avec menaces de poursuites judiciaires.

Le virement de l'été 2000 est une transaction en ligne qui transfère directement la somme entre Kirch Media et le compte du propriétaire de chevaux brésilien au Luxembourg. Et d'où venaient donc les 250 000 dollars reçus par Dempsey ? Il semble que Jean-Marie Weber et ISL aient payé cette facture. Des années plus tard, nous avons découvert dans les archives secrètes d'ISL un paiement de 250 000 dollars à une société inconnue… la veille du vote.

« NOUS NOUS COMPLÉTONS parfaitement, tous les deux. C'est notamment ce qu'on a pu constater pour notre campagne de candidature victorieuse », déclare Franz Beckenbauer à l'automne 2000, en annonçant que son porteur de valises de Berchtesgaden sera l'un des vice-présidents du comité d'organisation du tournoi 2006. Fedor Radmann se verra confier le marketing, les opérations touristiques… et le protocole. Ce sont les implications de cette dernière mission que Radmann n'a jamais vraiment saisies. Il avait pourtant donné l'assurance qu'il avait abandonné son rôle de « consultant » et qu'il ne s'exposait à aucun conflit d'intérêts.

Et puis un matin le *Suddeutsche Zeitung* les informa – ainsi que le reste du monde – que l'oublieux Fedor avait toujours un rôle de consultant auprès de Leo. Oups. On assura au public qu'il serait mit fin au lien entre les deux hommes.

Quelques mois plus tard Thomas Kistner du *Suddeutsche Zeitung* sort un nouvel exemple des trous de mémoire de Radmann. Il fricotait toujours avec ses vieux potes d'Adidas, un des plus gros sponsors de la FIFA. Le comité d'organisation avait un différend avec la FIFA et voilà Fedor qui ressort ses trucs habituels, jouant pour les deux camps. Pour la dernière fois, exigèrent les membres du comité, y a-t-il quelque chose que vous devriez nous dire ? Fedor leur dit de se calmer. Il n'y a plus de conflit d'intérêts. Je vous l'assure. Dans ses nouvelles révélations Kistner baptisera Fedor « l'entremetteur en chef ». Il tenait un article qui secouait l'Allemagne. Radmann avait aussi omis de dire qu'il avait un partenaire d'affaires, le graphiste Andreas Abold, qui avait été grassement payé pour dessiner le thème du logo de la Coupe 2006. Encore un conflit d'intérêt. Les images de gamins heureux et souriants furent rejetées par *O Globo* au Brésil qui les qualifia de « boursoufflés ». Trop c'est trop ! Le ministre de l'Intérieur Otto Schily pousse la porte de Beckenbauer et lui dit de mettre Fedor dehors.

La façon dont cette histoire a été réécrite laisse pantois. « Le vice-président Fedor H. Radmann a demandé à la présidence et au conseil consultatif d'être déchargé de ses fonctions exécutives, raconte Blatter. Une nouvelle entité marketing à but non lucratif sera fondée le 1er juillet 2003 pour superviser l'ensemble des manifestations culturelles de la Coupe du monde de la FIFA en 2006. » C'était ça, la nouvelle destination de Fedor. Pas viré, juste muté.

Voici ce que l'entremetteur en chef raconte : « Personnellement, et avec notre but commun à cœur, je crois que tout le monde serait gagnant si je continuais à travailler pour le Mondial 2006 – sans être un employé salarié. » Commentaire de Beckenbauer : « Fedor Radmann a demandé à rester à nos côtés en tant que consultant. Notre confiance et notre foi en lui sont inébranlables. »

Cela faisait un Radmann de moins – mais il en restait un autre. Son épouse Michaela est encore à bord, à un poste de liaison avec la FIFA dans le département de l'hôtellerie. Quelques portes plus loin dans le couloir, on croise une autre « épouse de ». En l'occurrence, Sonja Sättele, *alias* Sonja Abold qui, elle, travaille au département marketing.

L'année suivante, c'est au tour de l'édition allemande du *Financial Times* de lever un nouveau lièvre à propos de l'association Radmann-Abold. « Petites récompenses entre amis » titre le quotidien économique. Celui-ci révèle que l'appel d'offres gouvernemental pour concevoir une campagne de relations publiques – il s'agit d'encourager les Allemands à se montrer aimables envers les supporters étrangers – a été remporté par… devinez qui ? Andreas Abold, qui a au passage récupéré un budget de 3 millions d'euros ! Ce qui chagrine les gens c'est que parmi les membres du jury qui avaient été tellement séduits par la présentation d'Andreas Abold se trouvaient… Fedor et Michaela Radmann.

(Avance rapide à 2009, Andreas Abold a été très chèrement recruté pour travailler sur la candidature australienne pour le Mondial. L'enveloppe était grosse parce qu'elle cachait des paiements à Fedor le marrant – qui n'a pu s'assurer que d'une voix.)

L'affaire Radmann fait scandale en Allemagne, mais n'a pas de quoi bouleverser Blatter. Bien au contraire. Dans le monde secret de la FIFA, c'est justement le travail de Radmann de se mouiller pour les autres – tout en se servant au passage.

Le sort des tournois de 2006 et 2010 est enfin réglé et les votes de l'Europe et de l'Afrique iront donc à Blatter aux prochaines élections présidentielles. La rébellion couve encore un peu dans le vieux continent, mais les dissidents de l'UEFA peuvent être contrôlés et le généreux Qatari Mohamed Bin Hammam veillera à régler les derniers problèmes en Afrique. Issa Hayatou, le président de la confédération africaine, va être contraint par une UEFA ingrate à se présenter contre Blatter, mais il n'a pas d'argent. Bin Hammam, lui, en a beaucoup, et il le dépensera si nécessaire.

Un autre membre de la famille est en train d'atteindre une stature internationale. Un Brésilien accusé de toutes sortes de délits financiers et qui s'en sort en toutes circonstances. Les politiques ont tenté de l'arrêter, en vain. Les procureurs et les juges n'ont pas eu le soutien nécessaire pour le confondre – ou ont reçu des pots-de-vin pour passer outre.

Le président Blatter a bu du petit-lait quand il a pris connaissance du rapport d'enquête du sénateur Álvaro Dias au Brésil. Ricardo Teixeira n'est vraiment pas un homme intègre ! Où a bien pu passer l'argent de Nike ? Transformé en billets d'avion pour emmener des magistrats à la Coupe du monde en France en 1998 ! Cet homme a pillé la Confédération brésilienne de football en distribuant des salaires stratosphériques et des notes de frais monstrueuses tant pour lui-même que pour sa garde rapprochée. Il a aussi détourné de l'argent pour acheter les suffrages et se faire réélire. Il a encore transféré discrètement des fonds vers les Caraïbes. Curieux, quand on y songe, à quel point la Confédération brésilienne de football (CBF) ressemble à une FIFA en miniature.

Et bien sûr Blatter savait tout des dessous-de-table généreusement distribués par ISL. Autour d'un bon petit café et d'un plateau de pâtisseries, Jean-Marie Weber a dû tout raconter, chaque versement depuis les années 1980, d'abord à Havelange, puis à son gendre Teixeira, quand ce dernier a rejoint la liste fermée des privilégiés touchant des rétrocommissions sur les contrats de sponsoring.

Élevé par Andrade et son beau-père corrompu, Teixeira est un fraudeur en puissance quand il prend la tête du football brésilien en 1989. Depuis, il a réussi à passer tous les tests. Ratisser la CBF a été une sorte de rite de passage. Il est désormais prêt à récupérer sa propre Coupe du monde.

J'ai écrit à Fedor Radmann sur le scandale de l'appel à candidatures du Mondial 2006. Il m'a répondu qu'il ne savait absolument RIEN sur les raisons du départ précipité de Charlie Dempsey. Il insiste même sur le fait qu'il n'est PAS le Fedor Radmann mentionné dans le mémo secret concernant le versement de 1 million de dollars au propriétaire de chevaux brésilien et les paiements de la tournée du Bayern de Munich. Cela doit être quelqu'un d'autre qui porte le même nom. Il aimerait bien que cela soit clair. C'est ce qu'il dit et je suis ravi d'avoir sa déclaration.

Nous avons fini par nous voir à Paris le 22 mars 2011. J'étais en train de filmer au congrès de l'UEFA pour la BBC et pendant la pause déjeuner, j'ai avisé Beckenbauer et Radmann debout à gauche de la grande estrade, en pleine conversation. Avec mon cameraman à mes basques, j'ai foncé vers eux. « Bonjour messieurs, est-ce qu'on pourrait discuter ? » Ils m'ont regardé, éberlués, et comme des chevaux de course bondissant de leur box, ils m'ont filé sous le nez ! Marchant à grandes enjambées, ils ont longé la scène et se sont précipités vers l'allée centrale. Nous les avons suivis un petit peu mais les officiels de l'UEFA commençaient à nous regarder d'un drôle d'air. Il fallait en rester là. Du coup, je n'ai jamais pu parler de Leo, de son argent, du propriétaire des pur-sang à Rio et de la façon tordue dont l'Allemagne a décroché la Coupe du monde 2006.

CHAPITRE 7

Vous voulez des billets pour la Coupe du monde ?

Adressez-vous aux Frères

Imaginez les trois millions de billets du Mondial entassés dans une montagne de boîtes en carton. Vous aimez le football ? Vous voulez un petit morceau de la montagne ? Vous pouvez tenter votre chance aux loteries de la FIFA ou passer par les fédérations nationales.

Tous les fans sont en principe égaux au départ de la chasse aux précieux billets. En fait, vous perdez presque à tous les coups… mais la FIFA raconte que les règles du jeu sont justes. La montagne a disparu. Ça ne fait rien, la prochaine fois peut-être, dans quatre ans, dans un autre pays, vous aurez plus de chance.

La FIFA prévient de ne pas acheter de billets auprès de revendeurs « non autorisés ». Les hommes de main de Herr Blatter ont le pouvoir d'imposer de dures pénalités à ce qu'il appelle les activités « illégales ». Vos billets peuvent être déchirés à l'entrée du stade parce que vous ne les avez pas achetés aux agents désignés par lui.

Sepp vous demande de croire que lorsqu'ils ne vous vendent pas des billets portant leur marque et les charges annexes, ils sont sur le terrain en train de faire la police et d'étouffer ce qu'il appelle le « marché noir ». Il ne tolère pas un marché parallèle, ouvert, concurrentiel, comme on en trouve dans tout autre type de commerce. L'industrie des billets de Coupe de monde du Football doit rester un monopole exempt de toute régulation.

Oubliez la montagne, imaginez plutôt qu'il s'agit d'un iceberg flottant sur l'océan. Le nombre de billets accessibles aux supporters a fondu. Mais où sont-ils passés ? Jetez donc un œil sous la surface et vous devinerez un autre monde où les billets dont vous rêviez dérivent au loin, hors d'atteinte.

Il n'y a peut-être que trois experts de la pêche sous-marine qui savent vraiment ce qui se passe dans ces eaux profondes. Sepp, Jaime et Enrique Byrom. Sepp a fait la connaissance des frères Byrom en 1986, quand la Coupe du monde s'est déroulée chez eux, au Mexique. À l'époque, Sepp est secrétaire général de la FIFA, prêt à tout pour répondre au moindre désir de son patron, João Havelange.

Herr Blatter sait que les Byrom sont des proches du vice-président mexicain de la FIFA, Guillermo Cañedo, un gros bonnet de l'audiovisuel. Cañedo est aussi dans le cercle rapproché d'Havelange. Comme Sepp travaille pour ce dernier, il se doit d'être aux petits soins pour Cañedo. Les frères Byrom, alors trentenaires, sont tour-opérateurs pendant la Coupe du monde. Grâce à leur entregent, ils vont faire d'excellentes affaires avec la FIFA.

Ils prospèrent, s'installent en Angleterre, dans un quartier d'affaires de la banlieue sud de Manchester, à proximité de l'aéroport international. L'une de leurs sociétés, Byrom Holding, est enregistrée dans l'île de Man, un endroit où il n'est pas nécessaire de publier d'informations financières. L'un de leurs comptes en banque est domicilié à Sotogrande en Espagne. Les frères s'offrent des demeures plaisantes dans les villages rupins du Cheshire, où ils côtoient les footballeurs vedettes des deux grands clubs de Manchester.

Chaque billet de chaque Coupe du monde est répertorié dans les ordinateurs de Jaime et Enrique. Or, quoi qu'en dise Sepp, une part non négligeable de ces précieux sésames finit par arriver dans les filets des trafiquants. Au fil des ans, on en a retrouvé dans les mains d'un expert en arts martiaux polonais, d'arnaqueurs des Caraïbes, d'un homme d'affaires grassouillet installé dans la Trump Tower à New York, de magouilleurs d'Europe de l'Est. De drôles de personnages qui mènent leur business en douce autour de la partie cachée de l'iceberg. Avec la bénédiction des huiles de la FIFA. L'un de ces trafiquants m'a carrément dit que « 40 % des billets sortent par la porte de service de la FIFA ». Mince alors ! S'il m'avait annoncé 10 %, j'aurais déjà été écœuré.

Une dizaine d'années plus tôt, en 2003, le comité exécutif à Zurich a attribué à Jaime et Enrique – le type à la barbe –, via une procédure d'appel d'offres, le contrat de vente des billets pour la coupe du monde 2014 au Brésil. Plus tard il leur attribua un autre contrat en or sur appel d'offres : 450 000 des meilleurs billets à vendre avec les offres globales destinées aux gens de la jet-set qu'on peut voir dans les loges de luxe de chaque stade moderne. Parmi eux une série spéciale : 12 000 des meilleurs billets pour la finale le 13 juillet, uniquement pour ces loges. Il semble idoine que le champagne Taittinger soit le bénéficiaire exclusif du contrat de fourniture des rafraîchissements.

Louer une loge de ce type – avec cuisiniers, serveuses et hôtesses – pour recevoir vos relations d'affaires peut coûter plus de 2 millions de dollars. Jaime et Enrique espèrent bien que tous les balcons qui entourent le grand stade du Maracaña seront occupés, tout comme ceux des onze autres stades où se sera déroulé le tournoi. C'est une question vitale pour leur entreprise, après toutes les pertes qu'ils ont dû éponger en Afrique du Sud.

C'EST NOËL À TRINIDAD. En cette fin d'année 2005, les fans locaux n'ont qu'un rêve : s'offrir des places au Mondial qui va se dérouler en Allemagne pour aller soutenir l'équipe nationale, qualifiée pour la première fois. De son bureau de Port of Spain, Lasana Liburd, un reporter du quotidien *Express* a mitonné une série de unes en l'honneur de son compatriote Jack Warner, un autre vice-président de la FIFA. Pendant trois jours, il raconte comment Jack s'est arrangé avec Jaime et Enrique Byrom.

Warner, fidèle à lui-même, fait tourner son trafic de billets. Liburd révèle que Simpaul Travel Services Ltd, une société de la famille Warner, rachète des billets aux deux frères pour les revendre en paquets avec d'autres prestations. Une vilaine entorse au règlement interne de la FIFA. Et l'affaire s'ébruite : qu'un des dirigeants de la FIFA profite ainsi des billets de la Coupe du monde provoque la colère des fans de foot.

Enrique Byrom a rappliqué dare-dare à Trinidad. Il fait alors valoir un rapport de la FIFA où il est indiqué que Trinidad a eu droit à 10 749 billets. La version de Jack Warner ? Certains des billets sont réservés aux sponsors de la sélection, d'autres reviennent aux clubs locaux et à leurs responsables. D'après Warner, sa société Simpaul ne récupère qu'une misère : 1 774 billets revendus avec des chambres d'hôtel qu'il a réservées par l'intermédiaire des frères Byrom.

Seulement on découvrira par la suite qu'il ne s'agit que de la partie émergée de l'iceberg de Jack Warner. Dans les grandes profondeurs du monde de la FIFA, une autre opération impliquant le détournement d'une énorme cargaison de billets est en cours. Il faudra des mois pour la mettre au jour.

En attendant, la colère gronde à Port of Spain. Alors pour donner le change aux médias, Jack fait savoir sur un ton désespéré qu'il est dépassé par les événements, qu'il a besoin de vérifier le règlement interne sur les ventes de billets de la FIFA, qu'il va en référer lui-même au comité d'éthique de la FIFA, un organisme que l'on sait pas trop à cheval sur les principes.

D'un seul coup, Jack Warner a besoin de se renseigner ? Un comble pour un homme qui siège au comité exécutif de la FIFA depuis déjà plus de vingt ans. Un homme qui a assisté à des centaines de réunions officielles portant sur la vente de billets. Jack Warner est parfaitement informé sur les procédures concernant la vente des billets. Blatter tolère cette duperie. On se sent insultés.

Jack et sa femme Maureen transfèrent rapidement la direction de leur société Simpaul à une paire de faire-valoir du cru, une ménagère et une vétérinaire. La FIFA donne son aval à ce maquillage grossier et, magnanime, passe l'éponge, avec juste une petite réprimande à ce distrait de Jack. Pour finir, Jack est libre, autorisé à truander de nouveau.

Trois ans s'écoulent et Jack et Maureen Warner reprennent tranquillement leurs postes à la tête de Simpaul. Entretemps, leur fils Daryan Warner est resté aux commandes, en charge du racket. Il y a de bonnes affaires en vue pour le Mondial de 2006.

Un mois plus tard, au printemps 2006, deux auditeurs de chez Ernst & Young frappent à la porte de la Société des frères en Angleterre. Un peu partout, aux Amériques, en Grande-Bretagne, au Japon, les vendeurs de billets sont avertis qu'ils risquent d'avoir des problèmes. Ils tentent de s'en sortir en passant des nuits à réécrire les factures, les commandes de billets et les réservations de chambres. On a du boulot sous le gros iceberg qui commence à craquer.

Jaime, Enrique, Jack et Dayan ont de quoi s'inquiéter. Les auditeurs ont plongé en eaux profondes. Ils ont ainsi découvert qu'en juin 2005, les Warner ont fait des commandes énormes, plus de 5 000 places réservées aux frères Byrom pour le Mondial allemand.

Elles ont été commandées pour le compte de leurs agences de voyages qui les revendent en packages avec des chambres et des billets d'avion. Les Warner utilisent leur compagnie Simpaul pour maquiller ces transactions. Encore une entorse aux règles de la FIFA. Plus inquiétant pour les frères Byrom, si jamais des agents agréés découvrent ce qui ressemble bien à un délit d'initié, on pourrait leur réclamer d'énormes dommages et intérêts.

Les auditeurs d'Ernst & Young ont été recrutés par le secrétaire général de la FIFA, Urs Linsi, qui veut mettre au jour les trafics de billets. C'est la première fois que Linsi a la responsabilité d'une Coupe du monde. Il ne fait pas partie du sérail et il prend un sacré risque en s'en prenant à la Société des frères Byrom et à Jack Warner. Ces trois-là sont en place depuis longtemps et Sepp a plus besoin d'eux que de ce comptable de Linsi recruté dans une banque de Zurich. Dix-huit mois plus tard, Linsi fait ses bagages, avec un accord de confidentialité et d'énormes indemnités de licenciement.

Les hommes en costard d'E & Y continuent de creuser les dossiers. Trouvent-ils des documents compromettants pour l'entreprise des Frères ? Les revendeurs du marché parallèle ont-ils été favorisés au détriment de revendeurs autorisés ? Si ces derniers s'en rendent compte, vont-ils faire un procès à la FIFA pour violation de contrat ? Cela pourrait faire très mal. Résultat, un accord est conclu début avril 2006 par un règlement à l'amiable. Le scandale peut rester bien caché dans les profondeurs.

Certains billets arrivent jusqu'aux supporters. D'autres non. L'essentiel, c'est qu'on ne parle plus de ces affaires. Que la Coupe du monde se déroule sans que remontent à la surface les remugles de la corruption. L'Italie bat la France en finale, tandis que Sepp reste dans l'ombre pour éviter d'être sifflé par le public.

Le scandale ne pouvait pas être dissimulé éternellement et il éclate en septembre 2006. Je publie dans un journal londonien les deux rapports secrets que les gars en complet veston d'Ernst & Young ont envoyés à Urs Linsi à la FIFA. Une source de confiance à l'intérieur de l'institution me les avait confiés. Une fois de plus, c'est à un journaliste de faire éclater la vérité sur le racket tenu par la société des deux frères Byrom. Sepp Blatter, lui, ne bouge pas. Il protège ses obligés.

Le premier rapport a été envoyé à la FIFA le 11 avril 2011. Il contient suffisamment de preuves pour virer Jack Warner qui, contre toutes les règles déontologiques, a acheté 5 400 billets pour le Mondial afin de les revendre. Mais comme il ne faut pas gêner la société des Byrom, on dissimule la magouille.

Il y en a un qui n'a pas eu autant de chance que Warner. Pendant la première semaine du Mondial, Ismail Bhamjee, citoyen du Botswana et membre du comité exécutif de la FIFA, a lui été obligé de démissionner pour avoir vendu 12 billets le triple de leur prix nominal. Il n'avait pas saisi que les acheteurs étaient des journalistes qui se faisaient passer pour des fans. À la différence de Warner, Bhamjee n'apporte pas un sac plein de voix pour Sepp à chaque élection présidentielle. Et pour la FIFA, c'est « tout bénef » : elle donne l'impression de faire le ménage dans ses rangs.

Il faudra huit semaines pour que la bulle Warner explose.

Le problème Warner ne doit pas déborder. Sepp choisit un avocat de confiance, un vieil ami, pour examiner les circonstances de la vente à Simpaul de billets de la Coupe du monde. On ne le met pas sur la piste de l'origine du scandale, les ventes de la société des Frères Byrom à Simpaul.

Le juriste de confiance interroge Jack Warner, Urs Linsi, les auditeurs d'Ernst & Young et l'entreprise Byrom. Jack est blanchi, logique pour un homme qui contribue au pouvoir de Sepp en contrôlant les 35 voix des fédérations de football des Caraïbes. Selon le juriste de confiance, Jack Warner n'avait pas la moindre idée que son fils Daryan, patron de la maison Simpaul, qui vit sous le même toit et partage la même table que lui, faisait une sacrée culbute sur les prix des billets. Le vilain garçon n'avait rien dit à son papa !

La société des Frères est quand même nommée dans l'enquête, mais impossible de se débarrasser d'elle. Elle constitue l'une des pièces essentielles du dispositif de Blatter. Le terrible verdict auquel est soumise leur organisation ? « Leur conduite n'est pas exempte de tout reproche », résume le juriste de confiance. Wow. C'est tout. *Game over.* Il est temps que le business reprenne ses droits.

Simpaul se voit interdire de vendre des billets pour les prochains Mondiaux de foot. Daryan Warner est condamné à payer une amende de 754 375 euros, somme qu'il doit verser à une organisation de bienfaisance, pour compenser les profits qu'il a indûment encaissés en revendant des billets pour le Mondial 2006. Daryan commence par payer un peu – presque à coup sûr en se servant dans les subventions que la FIFA verse au foot de Trinidad –, et puis, très vite, il arrête. Selon les revendeurs du marché parallèle, Daryan aurait réalisé environ 3 millions de dollars de profits grâce au marché noir.

Ce scandale signifie sans doute la fin du trafic de billets que Jack Warner fait prospérer depuis vingt ans. Il ne viendra plus jamais à l'idée de l'entreprise des Frangins de faire du business avec lui, pas vrai ?

Une autre Coupe du monde se profile, en Afrique du Sud, et le gang est déjà aux premières loges – avec un nouveau complice. C'est Philippe Blatter, le neveu de Sepp. Ce dernier est devenu directeur exécutif d'Infront, société de marketing sportif basée à Zoug. Infront est installée précisément dans les locaux où Jean-Marie Weber répartissait, à une époque pas si lointaine, les dessous-de-table distribués par ISL. Infront a récupéré de savoureux contrats marketing et télé de la part d'Oncle Sepp.

Infront, la boîte de Philippe, le neveu, a acheté 5 % de Match, une société où Jaime et Enrique sont majoritaires. Cette société a le contrat exclusif pour l'ensemble de l'accueil VIP du Mondial 2010. Après qu'elle ait remporté l'offre de marché, le Comité exécutif de la FIFA lui a octroyé 380 000 billets qu'elle peut vendre sous forme de packages de luxe avec places en loge, champagne et buffets haut de gamme.

La société des Frangins a recruté des agents un peu

partout pour vendre cet accès privilégié au Mondial. Chaque fois que c'est possible, il semble qu'ils s'arrangent avec d'autres membres de la « famille » du foot. Ainsi au Nigéria, la vente des billets est gérée par Samson, le fils d'Amos Adamu qui siège au comité exécutif de la FIFA. On s'interroge de longue date sur l'intégrité de cet Amos. Quand il organise une compétition au Nigeria, l'argent a tendance à s'évaporer. Il est illégal pour un fonctionnaire nigérian d'avoir un compte bancaire à l'étranger, mais Amos en a un chez American Express à New York, numéro de Swift AEIBUS33. Il a déjà essayé d'y détourner des subsides du Comité olympique international, mais en a été empêché par un autre officiel.

Le préposé au boniment est Andreas Herren qui, après avoir passé la moitié de sa vie à bloquer les média pour le compte de Blatter à la FIFA, là-haut sur la colline qui domine Zurich, sert désormais un discours lénifiant pour le compte de la société des Frères, – et celui de Philippe – depuis son nouveau bureau de Zolliker Strasse, non loin du lac.

Les contrats juteux à gagner pour la fourniture de services à la Coupe du monde sont nombreux et la compagnie des Frères se débrouille très bien. Après Mexico en 1986, elle organisa des tours pour les sponsors en Italie en 1990 et s'en tira de justesse quand les billets devinrent difficiles à trouver pour la finale à Rome.

Aux Etats-Unis en 1994 la compagnie des Frères devint le fournisseur « officiel » de logements pour les fans et pour le Congrès de la FIFA. Ils ont conservé ce contrat pour la coupe 2014 au Brésil et la coupe 2018 en Russie. En 2002 ils avaient soumissionné pour le contrat de billetterie et l'avaient remporté. Dans la fou lée ils ont aussi gagné ceux de la Coupe Ryder en golf, du rugby européen et du tennis français.

En 2003, après qu'elle eut gagné un autre appel d'offres, le comité exécutif de la FIFA a attribué à la compagnie des Frères le contrat de gestion des millions de billets pour la Coupe du monde 2010 en Afrique du Sud. Mieux, à la suite d'un autre appel, il lui donna le contrat pour la coupe 2014 au Brésil, onze ans plus tard.

Ils travaillent sous le nom de Billetterie de la FIFA – FTO, Fifa's Ticket Office. La FIFA nous assure que la société des Frères contrôlera le marché parallèle dans les eaux glaciales et fangeuses, et qu'elle préviendra les fuites de billets vers le marché secondaire pour être revendus ficelées avec des chambres d'hôtels et des billets d'avion.

C'est important parce que cette activité illicite coupe l'herbe sous le pied des agents autorisés et des agences de voyages qui ont acquitté une prime de 30 000 $ pour avoir accès aux billets, et qui ont dû ensuite acheter un paquet tout ficelé pour 80 000 dollars.

Voilà pour la théorie. Mais en cette année 2010, rien ne marche comme prévu. On ne sait pas quoi faire des billets. Alors que le tournoi sud-africain approche, il reste des stocks d'invendus qui ne trouvent pas preneurs. Bientôt, ils vont inonder le marché.

La FIFA menace de sévir et annonce que l'entreprise des Byrom va « mettre au point des moyens légaux pour éviter que les fans soient à la merci du marché parallèle ». C'est stupéfiant car c'est exactement ce que faisait la société des Frères et les Warner en 2006. Ils n'allaient pas recommencer en 2010, si ?

Les Frères ont installé les locaux de leur FIFA Ticket Office à Cresta, un quartier à l'ouest du centre de Johannesburg. Le 19 mars dans l'après-midi, l'un des chargés de compte envoie un e-mail à deux des clients qui travaillent ensemble. Le premier destinataire est une femme dans les Caraïbes, l'assistante personnelle d'un membre très important du comité exécutif de la FIFA. L'autre est un homme basé à Oslo, un revendeur de billets bien connu sur les marchés parallèles.

Le message est accablant. « *Si nous n'avons pas reçu vos garanties bancaires d'ici le mardi 23 mars 2010, vous pouvez considérer que vos commandes de billets sont annulées.* »

La société des Frères serait-elle encore en train d'alimenter le marché parallèle, enfreignant les règles qu'elle s'était engagée à respecter ? Il semble bien qu'elle ait accepté de fournir des billets à un vice-président de la FIFA malhonnête, qui ensuite les refourgue au marché noir.

Mais les clients n'en veulent plus de ces billets qu'ils ont commandés des mois plus tôt. C'est le début du désastre sud-africain. Les supporters se détournent de l'événement. Les revendeurs croulent déjà sous les invendus. Plus personne n'en veut.

Ce message alarmant envoyé par le FIFA Ticket Office de Cresta est censé être confidentiel, mais il circule un peu partout. Deux femmes employées chez Infront par Philippe Blatter, en Suisse, en ont ainsi reçu une copie. Vont-elles prévenir l'oncle Sepp ? Sur le mail figurent aussi, en copie, un cadre haut placé de la FIFA et son assistante, tous deux basés en Suisse. Finalement, une copie du mail arrive aussi à l'un des plus proches lieutenants de Jaime et Enrique Byrom à Manchester : le responsable de la vente des billets chez Match. Appelons-le « Mister Tix ». On le retrouvera plus tard.

En résumé, la société des Frères, la société du Neveu et la FIFA elle-même paraissent complices de ces manœuvres secrètes destinées à priver de billets les vrais supporters. On va vous expliquer en détail comment ça fonctionne.

La saga commence en décembre l'année d'avant. La femme des Caraïbes envoie un mail à l'homme d'Oslo qui veut se procurer des billets pour le Mondial sud-africain. *« Merci pour la liste,* écrit-elle. *Je vais voir ce que l'on peut faire. Pouvez-vous me donner une idée de la rémunération financière ? Serez-vous par ailleurs en position d'avancer l'argent nécessaire à l'achat de ces billets à la FIFA et au comité d'organisation du Mondial ? Quant à la quantité demandée, nous ferons de notre mieux. »*

De fait, ils font le maximum. D'un bureau de Trinidad, une commande est envoyée à la vitrine des Byrom, le FIFA Ticket Office, pour 310 billets d'une valeur nominale de 84 240 dollars. Il s'agit pour l'essentiel de billets de catégorie 1 qui valent entre 160 et 600 dollars. La commande est complétée par une demande de 38 places à la finale. À la clé un profit garanti, car il y aura toujours des gens prêts à tout pour assister à la plus grande rencontre du plus grand des tournois. L'argent doit être envoyé dans une banque de Sotogrande au sud de l'Espagne.

Le 20 janvier 2010, la femme des Caraïbes écrit à Oslo : « *Important. Voilà le premier lot de billets, vous devez les payer avant demain ! Je les ai eus il y a deux heures. Le tarif est majoré de 10 %. Ça ne sera pas facile d'honorer toute la commande* », mais elle rassure le client : « *Nous avons d'autres options pour obtenir des billets et nous avons commencé à en parler aux personnes concernées.* »

Mais il y a un hic. Au cours des semaines suivantes, les vendeurs de billets comprennent que la Coupe du monde 2010 va être un bide. Les supporters ne cassent pas leur tirelire pour se rendre en Afrique du Sud, ils préfèrent s'offrir de grands écrans plats et rester chez eux.

Sepp et son *consigliere* Jérôme Valcke prétendent que les ventes sont un succès. Mais c'est faux. Des stocks restent sur les bras d'agences de voyages qui se mettent à casser les prix pour récupérer de l'argent, n'importe quelle somme pour couvrir autant que possible leurs investissements désastreux. Blatter raconte à Reuters que toutes les places pour les demi-finales et la finale sont parties. Faux ! La veille du match, des billets à prix cassé circulent.

Le 1er mars, l'assistante de la femme des Caraïbes envoie un mail à leur partenaire d'Oslo. « *Où est l'argent promis pour les billets ?* » Elle rajoute : « *J'espère que cela a été payé, parce que sinon M. Warner sera assez énervé, car on croira alors qu'il a passé commande sans pouvoir payer.* »

C'ÉTAIT DONC Jack Warner, nageant encore en eaux troubles autour de la partie immergée de l'iceberg. Dix-huit jours plus tard, le 19 mars, alors que Warner et son complice à Oslo n'ont toujours rien payé, ils reçoivent comme beaucoup d'autres l'ultimatum « Payez ou allez vous faire voir ». L'expéditeur : l'officine des Byrom à Cresta.

Qui donc a passé la commande ? Puisque la société Simpaul de Warner a été bannie de la billetterie, c'est l'Union caribéenne de football, un sous-ensemble de la Concacaf, présidée par le même Jack Warner, installée sur le trottoir d'en face, sur Edwards Street à Port of Spain, la capitale de Trinidad.

Deux journalistes du *Dagbladet* d'Oslo, Torgeir Krokfjord et Espen Sandi, qui ont déniché les documents prouvant que Warner trempait encore une fois dans le trafic de billets, et encore une fois avec la société des Frères Byrom, obtinrent un autre scoop. L'un des revendeurs d'Oslo qui leur fournissait les informations avait secrètement filmé avec son téléphone deux autres membres du Comité exécutif de la FIFA en train de discuter avec lui de la revente des billets ; il s'agissait de Nicolas Leoz et de Ricardo Teixieira.

« Je n'en revenais pas du prix des billets pour le Mondial en Afrique du Sud, raconte un fan. Les sièges les moins chers pour le premier tour en Allemagne étaient à 49 dollars, mais ils ont quasiment doublé à 88 dollars pour 2010. » Intolérable pour la plupart des supporters. Les billets les plus accessibles pour la finale sont, eux, passés de 168 à 440 dollars. Quant aux packages VIP, n'en parlons même pas : l'entreprise des

Byrom empochait 755 dollars pour un vol intérieur entre deux villes organisatrices, alors que les compagnies locales facturaient ce genre de trajets entre 140 et 196 dollars.

À partir de février 2010, Jaime et la société d'Enrique ont commencé à bazarder une bonne partie des 1,9 million de nuits qu'ils avaient réservées dans des hôtels, certains splendides, d'autres bon marché. Comme les ventes de billets ne décollaient pas, des organismes publics comme les municipalités ou les compagnies de distribution d'eau et d'électricité ont commencé à en acheter pour leurs employés. On a même recruté des écoliers pour remplir les gradins. Les politiciens sud-africains voulaient éviter le ridicule après avoir juré leurs grands dieux que le pays était ravi. Les chaînes de télé qui avaient payé des millions n'auraient pas aimé filmer des stades à moitié vides.

Deux semaines avant le début du Mondial, la presse affirma que plus de 160 000 billets n'avaient pas trouvé preneur. Selon les vendeurs de Johannesburg, 60 % des billets tout au plus avaient été écoulés à leur valeur nominale. Après le tournoi, on apprit que 1,2 million de billets ne furent pas vendus, même si la société des Byrom prétendait sur son site internet qu'elle en avait écoulé 97,5%, soit 2 967 349.

Un an plus tard, la société des Frères reconnut qu'elle était passée très loin des objectifs commerciaux et que les ventes de packages VIP étaient inférieures de 50 millions de dollars aux prévisions. Son porte-parole ne voulut pas admettre qu'il s'agissait d'un désastre, car « l'entreprise a[vait] des engagements à long terme au

Brésil en 2014 ». Bref, ils débarqueraient à Rio avec un trou de 50 millions de dollars. Les loges VIP du Maracaña auront intérêt à être bien remplies !

Mais Jaime et Enrique ont reçu un coup de pouce du comité exécutif de Sepp pour leurs opérations brésiliennes. Sur la page 19 de leurs comptes pour l'année clôturée fin mars 2012, les Byrom font état d'un prêt de 6,2 millions de livres de la FIFA pour financer les obligations de Match qui s'est engagé à offrir des services de réception pour la Coupe du Monde 2014 de la FIFA au Brésil. Et le prêt est sans intérêt ! La FIFA n'a même pas indiqué l'existence de ce prêt dans ses comptes.

Mais comment ont-ils eu le contrat de l'accueil VIP au Brésil ? Les Byrom ont remporté un appel d'offres en 2007. C'est le comité exécutif de la FIFA qui en a décidé ainsi, où le vice-président Jack Warner contrôlait alors 3 des 23 suffrages. Après ses affaires avec la société des Frères en 2006 – et ses plans secrets pour refaire affaire avec eux en 2010 – il est certain qu'elle était à ses yeux la meilleure candidate. La cerise sur le gâteau pour leur société fut l'attribution sur appel d'offres du contrat pour 2018.

Pour la société des Frangins, la FIFA est toujours prête à rajouter un nouveau cadeau. En novembre 2011, le contrat pour l'accueil VIP de Match a été prolongé jusqu'en 2023. Il n'y a même pas eu d'appel d'offres.

L'annonce officielle en sûrement surpris plus d'un. Elle continuait en ces termes : « L'accord renforce davantage le combat de la FIFA contre les revendeurs de billets à la sauvette. Grâce à leur expertise et à leurs moyens de surveillance, Match Hospitality sera à même d'aider la FIFA à mettre en œuvre les dispositions qui régissent la vente des hospitality packages en empêchant effectivement les vendeurs non autorisés d'appâter les sociétés ou les individus pour leurs propres packages. »

À ce moment-là, Jack Warner a été viré de la FIFA. Au moins un racketteur de moins dans le business pourri de la Coupe du monde.

L'enquête menée par Álvaro Dias sur la façon dont Ricardo Teixeira régnait sur la Confédération brésilienne de football (CBF) faisait 951 pages. Et l'histoire n'est pas complètement enterrée. De nombreuses décisions prises par Teixeira quand il était au pouvoir ont un impact décisif sur l'organisation de la Coupe du monde au Brésil. Commencez donc par la page 21 du volume II et vous pourrez apprécier la qualité de la relation entre Teixeira et l'agence de voyages Stella Barros. Le titre du texte : « Les profits pour l'entreprise, les pertes pour la CBF. Un vrai partenariat. » Entre 1998 et 2000, Teixeira a dépensé la somme impensable de 12 millions de dollars avec cette entreprise.

Le sénateur Dias était mécontent en lisant certaines informations que ses enquêteurs avaient découvertes dans les archives de la CBF. Il lui semblait que la confédération n'avait pas intérêt à voir autant d'argent partir dans les poches de Stella Barros. Dias voulait comprendre pourquoi l'agence de voyages n'accordait aucune remise à la CBF en dépit des énormes volumes d'affaires entre les deux entités. Il lui semble que, si autant de son argent allait sur les comptes de Stella Barros, la CBF n'obtenait pas tous les avantages qu'elle était en droit d'attendre. Selon ses informations, les compagnies aériennes accordent des rabais de 15 % à leurs gros clients. Ce qui signifie que la CBF aurait dû économiser 982 000 dollars.

Dias s'est demandé si quelqu'un avait empoché l'argent, quelqu'un chez Stella Barros – ou peut-être à la CBF. Très intrigant, mais impossible à prouver. Malheureusement, les comptes de la CBF étaient tellement confus que Dias n'a simplement pas pu démêler les liens entre Stella Barros et la CBF.

Le sénateur Dias a quand même découvert une autre entreprise qui a bien profité de ses relations avec Teixeira. Toujours dans le volume II, mais en page 174, Dias révèle que la CBF a vendu l'exclusivité des droits marketing et télé de la sélection nationale à la société Traffic, propriété du sieur José Hawilla. Traffic a aussi récupéré un morceau du fameux contrat Nike et en a tiré, selon Dias, des bénéfices spectaculaires. En 2000, Traffic était devenu l'une des plus importantes entreprises de marketing sportif au monde avec un revenu de 111 millions de dollars.

La Coupe du monde rapproche toujours les amis. En octobre 2011, la société Match des frères Byrom annonce un premier partenariat pour la vente des packages VIP. D'abord, entrée en scène de Grupo Traffic. Dans le communiqué de presse, apparemment destiné à endormir la presse, les Frères estiment que le contrat « représente de loin le plus grand engagement de l'industrie hôtelière dans le domaine sportif pour un territoire unique, et qu'il est un important jalon pour le succès du programme d'hospitalité de la Coupe du Monde de la FIFA®.

« La Coupe du Monde 2014 est la preuve ultime de l'évolution du foot brésilien et de son niveau de professionnalisme », soutient José Hawilla. Certains pensent que ce sont surtout les performances du Brésil sur le terrain qui comptent. En tout cas, José a d'excellentes références. Chuck Blazer en personne, le New-Yorkais qui siège au comité exécutif de la FIFA, qui soutient qu'avec le Brésilien, « une poignée de main vaut bien plus que tous les contrats écrits ».

Il y a un deuxième partenaire pour distribuer les loges aux VIP : Top Service Turismo, une filiale de Grupo Águia, une société détenue par la famille Abrahão. Cette dernière est aussi propriétaire de Stella Barros depuis 2004. Le journaliste brésilien Rodrigo Mattos a révélé que Claudio, le frère de Wagner Abrahão, partageait la même affection que le reste de sa famille pour Ricardo Teixeira. Deux ans avant, il lui avait vendu un merveilleux appartement sur le front de mer à Barra da Tijuca, à Rio, pour 300 000 dollars. Une belle affaire pour Ricardo, puisque selon les professionnels, cette propriété vaut au moins le triple – elle est située à 843 000 dollars.

CHAPITRE 8

Comment Blatter conserve le pouvoir à la FIFA

Sepp achète les élections avec l'argent de la FIFA

VOLEUR ET MULTIMILLIONNAIRE, voilà ce qu'est Jack. Pour cacher ses méfaits, il ment. Il ment à ses collègues du monde du football, il ment au fisc de son pays, Trinidad, avec l'aide d'un comptable qui se donne des airs d'auditeur. Depuis plus de trente ans, Jack Warner a volé des dizaines de millions de dollars à la FIFA. Sepp Blatter doit l'avoir toujours su, mais le Suisse préfère verser des dessous-de-table – avec l'argent de la FIFA – pour qu'à chaque élection présidentielle Jack Warner lui amène sur un plateau ses 35 voix. Elles sont cruciales pour que Blatter conserve son siège.

La plupart de ces suffrages sont ceux d'officiels conciliants installés dans les îles des Caraïbes, un coin du monde où le football n'est pas professionnel. Ils vivent des subsides de la FIFA et d'un discret trafic de billets pendant chaque Mondial. Leur zone géographique est connue sous le nom de Concacaf, la fédération continentale qui contrôle le football dans les Caraïbes, en Amérique centrale et en Amérique du Nord. Sur le plan du sport, la Concacaf ne pèse pas lourd. Deux de ses équipes seulement se sont qualifiées pour le deuxième tour en Afrique du Sud avant d'être éjectées du tournoi. Mais la Concacaf est un acteur très puissant du jeu politique et de la corruption qui l'accompagne. Jack Warner préside la Concacaf depuis 1990 et il s'en est servi comme base de son pouvoir.

Au côté de la cinquantaine d'Européens (réunis, eux, au sein de l'UEFA), de la cinquantaine d'Africains (Confédération africaine de football) et de la cinquantaine d'Asiatiques (Confédération asiatique de football), ses 35 voix sont vitales à chaque fois que les 209 fédérations nationales de football sont amenées à voter pour choisir un président à la FIFA. Elles peuvent faire la différence, car il est impossible de détenir la majorité avec seulement deux des grandes confédérations continentales. C'est pourquoi celui qui veut tenir la FIFA doit se soumettre aux vœux de Jack Warner.

João Halevange a contribué à mettre en place les rackets de Warner dans les années 1990. Et il a protégé son vassal trinidadien jusqu'au bout, même après que celui-ci a été écarté du foot à partir de 2011. Une commission d'enquête de la Concacaf a ainsi sollicité le Brésilien, en mars 2013, pour lui demander de l'aide. Il s'agissait de vérifier certaines des allégations les plus folles de Warner. Mais Havelange a prétendu qu'il était trop malade pour collaborer.

Malade ? Seulement deux semaines plus tard, Havelange se portait assez bien pour partager un plantureux déjeuner arrosé de deux bouteilles de vin avec Sepp Blatter, dans un restaurant de Rio. Ils faisaient ripaille pendant que la police lançait des gaz lacrymogènes sur les manifestants qui dénonçaient les dépenses extravagantes engagées pour le Mondial 2014.

Le rideau allait bientôt être tiré pour Havelange. Le 30 avril 2013, le vieil homme de Rio était forcé d'abandonner son titre de président honoraire de la FIFA, car il avait été rattrapé par le scandale des pots-de-vin versés par la société de marketing sportif ISL. Enfin.

J'ai raconté l'ascension dans le football de Warner dans mon livre *Carton rouge*, publié en 2006. Mais bridé par l'intervention d'avocats londoniens, j'ai dû accorder trop de crédit aux explications de Chuck Blazer, son complice américain. Dans le chapitre 9, je révélais la vérité sur le vol organisé version Blazer, avec dans l'ombre du New-Yorkais, la présence répétée de Warner. Des agissements scandaleux eux aussi parfaitement connus de Blatter.

Warner, professeur d'histoire de Trinidad, a réussi à se hisser à la tête du football caribéen, d'abord en 1983, comme vice-président de la Concacaf. Cette promotion lui a valu de décrocher, la même année, un fauteuil dans le saint des saints de la FIFA, le comité exécutif. Havelange, l'homme qui a tant appris auprès du boss du crime organisé de Rio, Castor de Andrade, a vite repéré ce nouveau talent. Il l'a adoubé et s'est assuré de sa loyauté. Warner sera prêt à tout pour Havelange, même à influencer les résultats sportifs si nécessaire.

Ainsi, il est vital pour le Brésilien que l'équipe des États-Unis soit qualifiée au Mondial 1990 qui se tient en Italie. Le tournoi de 1994 doit en effet se dérouler aux États-Unis et il est essentiel de s'assurer de l'intérêt des médias américains pour qui le football ne compte pas vraiment.

Warner a les clés. Il contrôle le football à Trinidad. Pour la plus grande joie de la population locale, le onze national n'a plus qu'un match à jouer pour être du voyage en Italie l'année suivante. Tout ce que l'équipe a à accomplir, c'est faire match nul avec les USA au Stade national de Trinidad le 19 novembre 1989. Trinidad a une équipe habile et décidée à gagner, pas à se contenter du nul nécessaire. Le seul problème, c'est qu'elle doit d'abord éliminer les États-Unis que João Havelange veut absolument voir au Mondial 1990.

Warner voit qu'il tient là le moyen de gagner la reconnaissance éternelle de Zurich. Il fait tout pour compliquer la vie de sa propre équipe. Il s'arrange pour mettre à sa disposition les pires terrains d'entraînement possible. Puis, le jour du match, il crée le chaos dans le stade. Il commence par faire déplacer les officiels autour du terrain à la dernière minute. Et comme Jack Warner veut aussi saisir l'occasion de s'enrichir au passage, il fait imprimer 45 000 billets alors que le stade ne peut accueillir que 28 500 spectateurs.

Le jour du match, les joueurs de Trinidad doivent être portés au-dessus d'un flot de supporters mécontents incapables d'accéder aux gradins alors qu'ils ont acheté leur billet. Pendant la rencontre, les supporters déchaînent leur colère sur l'arbitre dont ils contestent toutes les décisions. Pour Jack Warner, la seule chose qui compte ce jour-là, c'est le but marqué par les Américains. Trinidad a perdu et le plan marketing pour 1994 tient la route.

Oubliant très vite le chagrin qui submerge Trinidad, Jack Warner et l'Américain Chuck Blazer, également au comité exécutif de la FIFA, s'entendent pour prendre le contrôle de la Concacaf en 1990. Warner en devient le président et il nomme immédiatement Blazer comme secrétaire général. Le début de deux décennies de razzia.

Comment le Trinidadien va-t-il pouvoir voler des millions de dollars de la FIFA et de la Concacaf et être certain que Zurich regardera ailleurs ? Warner a imaginé le casse du siècle. Il passe à l'action dès mars 1995 en avançant 1 million de dollars pour un terrain à Tunapuna, pas loin de la capitale Port of Spain. Il va récupérer cet argent très rapidement. Trois mois plus tard, Warner fait savoir à la FIFA que la Concacaf a besoin d'un centre d'excellence – connu sous l'abréviation CoE – où les footballeurs de la région pourront s'entraîner. Il est entendu que la FIFA réglera l'addition.

Tranquillement, le plan prend corps. En février 1996, une entreprise appartenant à sa famille, la société Renraw (Warner à l'envers), est enregistrée. Le mois suivant, Renraw dépense 314 460 dollars supplémentaires pour acheter une seconde parcelle à Tunapuna. Warner est en train de se construire un empire immobilier qui, au bout du compte, ne va pas lui coûter un centime. Un mois plus tard, en avril 1996, la Concacaf tient son congrès et Warner raconte aux délégués que la raison d'être du CoE est « d'améliorer la qualité du football dans la Concacaf ». Le président Havelange a fait le déplacement et les comptes rendus officiels mentionnent son intervention pour féliciter Blazer qui « a été visionnaire en construisant le centre d'excellence de la Concacaf à Trinidad ».

L'enthousiasme d'Havelange est compréhensible. Il allait quitter la présidence de la FIFA deux ans plus tard et il avait besoin que Warner s'aligne derrière son successeur désigné, Sepp Blatter. Il fallait que Warner apporte les 35 voix de sa confédération au Suisse. Il n'était pas question de perdre le contrôle du football mondial ni de laisser quelqu'un d'étranger à leur gang accéder aux archives de la FIFA pour y découvrir la vérité sur le pillage systématique organisé par Havelange. Ça allait être un combat difficile – le challenger, un personnage gênant car honnête, le Suédois Lennart Johansson, était soutenu par l'UEFA. Pendant ce temps, l'argent coulait à flots dans le nouveau business de Warner. C'était un homme que l'on pouvait acheter. Il suffisait d'y mettre le bon prix.

Havelange avait déjà ouvert le robinet à Zurich. En janvier 1996, la FIFA envoie 250 000 dollars à Trinidad. Deux semaines plus tard, la FIFA rajoute encore 1,7 million de dollars. Ce n'est pas fini : la FIFA vire 500 000 dollars en avril et 500 000 de plus en mai et encore la même somme en juin. Un dernier versement, toujours de 500 000, part en août. C'est ce qu'on appelle une grande année.

En septembre, Warner dépose les statuts d'une nouvelle société privée à Trinidad : le Centre d'excellence de la Concacaf. Il dispose ainsi de comptes bancaires avec un nom d'entité qui rappelle de très près celui de l'organisme officiel. Il peut ainsi détourner facilement de l'argent destiné au développement du vrai CoE.

Mais Warner veut encore plus Il raconte à Havelange que la Concacaf a besoin d'un prêt bancaire pour construire ledit centre d'excellence. Pas de problème ! En 1997, la FIFA se porte garante d'un emprunt de 6 millions de dollars levé auprès de la banque suisse UBS. En avril, l'UBS qui héberge les comptes de la FIFA transmet les premiers 2 millions de dollars, puis 2 millions supplémentaires en août et enfin 2 millions de plus en novembre. Comment rembourser cet argent à la FIFA ? Question superflue : pas besoin de rembourser. En mai 2003, le comité des finances de la FIFA – dont Warner est le vice-président – accepte de clore le dossier en effaçant la dette. Le football a payé, comme toujours.

Une fois les premiers travaux achevés, Warner organise une cérémonie pour rebaptiser le centre. Ce dernier devient le Centre d'excellence Dr João Havelange. Voilà qui est bien pratique pour simuler l'appartenance du lieu aux instances du foot, alors que le site est en fait secrètement contrôlé par la famille Warner.

Dans l'entrée de la propriété, Warner fait construire une structure circulaire ressemblant à un temple grec miniature. Entre les piliers, il fait ériger un buste d'Havelange. Ce dernier est surmonté d'un globe et d'une énorme bannière de la Concacaf. Comme l'argent a continué d'affluer au fil des années, le centre a grandi. Aujourd'hui, son vis-à-vis est une salle de gymnastique dernier cri avec une façade en verre, où la classe moyenne locale vient entretenir sa condition physique – bienvenue dans le CLUB de la famille Warner payé avec l'argent de la FIFA.

Derrière le centre, il y a aussi un hôtel, avec de grands halls pour organiser des conventions, des soirées de mariage et des opérations de relations publiques. L'ensemble comprend aussi une piscine dont l'usage est facturé aux écoles et aux clubs sportifs, ainsi que le stade Marvin Lee, du nom d'un jeune joueur local décédé suite aux complications d'une terrible blessure lors d'un match de l'équipe espoir de Trinidad en 2001.

Un officiel de la FIFA en charge du développement régional ordonna qu'une pelouse artificielle soit posée sur le terrain. Ce qui fut fait pour un coût de 800 000 dollars. Parfait par tous les temps, le lieu devint le stade des Joe Public, une équipe professionnelle appartenant aux Warner. À propos, l'officiel de la FIFA n'était autre que Daryll, le second fils de Warner.

Warner a toujours ramassé l'argent à pleines mains. Alors même qu'il faisait construire le CoE à grands frais, il s'est arrangé pour que les bureaux de la Concacaf à Trinidad siphonnent toujours plus de cash. Entre 1996 et 2003, les paiements mensuels pour faire tourner le bureau présidentiel oscillaient entre 10 000 et 25 000 dollars. De 2004 à 2011, les paiements ont augmenté et variaient de 25 000 à 45 000 dollars. Au cours de ces quinze années, Warner a ainsi récolté plus de 5,3 millions de dollars pour le fonctionnement d'un bureau qui servait aussi ses ambitions politiques et ses affaires personnelles.

Puis Warner part en France pour le couronnement de Blatter et la Coupe du monde de football – et pour monter un nouveau hold-up. Warner veut être loin de ses collègues de la FIFA et il s'est arrangé pour être envoyé à Marseille où il loge avec sa femme Maureen à l'hôtel Sofitel. La police découvrira plus tard que, le matin du 23 juin, Warner s'est rendu au bureau de poste d'où il a envoyé un paquet qu'il doit récupérer lui-même à Paris. Ce soir-là, il assiste à la victoire de la Norvège sur le Brésil, 2 à 1, au Stade vélodrome.

Quand le couple Warner rentre à l'hôtel après la rencontre, ils donnent des sueurs froides au management du Sofitel. Un cambrioleur est rentré dans leur chambre ! Il a dérobé pour 35 000 dollars de bijoux appartenant à Maureen ! Et 30 000 dollars de liquide qui appartient à Jack, enlevés de son propre coffre, ceux-là ! Appelez la police !

La police fait ce qu'elle peut, mais le vol a tout du crime parfait. Il ne reste pas le moindre indice, les portes n'ont pas été forcées, pas plus que les serrures des bagages. Pas d'empreintes suspectes non plus. Warner était le seul à posséder une clé de son coffre. Le seul membre du staff à disposer d'un double de la clé électronique est l'un des assistants-managers, un homme de confiance qui travaille là depuis vingt ans. La police le retient quelques heures – puis le laisse partir.

Selon la presse locale, la police a bien compris qu'il s'agit d'un faux cambriolage. Mais pour éviter des complications politiques et diplomatiques pendant le Mondial, on décide de laisser tomber l'enquête et de ne pas poursuivre Jack.

J'avais entendu parler de cette histoire et j'avais envoyé quelques questions par mail à Warner. Pourquoi n'avait-il pas demandé au management de l'hôtel de mettre leur argent liquide et leurs bijoux à l'abri dans les coffres-forts de l'établissement ? Et pourquoi donc emportait-il autant de cash avec lui ? D'où venait cet argent ? S'il avait autant d'argent, devait-on en déduire qu'il venait de vendre des billets au marché noir ? Avait-il la moindre idée de la façon dont sa valise avait été ouverte ? Et pourquoi, enfin, sa femme se rendait-elle à un tournoi de foot en arborant une telle quantité de bijoux ?

Warner ne répondit pas.

Il était peu probable que l'assurance du Sofitel aurait à mettre la main à la poche pour un client qui laissait traîner 65 000 dollars en argent liquide et bijoux dans sa chambre. Mais Warner savait qu'il y aurait quand même quelqu'un pour payer. Six semaines après le « cambriolage », les assureurs de la FIFA ont réglé la note. L'entreprise allemande en charge du contrat faisait de grosses affaires avec la FIFA et pour un membre aussi éminent du comité exécutif, le plus sensé était de payer.

Warner est rentré de France et s'est encore servi de l'argent de la FIFA pour son compte. Sa société Renraw a acheté la troisième et dernière parcelle de terrain pour le CoE à hauteur de 392 775 dollars. Il a écrit à la FIFA en racontant qu'il en avait eu pour 640 000 dollars. Ils lui envoyèrent l'argent. Le quart d'un million de dollars grâce à un simple mail mensonger !

Dans ses rapports réguliers à la FIFA, Warner faisait passer le CoE pour un actif de la Concacaf. Il racontait au comité exécutif de la confédération caribéenne que le terrain avait été acheté au nom de l'institution. C'était un mensonge. Une simple vérification des actes notariés accessibles au public aurait permis de connaître la vérité.

Dès le début de cette manœuvre criminelle, Warner agit avec la FIFA et la Concacaf comme si elles étaient les copropriétaires du terrain. Tous les millions investis pour le développement du football dans la région caraïbe servaient, en fait, à construire un empire des loisirs sur des terrains appartenant aux Warner. C'est ce qu'on appelle s'enrichir à très bon compte.

Warner servait les mêmes mensonges à répétition à ses correspondants à Zurich. Quand la FIFA lui demandait où envoyer de l'argent, il répondait de le virer sur un compte appelé C.O.N.C.A.C.A.F. Centre d'Excellence. Un de ses comptes personnels.

La FIFA avait payé le terrain et la construction. Elle avait ainsi donné à Warner un bien dont il pouvait se servir pour garantir un emprunt. En septembre 1998 il aborda la First Citizen's Bank à Trinidad et emprunta 475 000 $. Il fit contresigner l'acte par son comptable Kenny Rampersad. À Trinidad, Rampersad dut dire la vérité à la banque, à savoir quel propriété appartenait à Renraw et une autre société de Warner. Rampersad était aussi payé par Warner pour préparer les états financiers de la Concacaf. Il raconta une histoire différente pour son rapport sur la période, comme quoi la propriété était un avoir de la Concacaf.

WARNER SE VOYAIT OFFRIR une foule de possibilités pour voler et il n'en ratait pas une, année après année. Près de 5,6 millions de dollars furent envoyés au CoE par le siège new-yorkais de la Concacaf entre

2000 et 2011. Comment cela fonctionnait-il ? Pendant les trois premières années, la Concacaf a envoyé 1,26 million de dollars au moyen de 23 virements électroniques destinés à un compte de la First Citizen contrôlé par Warner, appelé « Dr João Havelange Centre of Excellence ». Un versement type s'élevait à 50 000 dollars. À compter d'avril 2004, la Concacaf a viré 50 000 dollars chaque mois sur ce compte. En 2011, à la fin de cette mirifique opération de détournement, le montant mensuel était monté jusqu'à 75 000 dollars.

La FIFA jouait aussi un rôle. En plus des 15,9 millions de dollars déjà versés auparavant, Zurich mit encore 10 millions dans la balance pour soutenir le développement du centre. Finalement, il fut quand même demandé à Warner de rembourser. Pour ce faire, Warner arrêta d'encaisser, entre 2003 et 2006, les 2,5 millions de dotations annuelles de la FIFA pour les fédérations de la région. De l'argent qui aurait dû être distribué aux clubs et à la base du foot local.

Warner adressa au directeur financier une lettre, datée du 20 décembre 2001, « autorisant » la FIFA à transférer les deux premières échéances de 2,5 millions de dollars en appui à la Confédération pour les deux exercices 2003 et 2004 « pour le fonctionnement et le développement de notre Centre d'excellence. » Il donna instruction à Zurich d'envoyer l'argent sur un compte à la First Citizens Bank. Ce compte personnel est au nom complet d'Austin Jack Warner. Ce vol a été approuvé par le Comité financier, les membres du

Conseil exécutif, le Comité d'audit interne et les auditeurs de KPMG.

SEPP BLATTER se faisait du souci à propos du Mondial 2002. S'il voulait continuer à imposer des droits de retransmission énormes aux chaînes de télé du monde entier, il devait remplir les stades. Le problème, c'étaient les Coréens. Ils seraient là, en bons patriotes, pour soutenir leur équipe nationale chaque fois qu'elle jouerait. Mais auraient-ils encore envie d'acheter des billets une fois qu'elle serait éliminée ? Le baseball et le basket étaient largement aussi populaires que le foot dans ce pays. Blatter devait trouver un moyen d'amener du monde dans les gradins.

Au second tour, la Corée rencontra l'Italie, un adversaire toujours redoutable. S'il y a bien un homme qui fut dangereux pour les Italiens, ce fut l'arbitre équatorien Byron Moreno. Il offrit un penalty étrange à la Corée après seulement quatre minutes de jeu – mais le gardien transalpin le repoussa. Ensuite, le jeu tourna à l'avantage de l'Italie avec un but de Christian Vieri à la 18e minute. La victoire semblait jouée quand, à la 89e minute, la Corée égalisa.

Juste avant la mi-temps des prolongations, Francesco Totti est plaqué dans la surface de réparation coréenne. Les ralentis montrent que l'Italie aurait dû se voir accorder un penalty. Au contraire, Moreno expulse Totti estimant qu'il a délibérément « plongé ». Dans la seconde partie des prolongations, un but en or de Damiano Tommasi est refusé, encore une fois à la stupeur générale. Trois minutes avant la fin, Ahn Junghwan se hisse au-dessus de la défense italienne pour placer une tête victorieuse. La Corée est qualifiée pour les quarts de finale contre l'Espagne. Sa chance ne pouvait pas durer, n'est-ce pas ?

L'Espagne, à son tour, doit affronter la Corée et les officiels, l'arbitre Gamal Al-Ghandour et son juge de ligne Michael Ragoonath de Trinidad, sont choisis pour participer au tournoi par le très fiable Jack Warner. L'Espagne marque pendant la seconde mi-temps, mais l'arbitre refuse le but. Le match va donc aux prolongations. L'avant-centre Fernando Morientes met la balle au fond, mais le drapeau de Ragoonath se lève. Il signale que la balle était sortie et le ballon revient au gardien qui peut dégager. Les ralentis montrent que le juge de ligne s'était trompé.

L'Espagne obtient un corner à la dernière minute des prolongations. Mais plutôt que de l'accorder, l'arbitre siffle la fin de la rencontre, alors qu'il restait du temps à jouer. La Corée l'emporte aux tirs au but et se qualifie pour les demi-finales.

Dégoûté, le Mexicain Edgardo Codesal, qui avait arbitré la finale du Mondial 2010, démissionne du Comité des arbitres. Codesal a soutenu plus tard dans la presse mexicaine que l'on avait fait pression pour que Ragoonath soit choisi pour le match Espagne-Corée.

Codesal a aussi critiqué Warner qui avait ostensiblement embrassé Kim Dae-Jung, le président coréen, juste après le match. Warner a déclaré plus tard qu'il était « content que la Corée l'emporte » et, dans un rare moment de lucidité, il admit alors que c'était mieux pour la télévision. Ragoonath devait bien savoir que s'il ne faisait pas plaisir à Warner, sa carrière était finie. Il ne quittera plus jamais Trinidad pour arbitrer. L'Allemagne élimina la Corée en demi-finale. Aujourd'hui encore, Blatter raconte à qui veut l'entendre que la FIFA lutte contre les matchs truqués.

WARNER UTILISA SES MILLIONS volés pour financer l'un des deux principaux partis politiques de Trinidad, l'United National Congress (UNC). Cela lui donnait un pouvoir énorme dans sa petite île. Les élections étaient prévues pour début novembre 2007 et Warner sortit un joker pour gagner les faveurs de l'opinion. Il allait se rendre en Afrique du Sud avec le leader de l'UNC, Basdeo Panday, pour être reçu en audience par Nelson Mandela en personne. Et il se faisait fort d'obtenir une sorte de bénédiction du grand homme en faveur de son parti. Cela serait dur à encaisser pour son adversaire politique à Trinidad. C'était sûr que Mandela jouerait le jeu, une fois que Warner lui rappellerait qu'il avait rallié quelques votes cruciaux au comité exécutif de la FIFA pour que l'Afrique du Sud organise le Mondial de 2010. Mandela lui devait bien ça.

Blatter pensait la même chose et la FIFA publia un communiqué de presse plein d'optimisme, selon lequel « Jack Warner effectuerait une visite éclair en Afrique du Sud pour rencontrer Nelson Mandela ainsi que des officiels de la ligue de football locale ». On aurait pu croire que Warner était à la tête d'une délégation de la FIFA.

Mandela, alors âgé de 86 ans, était protégé par des gardes du corps qui écartaient les charognards comme

Warner. Quand ce dernier arriva, il lui fut signifié qu'il devait s'engager par écrit à ne rien demander à Man dela ni parler politique. Il hésita – comment Mandela pourrait-il lui refuser quelque chose, à lui, le grand Jack Warner ? Fatale arrogance qui lui valut de ne pas pouvoir approcher le héros de la lutte antiapartheid.

Le porte-parole de Mandela déclara à la presse : « Nous supposions que la délégation faisait partie d'un groupe de travail de la FIFA. M. Warner n'a pas vu M. Mandela, car il n'y avait aucun accord selon lequel M. Mandela pouvait être approché afin de soutenir une campagne politique. » Panday, lui, signa et eut droit à quelques moments de courtoisie et une poignée de photos avec Mandela. Après ça, il dut sortir sans la moindre bénédiction en faveur de l'UNC.

Sous un appel de une accablant – « Des officiels de la FIFA "inventent" une visite chez Mandela » –, le *Sunday Times* sud-africain raconta que Warner était rouge de honte… après que Mandela lui eut montré la porte. À Trinidad, la presse s'amusa aussi beaucoup de la déconfiture de l'arrogant Warner. « C'est la dernière semaine avant les élections et je ne veux pas être distrait par quoi que ce soit », dit-il lors d'une brève interview téléphonique. L'UNC, son parti, perdit les élections.

En 2013 quand Mandela est décédé, on aurait pu s'attendre à voir Warner courir assister aux funérailles en Afrique du Sud auprès des grands de ce monde. Mais, il n'a pas osé bouger de Trinidad. Destitué de ses fonctions depuis deux ans, il était dans le collimateur d'une commission d'enquête de la Concacaf et avait peur de se faire arrêter à l'étranger pour sa participation à de multiples fraudes aux ramifications internationales.

WARNER N'A JAMAIS RATÉ une occasion d'utiliser son pouvoir à la FIFA pour faire ramper devant lui des pays déjà gangrenés par une culture de la corruption et du pot-de-vin. C'était encore mieux si les pays avaient du pétrole.

Blatter lui confia un poste, potentiellement lucratif, de président de la commission de la FIFA, qui choisit un pays hôte pour la Coupe du monde des moins de 17 ans. Warner connaissait Amos Adamu, corrompu jusqu'à l'os, qui était le directeur général de la National Sport Commission du Nigeria. Ce même Adamu qui, plus tard, entrera au comité exécutif de la FIFA pour en être exclu en 2010.

Ce ne fut pas vraiment une surprise quand Warner sélectionna le Nigeria pour l'organisation du tournoi des moins de 17 ans en 2009. Le comité local d'organisation, dirigé par Adamu, présenta au gouvernement un devis volontairement surestimé.

Le comité local d'organisation rassemblé par Adamu présenta au gouvernement un budget gonflé aux hormones de 35,5 milliards de nairas nigérians (près de 200 millions d'euros). Beaucoup trop gourmand ! Les autorités menaçant de laisser tomber, la somme fut divisée par quatre à 9 milliards de nairas.

Flairant le bon coup, Warner met en place son racket à la mode FIFA. La méthode : on attend un peu, puis on attaque le pays hôte parce qu'il se montre trop lent, dans l'espoir qu'il remette au pot. Et dans ce cas, il y a une galette supplémentaire à partager entre les entreprises contractantes et les officiels de la FIFA.

La pression monte d'un cran début 2009. D'emblée, Warner se montre agressif. « J'ai toujours eu foi dans le Nigéria, mais en ce moment je suis en train de perdre cette foi, raconte-t-il à la presse locale. Je ne peux pas rentrer à la FIFA et leur dire que le Nigeria est prêt, parce qu'il reste encore beaucoup à faire avant d'en arriver là. Si le Nigeria ne fait pas un sérieux effort, le Nigeria n'accueillera pas le tournoi. »

Cette déclaration n'a pas grand effet sur les locaux et le lendemain Warner sort le grand jeu. « J'aime le Nigeria, peut-être même plus que certains Nigérians… Je fais appel à tous les Nigérians pour préparer les installations nécessaires au tournoi avec une foi digne de celle que j'ai en votre pays. Je crois que vous pouvez le faire. S'il vous plaît, ne me décevez pas ! »

L'un des principaux quotidiens locaux, *The Guardian*, goûte peu ces inepties. Et quelques jours plus tard, il publie un édito bien senti.

« Il est absurde que Jack Warner, ce vice-président de la FIFA qui se montre si attentif au Nigeria, s'adresse à nous sur ce ton paternaliste. Suggère-t-il que son organisation ne se rend pas compte que ce tournoi ne peut en aucun cas être une priorité pour le Nigeria dans sa situation politique et économique actuelle ?

» Sans même parler des montants prohibitifs en jeu, il doit bien savoir que l'on a forcé la main au Nigeria par des moyens douteux. Et c'est pourquoi ce championnat pour joueurs cadets n'a aucune raison d'être pour le Nigeria ni aujourd'hui ni à l'avenir.

» Le Nigeria a été mis devant le fait accompli suite à un chantage orchestré par de hauts fonctionnaires cherchant à s'enrichir et tournant le dos à leur devoir d'agents du service public. C'est en connivence avec la FIFA qu'ils ont voulu imposer cette compétition au Nigeria, que le pays en veuille ou non. »

Pour le *Guardian*, il y a de bien meilleures façons d'utiliser ce genre de budget. Il pourrait, par exemple, servir à améliorer le réseau de distribution du gaz ou permettre d'informatiser deux cents collèges dans le pays.

« L'amère vérité est que le Nigeria devrait abandonner ce tournoi de la FIFA pour les moins de 17 ans. M. Warner ne devrait pas tromper le Nigeria en le forçant à dépenser ses trop rares ressources pour répondre aux priorités de son organisation et épargner à la FIFA la tâche ingrate de soumettre le Nigeria à un chantage en ces temps difficiles.

Les supporters et les hommes politiques brésiliens feraient bien d'apprendre cet éditorial par cœur !

Nassau, Bahamas, 4 juin 2009. Warner est hors de lui. On convoite son fief, pourtant tenu d'une main de fer, l'Union caribéenne du football (CFU), un sous-ensemble de la Concacaf. Peter Jenkins, un officiel des îles Saint-Kitts-et-Nevis, 53 584 habitants, a l'audace de se présenter à l'élection qui va désigner le délégué de la CFU à la Concacaf. Jenkins défie le titulaire du poste, le « capitaine » Horace Burrell de la Jamaïque.

La contribution la plus notable de Burrell au monde du football jusqu'alors remonte à 1996 au congrès de la FIFA à Zurich. Le représentant d'Haïti ayant été empêché d'assister au congrès, Burrell – avec l'appui de Warner – a dépassé toutes les limites de la décence : il a placé sa partenaire, Vincy Jalai, dans le fauteuil du délégué haïtien absent. Et cette dernière a voté ! En suivant les instructions édictées par Warner...

Peter Jenkins fait valoir que des petits pays comme le sien doivent avoir une voix au sein de la Concacaf. Warner rétorque que ce genre d'opinion apporte la division et n'est donc pas tolérable. Bien sûr, le pouvoir de Warner est très lié aux fédérations qui vivotent sur ces chapelets de petites îles, pour la plupart sans football professionnel, mais dont les suffrages comptent autant que ceux des grandes nations de football en Amérique latine, en Europe et en Afrique.

Warner ne tolérerait jamais une élection pour la présidence de la Concacaf. Il met la pression sur les délégués pour qu'ils ne soutiennent pas Jenkins. Se prenant pour un petit Staline des tropiques, Warner déclare : « Je suis très opposé au fait que le football des Caraïbes soit divisé à cause de la présence d'un candidat, ce qui est sans précédent et contraire à notre tradition. » Jenkins a outrepassé les « conventions politiques » de la Concacaf.

Burrell est l'un des plus proches associés de Warner dans les Caraïbes et se retrouve régulièrement nommé à des postes de prestige au sein de la FIFA. Si une opposition se dresse contre lui, c'est le pouvoir absolu de Warner qui se retrouvera en danger. La réponse de ce dernier est impitoyable. Il ordonne que Jenkins soit déchargé de ses fonctions liées au football dans son pays comme dans les instances régionales. « J'ai donné l'instruction aux secrétaires généraux de la CFU et de la Concacaf de vous mettre à l'écart sans délai », écrit-il à Jenkins.

Burrell ajoute que Jenkins lui a manqué de respect. Un autre des sbires de Warner, Colin Klass, représentant de Guyane, déclare que lui aussi s'interroge sur les intentions de Jenkins. « J'ai eu de sérieux doutes, car je suis certain que Peter connaît notre système et qu'il a choisi, semble-t-il, de passer outre pour des raisons personnelles. Et je dois dire qu'il est en train d'en payer le prix. » Klass fut éjecté, à son tour, du monde du football, en 2011, suite à de énièmes scandales liés à la Concacaf.

Le poing de fer de Warner s'abattit sur deux associations nationales, Antigua et la Grenade, qui ont apporté leur soutien à Jenkins. « Ces fédérations seront interrogées et devront trouver des raisons valables pour éviter des sanctions disciplinaires en conséquence de leurs tentatives pour déstabiliser le football des Caraïbes et la solidarité régionale au sein de la CFU, déclare Warner. Si leurs explications ne sont pas convaincantes, des sanctions disciplinaires seront imposées à ces deux pays. »

L'un des soutiens de Jenkins fait valoir que la FIFA donne 10 millions de dollars tous les quatre ans pour le développement du football dans les Caraïbes, mais que « les Îles-du-Vent britanniques, îles Sous-le-Vent et les Antilles néerlandaises n'en ont rien reçu ». Jenkins a eu le courage, un rien suicidaire, de demander des informations sur les subventions de la FIFA qui disparaissent dans le ventre du CoE. Les dirigeants du Concacaf ne pipent mot.

Il faudra encore attendre jusqu'en 2013 pour qu'une enquête indépendante révèle dans le détail les sommes invraisemblables détournées par Warner via les comptes bancaires de son prétendu centre d'excellence.

LA COUPE DU MONDE est le moment le plus excitant pour certains membres du comité exécutif de la FIFA. Pas pour le football : ce qui les intéresse, c'est la compétition quadriennale entre des pays candidats, dont certains pourront verser des pots-de-vin. La preuve, c'est que des dessous-de-table sont payés à l'occasion de chaque campagne. Et cela remonte à la rivalité exacerbée entre le Japon et la Corée pour décrocher le Mondial 2002. Il ne suffit pas d'imaginer qui a vendu sa voix au gagnant. Beaucoup de perdants sont passés à la caisse aussi. Il n'existe pas de preuves démontrant que l'Afrique du Sud a versé de l'argent pour obtenir la Coupe du monde 2010, mais il y en a établissant que certains de ses rivaux ont payé. Ils se sont fait blouser, mais peuvent difficilement demander un remboursement.

Tous les deux ou trois mois des preuves supplémentaires apparaissent.

Si le Qatar a vraiment payé des dessous-de-table pour organiser le Mondial 2022 – et jusqu'à maintenant rien ne le prouve – un filou comme Warner, qui devait voter ostensiblement pour les Etats-Unis, membre de la Concacaf, aurait quand même vu une opportunité. On peut s'attendre à ce qu'il ait lancé l'idée à Doha que la dernière chose dont le Qatar avait besoin, c'était d'ennemis à la FIFA. Warner, qui contrôlait trois voix vitales, pouvait créer des problèmes énormes dans les coulisses. Payez-moi, aurait-il demandé.

Warner et Blazer décidèrent qu'il leur était essentiel de rencontrer le président Poutine à Moscou avant le vote de décembre 2010 qui allait désigner les pays hôtes pour 2018 et 2020. Poutine voulait réussir un coup de prestige en organisant le tournoi de 2018. Quant aux entreprises russes de BTP, elles avaient besoin de nouveaux contrats. Les Jeux de Sotchi ont été un véritable festival de la corruption. Après ce festin olympique, les oligarques russes voulaient repasser à table pour les stades de foot. Selon une de mes sources dans le milieu du BTP russe, les grosses boîtes du secteur paient chaque fois que nécessaire pour l'emporter. Une avance de quelques millions de dollars est vite récupérée quand les contrats tombent.

LE SEUL candidat qui fit part de tentatives de corruption à son égard, lors du vote pour l'obtention des Mondiaux 2018 et 2020, fut l'Anglais David Triesman, en charge de la candidature britannique. Triesman en apporta la preuve à une commission parlementaire. Ce fut même un sacré numéro que fit cet ancien communiste devenu, grâce à Tony Blair, porte-parole des travaillistes à la Chambre des lords.

En échange d'un vote en faveur de l'Angleterre, Jack Warner lui avait demandé un chèque de 2,5 millions de livres pour « construire un centre éducatif à Trinidad ». Warner continuait de voler ! Plus tard, il demanda aussi à Triesman la somme ahurissante de 500 000 livres pour acheter les droits télé du Mondial en faveur d'Haïti, qui venait d'être frappé par un tremblement de terre. Cette somme devant naturellement transiter par lui. Warner répondit que les allégations de Triesman étaient « complètement absurdes ». Il ajouta : « Je suis à la FIFA depuis vingt-neuf ans et je suis certain qu'il n'y aura pas grand monde pour croire ces prétendues révélations. »

Triesman avait d'autres informations. Le délégué du Paraguay, Nicolás Leoz, voulait, lui, se voir octroyer un titre de noblesse britannique – « Sir Nicolás ». Une autre – une bien bonne – : l'un de ses secrétaires particuliers à Asunción fit savoir qu'il y avait moyen de gagner sa voix en rebaptisant la Coupe de la Ligue (FA Cup) *« The Sir Nicolás Leoz Cup »*. Quant à Teixeira, l'aspirateur brésilien, il demanda à Triesman de « venir lui raconter ce qu'il pouvait faire pour lui ». Le représentant de la Thaïlande à la FIFA, Worawi Makudi, désirait pour sa part qu'on lui donne les droits télé pour un match amical entre l'Angleterre et l'équipe nationale de Thaïlande. Makudi ne l'a jamais reconnu.

Il y eut un autre spectacle moins drôle ce jour-là. Mike Lee, un expert en relations publiques londonien qui comptait un certain nombre de succès à son actif, entra en scène. Il avait été partie prenante dans les victoires de Londres et de Rio, villes hôtes des Jeux olympiques 2012 et 2016, ainsi que de Pyeongchang en Corée du Sud, qui accueillera les Jeux d'hiver de 2018. Sa dernière réussite en date avait été d'aider le Qatar à décrocher la Coupe du monde 2022.

Le discours plein d'autosatisfaction de Lee fut interrompu par le conservateur Damian Collins qui lui fit savoir que la veille il avait obtenu de la part de la rédaction du *Sunday Times* une note contenant des affirmations surprenantes sur la façon dont le Qatar l'avait emporté.

Les reporters du *Sunday Times* avaient longuement parlé (comme moi et d'autres confrères avant) à un lanceur d'alerte membre de l'équipe de la candidature qatarie. Il s'agissait d'une femme qui prétendait avoir été présente en 2010 dans une chambre d'un hôtel de Luanda lorsque les représentants qataris avaient négocié des pots-de-vin de 1,5 million de dollars pour chacun des votes de Issa Hayatou, d'Amos Adamu, et de Jacques Anouma. L'équipe du Qatar publia un communiqué qui réfutait le « sérieux de ces allégations dénuées de tout fondement », qui resteraient « non prouvées, car elles sont fausses ». Hayatou et Anouma nièrent aussi avoir été impliqués dans un marché de ce genre. Adamu fut expulsé de la FIFA quelques mois plus tard.

L'escroquerie de Warner sur la candidature australienne à la coupe du monde est un modèle en son genre. Si les enquêteurs à l'autre bout du monde n'étaient pas tombés sur une fraude de plus de 500 000 dollars, cela serait demeuré un petit secret pas très propre connu seulement de Jack Warner, de son intermédiaire louche et d'une poignée d'Australos tout rouges et de leur milliardaire de patron.

En août 2010, une délégation des antipodes arrive à Trinidad, cherchant désespérément à obtenir les voix de Warner et de deux délégués de la Concacaf qu'il contrôle. Warner les emmène voir un complexe immobilier et sportif à Macoya sur la route entre Port of Spain et l'aéroport. C'est son centre d'excellence et les Australiens le croient quand il raconte que tout ça appartient à la Concacaf. Warner leur fait croire que le stade Marvin Lee a besoin d'être réhabilité.

Un mois plus tard les crédules Australiens ont envoyé à Warner un chèque pour la somme ahurissante de 432 000 $. Avec l'ajout sur la facture des coûts du voyage et des divertissements le montant aurait frôlé le demi million de dollars. Qu'est-il advenu de l'argent pour la « réhabilitation » ? Warner l'a détourné sur un de ses faux comptes de la Concacaf à la Republic National Bank à Trinidad. Les vérifications des enquêteurs n'ont pas trouvé trace dans les vrais comptes de la Concacaf de ce chèque caché de 462 000 $. Les enquêteurs ont donc conclu que Warner s'était rendu coupable de « fraude et de détournement ».

La fédération australienne de football (FAF) sembla embarrassée par ce paiement de 462 000 $. Elle n'a jamais publié de communiqué de presse se vantant de cette contribution au football des Caraïbes et elle n'apparaît pas dans son rapport au gouvernement sur la manière dont a été dépensé la subvention de 40 millions de dollars pour financer sa candidature. Aucune mention non plus dans le rapport financier de la FAF pour cet exercice. Un porte-parole a prétendu que l'argent envoyé à Warner provenait du budget de développement international du football de la FAF et ne faisait pas partie des fonds publics alloués à elle pour sa candidature.

QUI AVAIT MIS L'AUSTRALIE DANS CE FOUTOIR ? Les connexions dans le monde crade de la FIFA étaient extraordinaires. Au cœur de la machination se trouve un Suisse-Hongrois, Peter Hargitay. Les australiens l'ont embauché pour faire gagner leur candidature, parce qu'il se prétendait proche de Blatter, celui qui gérait les crises pour lui. Hargitay n'avait jamais travaillé pour une candidature et n'avait donc pas de succès précédent à montrer en la matière. Mais il était appuyé par le milliardaire australien Frank Lowy, président de la FAF, sur la recommandation d'un membre du comité d'éthique de la FIFA, et par une personnalité de la télévision australienne, Les Murray. Tous les trois sont des réfugiés hongrois.

Peu importait qu'Hargitay fût aussi un propagandiste rémunéré et un conseiller pour le Qatari, à présent discrédité, Mohamed Bin Hammam, qui a remporté contre l'Australie pour le tournoi de 2022. Hargitay a persuadé ses clients australiens de financer un stage à Chypre pour l'équipe des moins de 20 ans de Trinidad. Mieux encore, Hargitay était aussi un conseiller rémunéré de Jack Warner au moment où le paiement de 462 000 $ fut extorqué à la FAF.

CHAPITRE 9

Le Ventre engloutit la FIFA

Le guide Michelin version Blazer

Chuck Blazer s'est empiffré dans les restaurants les plus chers du monde. Le football, ça paye bien ! Quand, à la fin de l'année 2012, les nouveaux dirigeants de la Concacaf ont enfin réussi à le virer, ils lui ont interdit de toucher à l'argent de la confédération. Fini l'accès au distributeur automatique ! Mais malheureusement, ils ont oublié d'avertir la banque à temps. Très rapide, Chuck s'est dépêché de passer un ordre d'un montant de 1,4 million de dollars. Quelques jours plus tard, petite vérification de Chuck auprès de sa propre banque dans le paradis fiscal des îles Caïmans. Le transfert a-t-il bien eu lieu ? C'est bon. L'argent était bel et bien là, sur son compte. « Yessss ! »

Si vous avez la chance ou la malchance de croiser un jour Charles Gordon Blazer, vous n'êtes pas près de l'oublier ! C'est un monstre aux bras et aux jambes bien dodus, à la tête extra large affublée d'une magnifique barbe blanche de père Noël.

Regardez le de plus près. C'est le ventre qui fait s'arrêter les piétons dans la rue, qui projette son ombre au crépuscule, qui fait faire des embardées aux jets privés sur les pistes d'aéroports. Il ne peut monter dans une voiture. La FIFA devait louer un van à portes coulissantes pour lui. Depuis combien de décennies ses testicules n'ont-elles pas vu le soleil ? On se demande, comment le Ventre est devenu aussi énorme ? Pourquoi n'arrête-t-il pas de se gaver de telles quantités de nourriture ?

Pourquoi passe-t-il son temps à bloguer, photographies à l'appui, sur toutes ces choses que les gens ordinaires comme vous et moi ne feront jamais ? Chuck rencontre des présidents et des premiers ministres, des reines de beauté, des milliardaires et des stars du football. Pourquoi ne cesse-t-il de nous lâcher les noms des célébrités qu'il rencontre ? Quel est ce besoin de nous dire par le menu qu'il bâfre dans les restaurants les plus chers du monde, avec des vins fins ? Pourquoi ce besoin de se faire remarquer ? Quel est le secret de cette fringale ?

Je l'ai observé pendant plus de dix ans, sentant dès le début qu'il était corrompu, recueillant peu à peu des tuyaux sur ses vols jusqu'à ce que je finisse par découvrir son mode opératoire. Une demande à une source de confiance et j'eus la preuve qu'il s'était servi dans les caisses du foot à hauteur d'au moins 20 millions de dollars, et vraisemblablement beaucoup plus.

Maintenant je crois avoir trouvé la raison de son si gros ventre. Chuck Blazer savait que l'IRS (le fisc américain) et le FBI finiraient par lui tomber dessus. Donc, chaque jour, chaque repas pouvait être le dernier avant que ses bourreaux l'emmènent. En attendant ce sort funeste, il lui fallait bien manger, manger cher, manger riche, manger les meilleurs plats mitonnés dans les meilleures cuisines du monde... Et peut-être qu'avant de monter sur l'échafaud, son poids pourrait faire sauter ses liens et le ferait s'échapper... Comme son vieux compère, cet autre criminel de Jack Warner, le roi de l'évasion ! Pourquoi Chuck ne suivrait-il pas son exemple ?

Vers le milieu des années 1990, la Concacaf a changé l'adresse de son siège pour aller s'installer au 17e étage de la Trump Tower sur la 5e avenue à New York. Découvrant cette nouvelle superbe adresse, Chuck a aussi décidé de déménager. Et il a choisi de s'installer un peu plus haut, dans un nid douillet du 49e étage. Il s'y est fait aménager un bureau dans son luxueux appartement. On a mis des années à découvrir qui payait.

Mel Brennan, qui s'était lancé dans l'aventure de la Concacaf simplement parce qu'il aimait le football, se souvient de la première fois où il fut convoqué par le boss. « Tout le monde au bureau avait instruction de garder sa messagerie ouverte en permanence. De la sorte, il pouvait donner ses ordres aux abeilles sans avoir à leur parler, » se rappelle Mel Brennan qui s'était trouvé un job à la Concacaf par amour du football.

Mel se souvient de la première fois où il fut convoqué en haut. Il s'attendait à trouver son patron vêtu d'un costume haut de gamme sur-mesure, comme lors du Mondial ou d'autres tournois, des réunions d'affaires ou de comités.

Ce matin-là Chuck sortit du bureau en caleçon et en maillot de corps. Il lui donna ses instructions et retourna dans l'obscurité de son bureau, s'assit dans son fauteuil, son ventre prodigieux pesant sur ses jambes écartées, son caleçon multicolore éclairé par la lumière crue des écrans de ses ordinateurs.

Mel Brennan n'était pas au bout de ses surprises. « Curieusement, la première chose que cet homme m'a dit sur lui était qu'il voulait écrire un livre intitulé *Quarante ans de femmes aux pieds froids*, où il raconterait quatre décennies de tentatives féminines pour glisser leurs orteils froids dans les replis douillet de son énorme panse.

Au neuvième jour du mandat de Mel en tant que Chef des projets spéciaux de la Concacaf son patron l'invita à dîner. « Tu sais où on va ? » me demanda Chuck, l'air mystérieux. « Au *Scores.* La nuit risque d'être longue. »

Au *Scores* ? Le fameux club de strip-tease haut de gamme ? Mel prit son téléphone et appela chez lui.

« T'as besoin de demander la permission à ta femme ? beugla Chuck.

– Non, je veux juste lui dire que la soirée sera longue, comme tu dis », répliqua Mel prudemment.

« Bienvenue M. Blazer, heureux de vous revoir » annonça le portier. Une section entière de l'établissement était réservée ce soir-là pour un groupe de la Concacaf. On leur servit du filet mignon, des massages d'épaules et il y avait un petit téléviseur dans un coin qui diffusait un match de foot.

Au moment de partir, Chuck paya la note. Le mode

de paiement surprit quand même Mel Brennan. La carte American Express de Blazer était noire ! Mel n'en avait jamais vu de telle. Peu de gens possèdent ce genre de carte, connue sous le nom d'AMEX Centurion. Ce n'est pas la peine d'appeler pour l'inscription. C'est un club sur invitation uniquement. Les détenteurs de ce genre de carte détiennent en moyenne 16,3 millions de dollars de patrimoine et un revenu annuel de 1,3 million de dollars.

Blazer avait mis en place toute une chaîne de cartes de crédit à la Concacaf qui finissaient obligatoirement sur la sienne, sa Centurion, tout ceci pour accumuler des points récompenses AMEX. Entre 2004 et 2011, la Concacaf mit pratiquement 30 millions de dollars sur sa carte. Blazer affirme, de son côté, que seulement 3 millions lui étaient vraiment destinés. Les enquêteurs dépêchés par la nouvelle équipe de la Concacaf sont d'un autre avis, mais ils manquent de preuves. Quoi qu'il en soit, ces 3 millions de dollars furent quand même payés par les caisses de la confédération pour le bon plaisir de Chuck.

Chuck Blazer a sorti plus de 20 millions de dollars pour les placer dans des comptes off-shore des îles Caïmans et des Bahamas entre 1990 et 2012, date de son renvoi. Quand Jack Warner est devenu président de la Concacaf en 1990, il décida de choisir Blazer pour devenir secrétaire général. Au mépris de toutes les bonnes règles de gouvernance, Blazer fut aussi nommé trésorier. En fait, il ne rapportait qu'à lui-même. Personne d'autre n'était habilité pour étudier de près les finances de la Concacaf.

Blazer signa un contrat avec une compagnie privée (dont il était le propriétaire) pour l'aider dans son rôle de secrétaire général. Le point le plus important était évidemment sa rémunération mensuelle et ses bonus sous forme d'une commission de 10 % prélevée sur toutes les rentrées de sponsoring et de droits TV. Les commissions et la rémunération mensuelle étaient envoyées – off-shore évidemment – à la Barclays Bank de Grand Cayman et à la First Caribbean International Bank aux Bahamas. Ces comptes appartenaient prétendument à des compagnies dépendant de la Concacaf. En fait, ce n'étaient que des coquilles vides qui n'ont jamais rendu le moindre service à la Concacaf autre que blanchir l'argent de ce bon vieux Chuck et le faire échapper au fisc américain.

Le contrat initial de Blazer avait expiré en 1998 et n'avait jamais été renouvelé. Mais cela ne le gênait en rien, car Jack Warner n'arrêtait pas de balancer d'énormes sommes d'argent sur ses comptes off-shore. De plus, cela réduisait les chances d'être découvert par le fisc américain. Blazer avait aussi un autre compte dans une branche de la banque Merrill Lynch aux Caïmans. Il s'en servait pour encaisser les profits des ventes illicites de billets de la Coupe du monde.

Comme personne à la Concacaf n'examinait en détail ce qu'il faisait, Blazer élargit tranquillement son assiette de revenus, étendant ses 10 % sur le sponsoring et les droits de retransmission télévisuels aux ventes de billets et à la location de suites de luxe et à la concession de parkings et de salles pour conférences ou réceptions.

À la fin, il arrivait que certaines années il se serve pour plus de 2 millions de dollars. Mais si vous regardiez les comptes de la Concacaf – auxquels très peu de personnes ont accès – vous n'y trouveriez aucune mention relative aux indemnités du secrétaire général. Juste une ligne intitulée « commissions » sans précision du bénéficiaire.

Parfois, afin de ne pas attirer l'attention, Blazer divisait les sommes qu'il s'appropriait. En octobre 1988 il scinda en paiement de 150 000 dollars en trois à l'une de ses sociétés paravent et fit trois chèques de 50 000 dollars le même jour. Une autre fois il fit deux paiements de 500 000 dollars.

Chaque année, il se fabriquait ses « commissions » et ses « revenus » dans les comptes de la Concacaf et déduisait tous ses frais de location de la Trump Tower et toutes ses dépenses diverses. Il n'y a aucune preuve qu'il ait, un jour, payé quoi que ce soit de sa propre poche.

Le loyer mensuel pour le luxueux appartement de la Trump Tower était de 18 000 dollars. Un tiers était payé directement par la Concacaf. Les deux tiers restants étaient pris sur les « frais » payés à Blazer. Il vivait gratuitement !

Chuck vit qu'il avait une chance d'imiter son ami Warner et d'arriver enfin à la FIFA. En décembre 2005, au département financier de la FIFA, le vice-président Jack Warner valida un paiement de 3 millions de dollars à la Concacaf pour la construction d'un studio télé. Ceci avait été approuvé par le département marketing et télévision, alors dirigé par le Français Jérôme Valcke, l'actuel secrétaire général de la FIFA. Ce paiement fut ensuite validé par Jeffrey Webb, le président de la fédération des îles Caïmans, membre du comité d'audit interne de la FIFA.

Blazer étudia ce versement de très près et s'offrit une commission de 10 %, soit 300 000 dollars. Il partit avec sans problème ! Avec un tel exemple, vous pouvez commencer à imaginer le nombre de magouilles, de remboursements de frais extravagants, d'indemnités de représentation bidon et autres, pendant les dix-sept années passées par Chuck au comité exécutif de la FIFA.

Blazer et Warner ont bien failli se faire ramasser au printemps 2002, à l'occasion de la conférence de la Concacaf organisée au Lowes Beach Hotel de Miami Beach. J'étais là, mais l'entrée m'a été refusée. Contrairement à toutes les conférences parrainées par la FIFA, la presse n'était pas acceptée. Par hasard, je me suis pourtant retrouvé avec Warner dans un ascenseur bondé. On montait lentement et je lui ai demandé, devant une vingtaine de touristes américains, de bien vouloir m'expliquer pourquoi il était opposé à la liberté de la presse. Il rumina sans desserrer les dents, fou de rage.

Son gros problème, ce week-end-là, était un souhait émis par la fédération mexicaine. Cette dernière voulait remplacer Warner par un ancien arbitre des années 1990, Edgardo Codesal. Elle voulait également des éclaircissements de la part de Blazer sur quelques éléments un peu bizarres du rapport financier. Un délégué mexicain se leva et posa sept questions. Il s'interrogeait sur la cohérence et la façon de présenter les chiffres. Ainsi, il voulait savoir à quoi correspondaient les presque 1,195 millions de dollars inscrits dans la catégorie « commissions », mentionnés dans la partie marketing du rapport financier. Blazer répondit : « Cela correspond à une décision du comité exécutif prise en 1990, de compenser les frais du secrétaire général via des commissions sur les rentrées d'argent liées au marketing et au sponsoring. Il est bien entendu que tout cela, ainsi que les autres dépenses, est en conformité avec les budgets approuvés par le congrès. »

Normalement, toutes les conférences de la Concacaf étaient enregistrées. Mais quand les enquêteurs écoutèrent la fameuse cassette de 2002, elle était vierge... La réponse de Blazer avait été effacée de la bande-son.

Le Ventre. Blazer ne vous laissera pas en réchapper. Il s'en servait comme d'une barricade, empêchant ses victimes d'éviter d'être pris en photo par sa petite amie Mary Lynn. Pire encore, il a créé en 2006 un blog pour exhiber ses trophées. Il s'intitulait « Voyages avec Chuck et ses amis » et l'on y vit Nelson Mandela coincé dans un petit avion entre le Ventre et le sourire tout en dents de Mary Lynn, dirigés comme toujours sur l'objectif de l'appareil. Pis encore, en décembre 2013, alors qu'il était en pleine disgrâce, il dégrada la mort de Mandela en y ajoutant son propre hommage insipide. Des centaines de victimes devaient ainsi donner l'accolade à Chuck ou Mary Lynn, ou aux deux. Professionnels – comme Bill et Hillary Clinton, il savait prendre cet air de dire « Je ne sais pas qui est cette personne mais je suis si heureux de la voir. » Chuck scanna et mit en ligne son accréditation à la Convention républicaine de Minneapolis en 2008 avec la légende : « McCain – amis et invités de la famille », juste pour que l'on sache qu'il était un homme important.

L'appareil photo de Mary Lynn a dû quand même frôler la surchauffe de temps en temps. Elle prend ainsi deux clichés de l'ancien footballeur anglais Bobby Charlton. Elle est là aussi, en tant que photographe officielle, quand Chuck s'impose à côté de Mohamed Ali dont il trouve le moyen d'écorcher le nom sur son blog. Les vautours réussissent aussi à arracher une image de Desmond Tutu assis sur un canapé, à moitié écrasé par le Ventre. Sur son blog, Chuck l'appelle « l'évêque », ignorant que le grand homme est archevêque depuis 1986. Accompagné de son petit-fils, le Ventre réussit aussi à mettre le grappin sur Gordon Brown, le Premier ministre britannique, qui se demande bien qui sont ces gens qui le kidnappent.

L'âge et ses diverses infirmités n'arrêtent en rien ce rapace. Même Fay Wray, la vieille star du premier *King Kong* de 1933, est happée par son appareil photo. Ça n'a pas l'air de lui plaire. Sur le cliché, elle a l'air de s'adresser à l'objectif en pestant contre ses agresseurs : « Mais qui est ce gros bâtard qui me reluque ? Qu'est-ce que c'est que cette bonne femme sur mes genoux et qui me serre tellement la main que je ne peux même pas la retirer ? » Chuck fait une faute d'orthographe à son nom aussi.

Poutine est un défi d'une tout autre taille pour Chuck qui fait tout ce qu'il peut pour se montrer prévenant.

Il publie sur son blog des photos du maître du Kremlin posant en aventurier macho pendant ses vacances et ne peut s'empêcher de dire le plus grand bien d'Aeroflot. « Je ne fais que rarement des commentaires sur les compagnies aériennes. Il n'y a pas grand-chose à dire le plus souvent. Pourtant, il y a quelques années, en passant par Moscou pour aller au championnat du monde féminin des moins de 20 ans, j'ai trouvé que les meilleurs plats étaient ceux de la compagnie nationale russe, déclare le Ventre. Je n'ai jamais été déçu. Les apéritifs, la soupe, la salade, le choix des plats principaux, les desserts rivalisent avec ceux des meilleures compagnies, voire les dépassent. »

Les commentaires du Ventre à Moscou sont du même tonneau : *« Mary Lynn et moi-même allons tranquillement au Vogue Café, l'un des meilleurs restaurants de Moscou avec un menu absolument fantastique. Bien qu'un peu distraits par la tablée voisine, constituée de top models, nous avons vraiment apprécié. GQ est aussi un club hyperchic pour la suite de la soirée, avec en plus un restaurant aussi bien pour le midi que pour le soir. »*

Le pape aussi a l'honneur d'être photographié avec Chuck lors d'une audience du comité exécutif fin 2000. Blazer colle sa truffe à côté de la tête de Jean-Paul II au moment de lui serrer la main. Le souverain pontife demande à Sepp Blatter d'utiliser son pouvoir pour faire la promotion des valeurs morales et de la solidarité. Blatter acquiesce solennellement d'un mouvement de tête.

Tout va toujours à merveille pour le Ventre, même quand le reste du monde risque de s'effondrer ! Extrait du blog au début de l'explosion de la bulle financière : « *J'ai eu un appel de mon ami et collègue Ricardo Teixeira. Il était en ville avec sa femme Anna et ses filles Antonia et Joanna. Pendant que nous faisions nos courses dans Spring Street, au cœur de Soho, c'était dur d'imaginer que ces derniers jours la Bourse américaine s'effondrait et que les banques risquaient la faillite.* »

Mais Chuck va encore plus loin dans son billet. « *Ricardo est le président le plus travailleur de toutes les fédérations nationales… Il ne pense qu'à sa fédération… Et il a de quoi être très fier…* »

Pas besoin d'acheter le guide Michelin pour manger à New York. Le Ventre a testé pour vous et fait un rapport complet sur tout ce qui se mange ! Le meilleur steak : le « porterhouse » de Wolfgang's. « *Vous pouvez aussi avoir un dîner excellent au Dutch, un endroit très chaud de New York situé au 131, Sullivan Street à Soho. Chez Elaine, 2ᵉ Avenue entre les 88 et 89ᵉ rues, il y avait de nouveaux amuse-bouche, comme des boulettes de veau et des noix pistaches. Pour moi, une côte de veau entière a été pilée et transformée en une côte de veau parmigiana. Délicieuse !* » Le Ventre se goinfre régulièrement chez Terrase et Scarlatti. « *Quasiment toutes les personnalités du football sont venues dîner avec moi au restaurant Campagnola sur la 1ʳᵉ avenue entre les 73 et 74ᵉ rues à New York, dans l'Upper East Side.* »

Et pour les petits creux ? Le Ventre a tout essayé aussi. « *C'est chez Barney Greengrass qu'on sert le meilleur saumon aux œufs et oignons avec sa sauce crémeuse à base de harengs et ses galettes de pommes de terre.* » Merveilleux ! « *Jack Warner est en ville ! Super. Un grand dîner hier soir au BLT Market.* » Le comité de candidature de la Russie est à New York pour essayer de rallier le Ventre dans son camp. *« Leur choix était fantastique. L'Atelier de Joël Robuchon à l'hôtel Four Seasons. Simplement superbe. »*

Une délégation anglaise trouve aussi de nouvelles excuses pour le faire encore grossir. Lord David Triesman et David Dein l'emmènent au Oak Room à l'hôtel Plaza, à Central Park South. Le Ventre veut que tous ses lecteurs sachent qu'il considère ce style de vie comme normal. Même si personne ne peut suivre…

Quelquefois, il tombe dans une sorte d'allégresse. *« Le lendemain de la réunion du comité exécutif, alors que la paix et la tranquillité étaient revenues sur New York, Guillermo Cañedo et sa femme Adriana nous ont rejoints pour un dîner au Eleven Madison Park. Cela faisait des semaines que nous essayions de réserver une table. Heureusement, nous avons réussi à prendre la place de quelqu'un pour le dernier service à 21 h 45. Ce qui va suivre restera pour moi l'une des meilleures expériences culinaires de ces dix dernières années. C'est vraiment génial de pouvoir établir des relations de cette qualité dans un restaurant américain véritablement incroyable. »*

Le Ventre n'arrose pas ses montagnes de nourriture avec de l'eau fraîche. *« Michel Platini sait que l'un de mes vins favoris est le château-figeac, un grand saint-émilion de la région de Bordeaux. Avec lui, nous nous sommes assis dans un bistrot français de New York, le Charlot (69e rue, entre Madison et Park Avenue) et nous avons ouvert une bonne vieille bouteille, que je gardais pour une grande occasion.*

» D'un autre côté, je conserve aussi d'excellentes relations avec les vins de Toscane, en Italie, et en particulier le masseto Ornellaia. Entre le figeac et le masseto, il m'est difficile de trancher. »

Le Ventre nous donne vraiment de bons exemples de son style de vie et des relations qu'il peut avoir avec les autres membres du comité exécutif de la FIFA. Lors de la Coupe du monde 2006 : « *Nous avions fait un excellent repas, après l'apéritif, au Bayerischer Hof de Munich. Le dîner s'était tenu dans une salle privée au second étage, avec un joueur de harpe très talentueux qui nous avait accompagnés de ses douces mélodies. Nous avions eu l'honneur de recevoir à notre table le Dr João Havelange, le président honoraire de la FIFA, et sa femme Anna-Maria. Nous allions fêter les 90 ans du président en chantant en cœur* "Happy Birthday to you". »

Le Ventre continue sa tournée des grands restaurants allemands. « *Tous les grands établissements de Berlin avaient été réservés depuis des semaines. Mais nous avons eu de la chance en trouvant une table au Lorenz Adlon, un incroyable restaurant français au premier étage de l'hôtel Kempinski. La vue panoramique sur la porte de Brandebourg était superbe.*

» Je dois bien admettre que la nourriture était d'une qualité encore supérieure à celle de la vue. Nous avons commencé par lorgner les menus dégustation. Le premier, de saison, avec cinq plats, le second avec sept. Si cela ne vous attirait pas, il y avait encore deux pages complètes de plats à la carte. Nous avons laissé de côté les menus dégustation pour aller vers des entrées et un plat principal. Le choix des vins était difficile aussi. Je finis par en trouver un

que tout le monde allait apprécier et nous avons bu ces trois bouteilles en mangeant un plat merveilleux. Mary Lynn et moi-même avons fini avec un soufflé au chocolat.

Puis le Ventre prend la route de Cologne. « *Le dîner était fabuleux, avec au choix du poisson dans une sauce crémeuse ou encore un ragoût de veau dans une sauce au vin.* » À Munich, le Ventre commence l'échauffement dans une brasserie ! « *Il se passe quelque chose à Munich avec cette bière. Tout devient magique même pour qui n'est pas un gros buveur de bière. Les saucisses étaient très bonnes aussi... Et les bretzels... Même les petits bouts de radis noir... Hmmmm... Les bretzels salés... le radis noir... les bonnes saucisses...*

» *Après ça, cap vers Starnberg, sur le lac du même nom, pour trouver un charmant Country Inn. La nourriture était grandiose. Bavaroise, pleine de saveurs et de calories. Vraiment délicieuse. Les apéritifs que l'on avait commandés s'appelaient* "Vorspeisen", *ce que l'on peut traduire par "les préliminaires"...* »

Le Ventre conserve un souvenir ému du dîner. « *Le grognement de satisfaction après les quatre plats, dont les saucisses de Nuremberg et la choucroute, des nouilles que je peux décrire comme un croisement entre des fettucines Alfredo et des macaronis Kraft ; ensuite un plat régional avec les raviolis les plus délicieux et énormes qui soient. Finalement, les poissons du coin servis avec des galettes de pommes de terre n'ont pas empêché Norbert, notre hôte, de reprendre le menu pour commander les plats de résistance ! Je ne savais pas si j'allais pouvoir le suivre ! Mais Norbert nous dénicha un plat en plus, sans doute pour nous prouver que l'on ne pourrait jamais manger bava-*

rois deux jours de suite ! Je n'en pouvais plus, mais quelle soirée !

» Mary Lynn était trop polie pour refuser. Norbert lui commanda un poisson couvert d'amandes broyées accompagné de trois grosses pommes de terre farcies d'échalottes et avec des légumes vapeur. Naturellement, Mary Lynn, qui peut encore porter des robes qui iraient à une adolescente, se nourrit sainement.

Norbert, suite à mes protestations, indiqua qu'il voulait seulement commander quelques « à côtés » sous la forme de *Brotzeit.* J'aurais dû me méfier dans l'étincelle dans son regard. Un plateau de viandes froides (comme une assiette anglaise), fromages et de pâtes à tartiner atterrit sur la table, avec des tranches de pain noir allemand.

« Pour terminer, » annonce Norbert, « un repas allemand sans dessert est incomplet !!! » Mary Lynn lève les bras au ciel en signe de protestation, en vain : Norbert lui commande une crème bavaroise. Blazer sait que Norbert a raison et commande rapidement : Je prendrai un Strudel aux prunes avec de la crème à la vanille. « Je sais que Norbert a commandé quelque chose pour lui mais une fois mon dessert servi, j'ai eu une sorte de choc de glucose et je ne me souviens plus du tout de ce que c'était. Le café, pensai-je, me tiendrai éveillé sur le chemin du retour à Munich, mais hélas, mon corps succomba aux effets de la gourmandise et je glissai dans la somnolence jusqu'à notre arrivée au Bayerischer Hof. »

Le foot n'avait pas besoin de dépenser de l'argent pour des appartements de luxe à Paradise Islands aux

Bahamas. Il l'a quand même fait parce que Chuck voulait une villégiature dans les Caraïbes et le revenu de sa location à des vacanciers. Personne ne vérifiait ce qu'il faisait de l'argent de la Concacaf. Et celle-ci paya donc les dépôts à hauteur de 910 000 dollars pour deux appartements. Ici les formalités administratives s'emmêlent un peu mais Blazer se retrouve propriétaire de trois appartements au troisième étage de l'immeuble imposant du Reef – l'un des bâtiments les plus laids des Caraïbes. Une fois acquis il en transféra la propriété à une autre de ses sociétés bidon, laquelle appartenait à deux autres sociétés tout aussi bidon de Nassau.

Une maison de vacances aux Bahamas ne lui suffit pas. Blazer en veut toujours plus. D'autres fonds de la Concacaf ont été utilisés pour acheter deux appartements au Mondrian South Beach Hotel Residences de Miami. Le Mondrian est un hôtel-résidence de luxe donnant sur l'océan, doté d'un grand restaurant. Les appartements – un deux-pièces et un studio attenant – ont quand même coûté 810 000 dollars.

C'était toujours un problème de transporter le Ventre dans New York. Les taxis étaient toujours trop petits ! La location d'un van prenant du temps, Blazer commanda un Hummer à 48 554 dollars, sans oublier le parking à 600 dollars par mois pour garer la bête à proximité de la Trump Tower. Le Ventre et Mary Lynn avaient assuré le Hummer, mais ils ne s'en servaient pratiquement jamais. L'engin a fini ses jours à Miami dans un autre parking…

Il y eut aussi les affaires campagnardes ! Blazer voulait faire plaisir à Mary Lynn, lui montrer la profondeur de leur amour et aussi de sa richesse ! Elle était de Caroline du Nord. Ses grands-parents lui léguèrent une grosse ferme élégante, mais en mauvais état, sur la route 64, à la sortie de la ville de Lenoir, sur les contreforts des Appalaches. Chuck décida de rénover ce bâtiment quasiment en ruine.

Ce fut une belle affaire. La façade fut complètement refaite avec des portes doubles donnant sur la salle à manger, le salon, la salle TV et la cuisine. À l'étage, six chambres, toutes équipées d'une salle de bain. Derrière la maison, sur la terrasse, une grande piscine avec un jacuzzi. Un voisin, satisfait de voir la ferme « Lone Oak » ainsi restaurée, fut totalement surpris de découvrir que Chuck avait construit une pièce secrète ultra-sécurisée. Blazer acheta des quads et se promena dans sa propriété en se faisant photographier avec tous les fermiers du coin !

Chuck s'occupe aussi de ses enfants ! Jason, un kinésithérapeute, fut payé 7 000 dollars par mois en tant que directeur du service médical de la Concacaf. Papa ne se gêna pas pour envoyer régulièrement Jason à Zurich et ailleurs pour y représenter le point de vue médical de la Concacaf. Sa fille, Marci, avocate d'affaires, fut, quant à elle, nommée au comité juridique de la FIFA.

CHAPITRE 10

Comment le Ventre a dégonflé la baudruche Warner

Avant d'être rattrapé par un journaliste « nul »

« Félicitations Jack ! Félicitations Maureen ! Vous êtes ma famille de Trinidad ! Je vous aime tellement et depuis si longtemps. » Voilà le billet écrit par Chuck Blazer après le nul (0-0) arraché par Trinidad face à la Suède lors de la Coupe du monde en Allemagne, en 2006. L'histoire d'amour va durer encore plus de cinq ans. Et puis, celui que l'on surnomme « le Ventre » va s'attaquer sans faire de détails à ce « pauvre » Jack et le faire tomber de son perchoir au sommet du football mondial.

Warner est devenu trop sûr de lui. Il sait que Blatter déteste les scandales à répétition liés à ses trafics de billets pour les matches de la Coupe du monde. Le Suisse aimerait bien pouvoir virer de la FIFA son encombrant allié des Caraïbes. Mais il n'ose pas. Il a trop attendu. Et Jack était en train de changer de camp. L'occasion se présente : l'homme du Qatar voudrait pouvoir obtenir les 35 votes de la Concacaf contrôlés par Jack Warner. Il a d'incroyables quantités de liquide pour les acheter. Pour l'instant, Warner a tiré tout ce qu'il pouvait de la supercherie du Centre d'excellence et il est temps pour lui de trouver de nouvelles sources de revenus.

Le Qatari Mohamed Bin Hammam a fourni l'argent pour acheter les votes nécessaires pour faire élire Blatter en 1998 et aussi pour le faire repasser en 2002. Mohamed pensait qu'il avait un accord avec Blatter et que ce dernier partirait en 2011, après un troisième mandat. Manque de chance, ce bon Sepp n'a pas trop envie de laisser filer sa bonne place de président. Il va donc falloir le virer ! Mohamed a réussi à se faire nommer chef du « FIFA Goal Bureau », un département qui distribue généreusement des fonds aux associations nationales. Il a ainsi réussi à acheter les soutiens de l'ensemble des Asiatiques et des Africains. S'il pouvait obtenir maintenant l'appui de la Concacaf, ce serait fatal pour Blatter. Le Suisse aurait alors trop peur d'être battu pour se représenter. On lui rédigerait un certificat médical et Sepp n'aurait plus qu'à prendre sa retraite dans ses chères Alpes suisses. La place de président serait libérée pour le couronnement de Mohamed Bin Hammam sans besoin de s'embarrasser d'une élection.

Warner a convoqué une réunion des 25 membres de l'Union caribéenne de football (CFU). Tous sont aux ordres de Warner pour l'élection présidentielle. Quant aux neuf autres membres de la Concacaf, dont les États-Unis, et le Canada, ils n'auront plus qu'à suivre. Mohamed paye l'agence de voyage Simpaul, qui appartient à Jack Warner, pour inviter tous les officiels du football de Trinidad et Tobago au Hyatt Regency Hotel de Port of Spain, la capitale. Nous sommes le 10 mai 2011. Après le discours de Mohamed, chaque délégation de la CFU reçoit une grosse enveloppe marron contenant 40 000 dollars en liquide pour les « frais »...

Jack Warner et Chuck Blazer se sont serré les coudes pendant plus de vingt ans, en volant de concert et se protégeant mutuellement. Mais Chuck a compris la vraie raison de la visite à Trinidad de Mohamed Bin Hammam. Il a compris aussi ce que contiennent ces enveloppes. Il en parle à quelques-uns de ses amis également présents à cette réunion de l'Union caribéenne de football. Son plan prend forme. Il fait photographier les enveloppes marron et les images sont transmises au siège de la Concacaf à la Trump Tower à New York. Une vidéo est aussi filmée en cachette avec un portable. Une fois que le Ventre estime avoir assez d'éléments accablants à sa disposition, il prend contact avec un de ses amis avocats. En moins de trois semaines, avant la fin de ce mois de mai 2011, Blazer constitue un véritable dossier à charge contre son ancien compère. Il l'envoie à la FIFA. Et voilà, Warner est maintenant officiellement accusé de corruption !

Quelques semaines plus tôt, alors que je travaillais pour la BBC, j'ai rencontré Mohamed Bin Hammam lors d'un congrès de l'UEFA organisé à Paris. Je l'ai interrogé sur les accusations de corruption au sein de la FIFA. Réponse de Mohamed : « Nous ne sommes pas transparents. » Je lui demande alors des précisions sur Warner, célèbre dans le domaine de la corruption. Réponse : « Votre cause n'est pas la mienne. Votre information n'est pas la même que la mienne.

Nous avons différentes sources... » Je l'interromps : « Donc, Jack est un type bien... » Voilà une phrase qui reste sans réponse. « Pour ce qui me concerne, tous les membres du comité exécutif font de l'excellent travail. Nous devons tous les soutenir jusqu'à la mise en place de règles. Nous devons dire aux gens clairement ce qui est noir et ce qui est blanc. »

Zurich, 20 juin 2011. Jack Warner fait enfin ses valises ! Il s'est un peu agité pendant quelques semaines, mais les preuves sont vraiment trop grosses. Ayant obtenu ce qu'il voulait, Blatter est trop fin pour enfoncer Jack Warner. Le jour de son départ, le Suisse se fend d'un discours parfaitement calculé pour éviter tout débordement. Warner est évidemment au courant de tout le système de corruption supervisé par Blatter. En tant que vice-président du comité des finances, il est aussi l'un des très rares à savoir combien le président de la FIFA se rémunère en salaire, en frais de représentation et en bonus divers.

Le discours à l'eau de rose commence. « M. Warner a décidé de quitter volontairement la FIFA après pratiquement trente ans de loyaux services. Il souhaite se concentrer sur son travail pour le peuple et le gouvernement à Trinidad et Tobago. Il va devenir président du United National Congress, le parti principal dans le gouvernement de coalition. »

Ce communiqué de presse mielleux laisse croire que Warner a effectivement bien servi le football. Et pourtant Blatter sait évidemment tout de son racket sur les billets du Mondial de football. Quant à Havelange, il aurait raconté que le fameux centre d'excellence à Trinidad n'est qu'une escroquerie de plusieurs millions de dollars qui ont permis d'acheter des votes. Cet hommage embarrassant de Blatter à Warner se poursuit :

« Le comité exécutif de la FIFA, le président de la FIFA et tout le management de la FIFA ne peuvent que remercier M. Warner. Il a tant fait en faveur des Caraïbes au sein de la Concacaf et du football international. Après toutes ces années consacrées à la cause du football régional, national et international, je ne peux que lui présenter mes meilleurs vœux pour la suite de sa carrière. »

Et là, Blatter pousse le bouchon un peu trop loin.

« En conséquence de la démission volontaire de M. Warner, toutes les procédures du comité d'éthique de la FIFA qui avaient été lancées à son encontre ont été suspendues et la présomption d'innocence est maintenue. » Innocence ? Le monde entier rit et enrage ; Sepp Blatter laisse Jack Warner partir libre ! Le président n'en a rien à faire. L'embarrassant Warner a été lâché. Mais, plus important encore pour la survie de Blatter au poste de président, l'homme du Qatar, qui avait presque toutes les cartes en main pour le battre aux élections est, lui aussi, parti.

Le Ventre a gagné !

L'Amérique a un nouveau héros ! *« Chuck Blazer est plein d'esprit, il est sociable et c'est un lanceur d'alertes »* déclare Associated Press. C'est un chevalier blanc ! *« La personnalité et l'accessibilité de Blazer font de lui l'un des membres les plus populaires de la FIFA. Il est le seul Américain au sein de l'hyperpuissant comité exécutif de la FIFA. Il a passé trente ans à promouvoir le football et il a montré qu'il était prêt à intervenir lorsqu'il sentait que le peu était en train d'être dévoyé.* »

Le plumitif d'Associated Press note quand même que Blazer vit dans la Trump Tower, mais il ne se demande même pas comment il peut se permettre un tel loyer ! Blazer, tranquille comme Baptiste, ose même s'autocongratuler : « *Si vous regardez tout ce qu'a fait la FIFA, je suis vraiment très satisfait. En seize ans là-bas, j'ai vraiment pu apprécier tous les progrès et évolutions. Tout a été très positif !* » L'article ne fait aucune référence à son surnom embarrassant de « Ventre » ! Pratiquement toutes les informations d'Associated Press sont issues d'un portrait de Chuck Blazer paru un an plus tôt dans un magazine américain consacré au *sport business*. À cette époque, Jack et Chuck travaillaient encore en duo. Dans ce papier-là, Chuck volait encore au secours de Jack. Les milliers de billets supplémentaires vendus en 1989 pour le match entre les États-Unis et Trinidad ? Le Ventre dégageait dans les tribunes ! « *La presse a fait beaucoup de bruit là-dessus, mais tout cela ne valait pas grand-chose.* »

Et le scandale de 2006 ? Quand Warner fut pris en train de revendre au marché noir des milliers de billets ? Pas de problème non plus. « *C'est le résultat du changement de politique au niveau de la FIFA. Toute la billetterie était à revoir à l'époque. Warner s'est occupé du problème et a apporté aux pratiques les corrections nécessaires. Cela paraît plus grave que ça ne l'était vraiment. Il a été censuré et non expulsé.* »

La presse américaine a son nouveau héros et rien ne peut inverser la tendance. Le *New York Times* regarde le blog du Ventre et annonce : « *Chuck Blazer emmène des fans avec lui dans ses voyages au service du football moderne.* » Au service ! Grands dieux !

Les officiels du football aux États-Unis ne firent guère mieux. « Nous montrons l'exemple et la plupart des gens s'accordent à dire que nous sommes une organisation très morale et éthique, déclame Dr S. Robert Contiguglia, président de la fédération américaine de 1998 à 2006. Nous avons soutenu Jack Warner et Chuck Blazer lors de l'élection de Jack. Et nous avons également soutenu Sepp Blatter pour l'ensemble de son œuvre dans le football. Nous avons toujours très bien travaillé avec eux et eu de très bonnes relations. Il a ajouté : « Blatter est un paragon de l'humanitarisme. »

Le cas d'Alan Rothenberg, vice-président de la Concacaf, est un peu plus délicat. Il s'est fait remarquer une première fois en s'offrant un petit bonus de 7 millions de dollars, histoire de se remercier lui-même d'avoir présidé le comité d'organisation de la Coupe du monde 1994 aux États-Unis.

Revenons à 2002. Quand je commence à sentir les remugles de la corruption au sein de la Concacaf, j'envoie un mail à Rothenberg en espérant pouvoir lui parler. Il me répond : « *Je ne vois pas l'intérêt de parler à un homme armé d'une hache de guerre. Si vous avez le moindre sens de l'impartialité, vous devrez reconnaître les énormes progrès du football sur et en dehors des pelouses. Ces progrès ont été l'œuvre au niveau mondial du prési-*

dent Blatter, qui était auparavant secrétaire général, et au niveau régional du président de la Concacaf Jack Warner et du secrétaire général Chuck Blazer. »

Cette réponse grossière démontre une fois de plus le pouvoir de Warner, Blazer et Blatter sur cet avocat et banquier américain multimillionnaire. Rothenberg a espéré un moment rentrer au comité exécutif de la FIFA en 1995, mais Warner l'en a empêché pour y installer son ami escroc Blazer. Rothenberg aurait dû crier au scandale. Eh bien non, il a dit amen.

« *Vous êtes un journaliste nul.* » Voilà le mail que m'envoya Chuck Blazer un mois après la démission de Warner. Deux mois plus tard – en octobre 2011 – Blazer annonçait à son tour qu'il démissionnait de son poste de secrétaire général de la Concacaf. Après Warner, au tour de Blazer…

Voilà comment s'est déroulée cette partie-là de l'histoire. J'étais vraiment étonné par l'absence de critique des papiers sur Chuck parus aux États-Unis. Pourquoi ces andouilles de journalistes ne s'étaient-ils pas rendu compte que si Jack était un escroc, le Ventre devait en être un aussi ? Pendant plus de vingt ans, ces deux inséparables larrons avaient floué le monde du football, et dans les grandes largeurs !

Il était temps de creuser maintenant. Je connaissais depuis des années les rumeurs selon lesquelles le Ventre se servait, prenant 10 % des droits télé de la Concacaf et des revenus du marketing. Mais il y avait plein d'autres histoires de corruption à dénicher. Il était temps de comprendre comment Blazer faisait pour engraisser.

Chuck et Jack gardaient au secret tous les rapports financiers. Seul un petit cercle d'officiels dévoués avait eu l'occasion d'en voir des copies.

J'ai envoyé un mail à un contact. Pouvait-il m'aider ? *Yes !* Quelques jours plus tard, je recevais une flopée de rapports de la Concacaf. Le Ventre était encore bien plus vorace et fuyant que je l'imaginais. J'ai commencé par les documents les plus récents, ceux de 2010. Les comptes avaient été audités. Du moins, c'est ce que Chuck affirme en page 38 du rapport. À la page 41, Kenny Rampersad, le comptable de Jack Warner à Trinidad, affirme que tout a été visé dans son « rapport d'auditeur indépendant ». Ce n'est pas vrai évidemment. Rampersad n'était pas un auditeur et ne pouvait même pas prétendre à ce titre. Blazer et Warner le savaient très bien. Mais personne parmi les nombreux élus de la Concacaf n'aurait osé dire que Kenny Rampersad n'était qu'un simple comptable !

La trace du vol se trouve en page 50. La première moitié de la page s'intitule « Administration et généralités ». Dans la liste des dépenses telles que papeterie, fournitures diverses, parc automobile et entrertien des bâtiments figurent les salaires et les bonus des salariés, pour un montant de 1 077 944 dollars. On pourrait supposer que la paye de Chuck Blazer se trouve là, mais on aurait tort.

La deuxième moité de la page est intitulée : « Marketing, ventes et relations publiques ». Perdus au milieu des frais d'imprimerie (21 373 dollars) et des cadeaux et autres récompenses (21 670 dollars), il y a une ligne « Commissions et honoraires ». C'est là. Pas d'indication sur le ou les noms des bénéficiaires. En 2010, il y en a quand même pour 1 919 671 dollars. En 2009, c'est encore mieux : 2 622 714 dollars. Sur une période de cinq ans, l'homme invisible au gros ventre s'est accordé la modeste somme de 9,6 millions de dollars en plus de ses honoraires de secrétaire général.

Une autre source me donna des documents montrant comment Blazer s'arrangeait pour se faire verser ses commissions sur des comptes off-shore aux îles Caïmans et aux Bahamas. Il était peu probable que le fisc américain soit au courant qu'il gagnait autant d'argent.

Un petit mail à Blazer pour lui demander de m'expliquer cette façon originale d'être payé. Je lui demande de me répondre assez vite, car j'approche de l'heure limite pour livrer mon article au journal. Sa réponse arrive très tard. Je sens qu'il est maintenant bien gêné aux entournures. Pourquoi ? Dans sa réponse, tout est trop long. Même le texte. Deux pages de phrases qui n'en finissent pas, trop polies pour être honnêtes.

Blazer n'a pas d'autre choix que de me confirmer ses 10 % de commission. Mais il affirme que tout est conforme aux normes du business moderne – sans préciser lesquelles. C'est du flan ! Comment allait-il répondre à ma question sur le fait qu'il omettait de dire que c'était lui qui percevait ces commissions ? Il tente de s'en sortir en manipulant des formulations bizarres, en tentant de semer la confusion dans mon esprit. Je suis sûr que vous avez déjà rencontré ce genre d'escroc. Ils jouent sur les mots. Ils emploient des termes inconnus, ils essaient de vous intimider. Et là, le Ventre nous sort une démonstration lumineuse. Il répond que *« tout a été rapporté au centime près aux membres de la Concacaf, avec la même précision de granulation que tous les autres éléments du rapport financier »*.

« Précision de granulation ? » Granulaire, cristallisé, granuleux… Mais c'est quoi, ce charabia ? En langage de tous les jours, le Ventre voulait sans doute signifier que, selon lui, il va de soi qu'il n'était pas important que les employés de la confédération ne soient pas au courant qu'il les arnaquait de millions de dollars par an. Blazer confirma qu'il avait employé son fils Jason en tant qu'officier médical de la Concacaf à 7 000 dollars par mois. Mais là, il se mit à trembler. Il commençait à s'énerver. *« La question sur mon fils est complètement déplacée. Je suis une personnalité publique et je suis victime de harcèlement de votre part, simple marchand de papier et de bouquins. Vous ne vous intéressez même pas à la recherche de la vérité. »*

J'ai publié cette histoire sur mon blog avec un titre bien senti : « Heureux Chuckie ! Blazer touche ses 10 % incognito sur les contrats de sponsoring ».

Une autre affaire méritait aussi une petite enquête ! Sur son blog, le Ventre avait publié une série de photos d'une Mercedes de collection qu'il avait fait rénover à Zurich. Le Ventre posait à côté de la belle voiture, mais il avait dissimulé le numéro de la plaque minéralogique avant de mettre le cliché en ligne. Seulement, il avait juste oublié qu'il y avait une autre photo de la Mercedes, cette fois avec sa femme Mary Lynn, prise à côté du lac de Zurich. Je vérifiai évidemment la plaque

– ZH 627 187 – auprès du canton de Zurich. Et, surprise, je découvris que l'heureux propriétaire n'était autre que la FIFA qui la gardait dans son parking souterrain. On peut imaginer que Blazer avait caché cette petite fantaisie au fisc américain. Un porte-parole de la FIFA me dit, les lèvres pincées, que la FIFA faisait payer à Blazer la location de la place de parking réservée à l'engin.

La dernière grande éructation de Ventre, « vous êtes nul, comme journaliste », avait été poussée du haut de la Trump Tower le 17 juillet 2011 à 16 heures 57 minutes et 21 secondes. Le compte à rebours pour l'exploitation éhontée du football par la famille Blazer avait commencé.

Warner et Blazer furent poussés dans les poubelles de l'histoire du football. Blatter fit la promesse qu'il y aurait bientôt une équipe dirigeante aux mains propres à la tête du foot des Caraïbes. Puis il choisit des membres fiables du clan Warner-Blazer et les y installa. La première des qualités requises pour le candidat était apparemment le manque d'envie de regarder en arrière pour connaître l'ampleur des méfaits de l'infernal duo qui avait volé pendant près de vingt ans. Blatter décida de nommer Jeffrey Webb, le boss du foot des îles Caïmans. Il passait pour être fiable, pour avoir été pendant dix ans membre du comité d'audit interne de la FIFA.

Webb fut élu à la tête de la Concacaf lors du congrès de la FIFA de Budapest en mai 2012. À ses côtés, au poste de vice-président, on retrouvait le vieil allié de Jack Warner, le capitaine Horace Burrell de la Jamaïque. Il y avait deux sièges à pourvoir au sein du comité exécutif de la FIFA. Webb prit le premier et Sunil Gulati, le président de la fédération américaine de football, prit le second. Gulati est un vieil ami de Blatter !

En fouillant dans mes archives, j'ai retrouvé un vieux mail privé de 2002 envoyé par Jeffrey Webb à Jack Warner, avec en copie Sepp Blatter. À l'époque, Blatter était attaqué par Issa Hayatou, le patron du football africain. Hayatou était soutenu par certains membres de l'UEFA. Et son équipe de campagne traînait dans les Caraïbes à la recherche d'électeurs... Elle se rendit aux îles Caïmans.

Le 4 avril 2002, Webb reçoit ses visiteurs. Il est très fier d'avoir posé les bonnes questions à la délégation. Webb, comme Warner, veut obtenir la réduction du nombre de pays européens qualifiés en phase finale de Coupe du monde. Un véritable suicide en termes de télévision et de marketing. Mais si Warner arrive à ajouter une nouvelle place pour la Concacaf, il y aura encore plus d'argent à voler... Webb, comme Warner, est lui aussi prêt à tout pour trouver un moyen de soutirer de l'argent à la FIFA. Et il pose des questions en ce sens aux envoyés du candidat Hayatou. Les dotations du FIFA Goal Project ne pourraient-elles pas passer de 400 000 dollars à 1 million ? Quelles étaient vraiment les intentions de Webb quant à l'utilisation de cet argent dans les petites îles des Caraïbes ? Des poteaux de buts plaqués or pour Anguilla qui en a certainement besoin avec ses 16 000 habitants ? Que fallait-il à Montserrat, où vivent 5 000 habitants ? Et si on regardait du côté des îles Caïmans, la patrie de M. Webb, avec ses 53 000 habitants !

Avec comme objet « L'équipe d'Issa aux îles Caïmans », Webb envoie son mail à Warner pour lui rapporter la teneur des entretiens avec les hommes d'Hayatou. *« Monsieur le Président [...]. Après avoir constaté que la réunion ne prenait pas vraiment le chemin qu'ils espéraient, après avoir vu mon degré de connaissance de certains sujets et après avoir constaté ma loyauté sans faille envers Jack, mes visiteurs ont quand même voulu attaquer le président de la FIFA et le président de la Concacaf. Je leur ai répondu que, à moins que quelqu'un ait été déclaré coupable, je n'étais pas intéressé et la réunion s'est arrêtée là-dessus. »* Warner en est béat. Le lendemain, il répond à Webb : *« Vous avez été parfait, Jeff. Simplement parfait et je suis fier de vous. Gardez la foi ! »*

Toujours en 2002, Jeffrey Webb fait des affaires avec le capitaine Burrell. Le Jamaïcain dirige une chaîne de restaurants, Captain's Bakery and Grill, et il voudrait bien s'installer aux Caïmans. Cela ferait un beau mariage : deux patrons du football des Caraïbes sur la longue plage de dix kilomètres des Caïmans. Ils partent ensemble pour Séoul, où se déroule le congrès de la FIFA. Webb est toujours dans le chœur des fans de Blatter. « Mon petit pays n'est pas très réputé pour son football. Mais il se défend plutôt pas mal en matière de finances. Il y a plus de 600 milliards de dépôts dans les îles Caïmans. Nous sommes actuellement la cinquième place financière mondiale. » On ne voit pas bien le rapport avec le foot et Webb paraît être le seul dans l'assemblée à ne pas savoir qu'une bonne part de cet argent est sale ou là pour échapper aux impôts.

Il faut attendre un peu avant de connaître la composition de la nouvelle équipe de la Concacaf. Le comité d'éthique de la FIFA a suspendu « le Capitaine » six mois pour son manque de coopération vis-à-vis des enquêteurs qui tentaient de démêler les affaires Warner-Blazer. Burrell a raconté que cette sanction avait « été très dure à supporter, mais qu['il] ne fera[it] pas appel pour autant ». Burrell a aussi dû abandonner son siège à la commission de discipline de la FIFA qu'il avait conservé jusque-là, en dépit de ses magouilles au congrès de la FIFA en 1998. Imaginez, il avait trouvé le moyen de faire voter sa partenaire jamaïcaine à la place du représentant de Haïti qui n'avait pas pu se rendre à Paris ! Au bout de trois mois, sa suspension est annulée. Trois semaines plus tard, en février 2012 Blatter nomme Burrell au comité d'organisation de la FIFA pour le tournoi de football des Jeux olympiques de Londres.

En juin 2012, la nouvelle équipe de la Concacaf décide de créer un comité d'intégrité pour se faire une idée exacte des dégâts laissés par le duo Warner-Blazer. Sir David Simmons, ancien président de la Cour suprême de la Barbade, en est le responsable. On lui adjoint le juge américain Ricardo Urbina et un ancien de chez PricewaterhouseCoopers, Ernest Hempe. Ils engagent un cabinet d'avocats de New York pour mener l'enquête et interroger les témoins. Warner et Blazer refusent de coopérer. Warner affirmant même avoir détruit tous ses documents le jour de son départ de la FIFA.

Le rapport de 144 pages est rendu public à l'occasion de la conférence de la Concacaf à Panama City le 18 avril 2013. Un paragraphe résume bien ses constatations : « *Il semble évident que Warner et Blazer étaient, chacun de son côté, conscients des risques potentiels de fautes graves posés par l'autre et qu'ils étaient chacun le mieux placé pour en tenir l'autre responsable.* »

Jack Warner a volé aux alentours de 30 millions de dollars. Il a fraudé la FIFA et la Concacaf en leur faisant financer son centre d'excellence et a grugé les Australiens en détournant leur argent destiné à la remise à niveau d'un terrain de ce même centre. Warner et Blazer ont clairement violé les règles du comité d'éthique de la FIFA.

De son côté, Blazer a escroqué la Concacaf pour financer son style de vie princier, tout en gérant de façon désastreuse les ressources confédérales. Il a évidemment trompé le fisc américain et, par sa faute, la Concacaf se retrouve aujourd'hui impliquée dans des poursuites au civil et même devant des juridictions pénales.

Dans son rapport, Simmons laisse entendre que Blazer a évité tout contact avec le fisc américain pour rester loin des radars de celui-ci et, par conséquent, loin de ses feuilles d'impôts. De la même façon, Blazer n'a jamais essayé de renégocier son contrat avec la Concacaf, afin d'éviter que les associations membres de la confédération s'aperçoivent de l'existence de certains de ses comptes off-shore. Si elles avaient su les sommes énormes qu'il mettait à gauche, les fédérations nationales auraient taillé dans ses 10 % de commission.

Année après année, Chuck Blazer affirmait que les comptes de la Concacaf étaient audités par Kenny Rampersad de Trinidad. Les enquêteurs de Simmons découvrirent très vite que c'était un mensonge. Il n'y avait aucune vérification même par échantillonage des transactions, aucune vérification des contrats, aucune révision des rapprochements des comptes bancaires et aucune procédure d'évaluation des risques. Rampersad n'avait strictement rien d'un auditeur financier. Cela faisait de lui un imposteur ! Rampersad était loin d'être indépendant comme doivent l'être les auditeurs. C'était le comptable de Jack Warner et il était impliqué dans toutes les transactions liées à l'achat de terrains pour le centre d'excellence. Il a contresigné les déclarations des deux compères selon lesquelles ils appartenaient à la Concacaf. Il se retrouvait au centre de tous les conflits d'intérêts, en tant qu'« audit » de la Concacaf, de l'Union du football des Caraïbes, du centre d'excellence et des compagnies privées de Jack Warner à Trinidad. Il était aussi mouillé en tant que comptable de Blazer quand celui-ci acheta – avec l'argent de la Concacaf – des appartements dans « The Reef » sur Paradise Island, à Nassau aux Bahamas.

Les affirmations de Blazer au congrès de la Concacaf, en Allemagne juste avant le début de la Coupe du monde 2006, étaient tout aussi nauséabondes. Sur son blog, il raconta : *« Notre confédération a montré qu'elle était en parfait accord financier avec les demandes de la FIFA. Ceci prouve l'engagement de Jack Warner de rester totalement transparent et responsable pour ce qui est de l'utilisation des fonds versés par la FIFA. »*

Dans le rapport de Simmons, il manquait quand

même une partie sur la Concacaf elle-même. On aurait pu penser que, durant toutes ces années, les élus de l'organisation qui étaient censés surveiller la gestion et les finances, auraient posé des questions du style : « Où va donc l'argent de ces fameuses commissions ? »

Jeffrey Webb était et est d'ailleurs toujours directeur d'une grosse banque aux îles Caïmans. Aurait-il pu ne pas repérer les questions qui seraient immanquablement posées ? Son partenaire dans la restauration, le capitaine Burrell, est réputé pour être un homme d'affaires intelligent. Est-ce que lui non plus n'aurait pas pu voir qu'il se tramait des choses bizarres à la Concacaf ? Et Sunil Gulati, le professeur d'économie à l'université de Colombia, à New York, pourquoi n'a-t-il jamais rien demandé à propos des commissions ? La semaine même où Simmons fit paraître son rapport, Sunil se félicitait : « Au plus haut niveau de la FIFA, il y a vraiment un énorme effort pour essayer de réformer et de changer l'organisation. »

J'ai envoyé un mail à Webb et à Gulati pour leur demander comment il se faisait qu'un banquier et un expert en économie n'avaient pas repéré ces commissions, pourquoi ils ne s'étaient jamais intérrogés sur les revenus de Blazer, sur le loyer invraisemblable de la Trump Tower, sur le Hummer, sur les festins gargantuesques. Il n'y eut jamais de réponse.

À Panama City en 2013 pour le congrès de la Concacaf, Blatter se présenta et fit de son mieux pour détourner l'attention de l'argent volé à la FIFA depuis plus de vingt ans. Si les officiels du département financier avaient juste pris la peine de consulter les titres de propriété à Trinidad, ils auraient vu très rapidement que le centre d'excellence appartenait à Jack Warner. Pas aux institutions du football. Mais peut-être l'ont-ils fait…

Maintenant Jeff Webb et Sunil Gulati sont accrochés aux bons wagons de la FIFA. Ils sont entrés au comité exécutif et doivent toucher au minimum 250 000 dollars par an. Sunil va se battre pour la transparence – peut-être. Il dit qu'il veut révéler tous les paiements et les dépenses qu'il a eus au titre de la FIFA. Du moment qu'il ne rompt pas un quelconque accord de confidentialité !

Le jour de la publication du rapport Simmons, Blatter écrit un tweet : *« Ouvert le congrès de la Concacaf ce matin. Dit que c'est une nouvelle ère pour elle et la CFU, avec un leader charismatique. Elles peuvent jouer un rôle clé dans le football. »* Le lendemain, nouveau tweet : *« Grande personnalité, belle vision montrée aujourd'hui par Jeffrey Webb. Le futur de la Concacaf s'annonce magnifique. »* Webb, d'abord surpris par l'avalanche de compliments, se prend au jeu : dès lors, il s'est décrit lui-même sur le site de la Concacaf comme un « leader charismatique et naturel ». Bien dressés, les médias ont répété sans poser de question !

Un mois plus tard, en août 2013, un miaulement pleurnichard se fait entendre du côté de Trinidad. C'est l'avocat de Jack Warner. « Le nom et la réputation de mon client ont été et continuent d'être bafoués. » Avec cette déclaration, il signifie officiellement son intention de poursuivre Simmons en justice.

Une ânerie ! Peut-être dûe à ce que la publication du rapport a des conséquences fâcheuses sur la carrière politique de Warner. Il doit démissionner du gouvernement de Trinidad et doit affronter une élection partielle pour retourner au Parlement. Cela faisait deux ans que son parti, l'UNC, lui avait donné deux fonctions ministérielles. Sa première affectation a quand même fait rire toute la Caraïbe. Il était devenu ministre du Travail avec le pouvoir d'attribuer des contrats ! La seconde a plutôt fait pleurer Trinidad : Warner avait été promu ministre de la Sécurité nationale, en charge de l'armée et de la police. La police n'a jamais ouvert d'enquête sérieuse pour savoir comment Mohamed Bin Hammam a fait pour débarquer de son jet privé avec 1 million de dollars. Cette même police n'a jamais non plus éprouvé le moindre intérêt pour le rôle du comptable Kenny Rampersad, dans les fraudes de Warner sur le centre d'excellence.

Avec les preuves apportées sur un plateau par Simmons, la FIFA aurait dû poursuivre Warner – et son ami le Ventre – pour essayer de récupérer au moins une partie des millions volés. Le seul problème, c'était la défense en béton de ce duo mortel : « Vous avez toujours su et vous n'êtes jamais intervenus. Ce n'était pas du vol. C'était juste le prix de notre loyauté envers Blatter. »

Nous étions en plein dans le style du crime organisé. Blatter et Havelange ont utilisé de l'argent des bénéfices de la Coupe du monde pour le donner à Warner. Ce dernier a rameuté les votes qu'il fallait pour les réélire et pour que le cirque continue. Warner, de son côté, s'occupait aussi de ses petits présidents des îles. Il les faisait nommer dans des comités de la FIFA, ce qui leur apportait de longs voyages, de bons hôtels, des indemnités quotidiennes à 200 dollars – tout cela payé avec l'aval de Blatter – et évidemment des tas de billets de Coupe du monde à vendre au marché noir ! On comprend mieux pourquoi Sepp Blatter a toujours été réélu. C'est un grand président !

CHAPITRE 11

Les deux mi-temps d'Hildbrand

Enquête sur le maître du pot-de-vin et le porteur de valises

Mai 2010. Le vieil homme arrogant, aujourd'hui âgé de 94 ans et vivant toujours à Rio, refuse toujours d'admettre sa culpabilité, il refuse toujours de demander pardon pour avoir volé durant plus d'un quart de siècle des millions au monde du football, il refuse toujours de rendre ces fameux millions. Castor de Andrade, son vieil ami gangster, ne s'excusait jamais. Pour quoi faire ? En plus, il a reçu un énorme cadeau de la part de la police suisse. Ses crimes resteront secrets. Il lui a juste été demandé de rendre un peu plus de 500 000 francs suisses. Des cacahuètes ! Il a menti sur toute la ligne. De toute façon, les enquêteurs helvètes n'étaient pas très fouineurs et ils n'avaient pas les moyens de le défier sur ses terres. Les Suisses se seraient irrémédiablement noyés dans l'épaisse bouillasse légale de Rio de Janeiro. Du bon boulot ! Pour parfaire le dispositif, Sepp Blatter qui, lui aussi, a quelques petits secrets à dissimuler, payait les notes d'avocats.

Peu importe les dizaines de millions extorqués chez ISL, peu importe les comptes off-shore, les gros trous noirs dans la comptabilité lorsqu'il était le numéro un du sport brésilien sous la dictature. La FIFA a fait de João Havelange un homme très riche. Il a sorti tellement d'argent des caisses de la FIFA en dépenses fastueuses et en paiements obscurs. Il a reçu de tels cadeaux de la part des émirs rois du pétrole que, franchement, perdre un demi-million de francs suisses ne lui fait ni chaud ni froid.

Ricardo Teixeira en a remboursé un peu plus – environ 20 % de ce qu'il a pu toucher via ISL de la part de la FIFA. Mais il lui reste toujours l'argent versé par Nike pour s'amuser ! Blatter, entouré de ses très chers avocats suisses, a en plus promis que l'arrangement conclu avec les procureurs de Zoug, en ce début d'année 2010, resterait à jamais un secret. Et Ricardo garde sa place à la tête de la CBF, la fédération brésilienne. Il conserve aussi son siège au comité exécutif de la FIFA. De nouvelles opportunités alléchantes vont se présenter avec l'organisation de la Coupe du monde 2014 au Brésil. Lula, le président de la République, est une bonne poire. Dilma Rousseff, qui va lui succéder, c'est autre chose. Elle le déteste mais n'ose pas l'affronter. C'est lui, Ricardo Teixeira, qui avait le pouvoir… pas elle.

Tout ça, c'était de la faute de Blatter. Il avait paniqué quand ISL avait coulé en 2001 sous le poids, entre autres, des incroyables pots-de-vin exigés par les Brésiliens. Les trouble-fête de l'UEFA avaient même cru qu'ils avaient alors une chance de reprendre le pouvoir à la FIFA. Ils avaient pourtant été battus à plate couture aux élections de 1998, balayés par l'alliance entre

Blatter et Havelange, tous deux soutenus par l'argent en provenance des pays du Golfe.

À un an des élections prévues à Séoul en 2002, Lennart Johansson, le président de l'UEFA, et ses troupes avaient l'occasion de revenir à la charge. Ils allaient demander qu'on agisse sur les pertes de la FIFA. C'était le bon moment. Inquiet pour son avenir, Blatter capitula et porta plainte auprès de la police de Zoug. Même Hayatou, le boss du foot africain, s'était rapproché des Européens. Hayatou ! Quel hypocrite ! Il s'en était mis plein les poches avec ISL et maintenant, avec ses « amis » européens, il était en position de virer Blatter de la présidence.

Bien sûr, les Européens espéraient que les enquêtes que la police venait de déclencher allaient enfin prouver ce dont ils se doutaient : les Brésiliens, avec Blatter dans le rôle de superchef de gare à Zoug, ont volé des millions sous forme de dessous-de-table versés en échange de signatures sur des contrats. En mai 2001, Blatter finit enfin, de mauvais gré, par déposer une plainte au nom de la FIFA auprès des enquêteurs de Zoug.

Et puis tout se calma. Zoug visiblement n'allait pas très vite. *A priori* une bonne nouvelle pour la FIFA. La plainte allait peut-être s'évanouir. Les voleurs de la FIFA commençaient même à se sentir plus relax. Quelle erreur !

Dix-sept mois plus tard, en octobre 2002, nos escrocs vont découvrir un nouveau nom. Un nom qui va les torturer pendant des années. Les autorités suisses ont embauché un certain Thomas Hildbrand, un enquêteur spécialisé dans les fraudes, pour enfin faire éclater le scandale ISL. Il arrête tout d'abord Jean-Marie Weber, ainsi que plusieurs autres directeurs d'ISL. Ils sont interrogés pendant plusieurs jours et leurs bureaux sont fouillés. Nos escrocs ne saisissent pas très bien ce que fabrique Hildbrand, à qui il en veut au juste, à eux ou aux types d'ISL qui ont payé les pots-de-vin.

Les enquêteurs du tribunal de commerce de Zoug engagèrent aussi Thomas Bauer, du cabinet d'audit Ernst & Young, pour essayer de liquider tous les avoirs qu'il pourrait trouver dans les décombres d'ISL. Bauer fit ce dont nous, les reporters, rêvions depuis plus de dix ans. Il furetait partout, dans les mémos internes d'ISL, dans les états bancaires et évidemment il finit par trouver trace de paiements plutôt rigolos ! Bauer voulait voir revenir cet argent afin de pouvoir le partager entre les pauvres créanciers d'ISL.

Bauer avait l'obligation vis-à-vis des créanciers de maintenir les coûts de recouvrement au plus bas. Cela aurait pu revenir à une fortune et être diablement risqué d'attaquer Havelange et Teixeira face aux tribunaux brésiliens. Tribunaux où les deux compères comptaient en outre de nombreux amis. Il y avait un autre moyen d'agir. Bauer pouvait se tourner vers un personnage clé, tout proche : le porteur de valises, Jean-Marie Weber. Les documents secrets découverts chez ISL montraient que c'était bien lui qui était en charge des livraisons, qui apportait l'argent aux escrocs de la FIFA et qui alimentait les comptes des compagnies bidons au Liechtenstein. Bauer lança des poursuites devant une juridiction suisse contre Jean-Marie Weber. Et tout d'un coup, ce dernier se paya les services de l'un des meilleurs avocats du pays, Peter Nobel. C'était aussi l'avocat de Sepp Blatter. Une preuve de plus que Blatter avait tout à craindre d'un grand déballage sur les pots-de-vin. La FIFA a-t-elle réglé la note ? En mars 2004, plutôt que de risquer une audition publique au tribunal, Weber et Nobel négocièrent un remboursement de 2,5 millions de francs suisses. Est-ce que cela allait suffire pour enterrer les enquêtes ?

En juin 2004, Blatter essaya encore d'enrayer la machine. En secret, il écrivit aux autorités de Zoug que la FIFA avait abandonné ses plaintes contre la société ISL. Sous-entendu, Hildbrand pouvait bien aller se trouver un nouveau job !

Mais c'était trop tard. Hildbrand en savait déjà beaucoup trop pour que ça s'arrête comme ça. Ses investigations ont continué pendant des années. Il a ausculté des tas de comptes en banque et de transactions financières dans le monde entier. Il lui fallait parfois des mois pour obtenir quoi que ce soit d'une juridiction étrangère.

Les escrocs de la FIFA ne se rendaient pas vraiment compte du travail incroyable que menait Thomas Hildbrand. À la mi-mars 2005, ce dernier envoya son dossier d'enquête au tribunal de Zoug. Il demandait la mise en accusation de six des principaux cadres d'ISL, qui avaient continué de vendre des prestations marketing alors que la compagnie était déjà en faillite, faisant perdre encore plus d'argent aux créanciers. Il avait rassemblé beaucoup d'autres éléments à charge qui malheureusement ne furent pas rendus publics. Blatter, Havelange et Teixeira ont dû se dire à ce moment-là qu'ils voyaient le bout. « Ouf, nous nous en sommes sortis. »

Toc toc... « Qui est là ? – Bonjour, je m'appelle Thomas Hildbrand, je suis juge d'instruction et je mène une enquête. J'ai ici un mandat pour fouiller le quartier général de la FIFA. Pouvez-vous m'ouvrir la porte ? » Nous étions le 3 novembre 2005 et la FIFA découvrait le second volet de l'enquête de Thomas Hildbrand. Les autorités de Zoug avaient donné leur accord. Il était temps de s'attaquer aux faits de corruption au sein de la FIFA. Hildbrand fit le tour des bureaux et emporta les documents.

C'était du sérieux. Des officiers de police dans le bureau de Sepp Blatter ! Après cette intrusion, le président a cherché un moyen, n'importe lequel, pour que ce Hildbrand soit dessaisi de l'affaire. Il finit par trouver l'homme idoine pour l'attaquer. Le suisse hongrois Peter Hargitay, son consultant spécialiste de la gestion de crise, imagina une porte de sortie. Il choisit comme messager David Owen, le rédacteur en chef au service des sports du prestigieux *Financial Times*. Le 10 décembre 2005, cinq semaines après le raid sur la FIFA, un article parut.

Exclusif ! La sœur, aujourd'hui décédée, de Thomas Hildbrand était mariée avec le cousin de Sepp Blatter. Cette affaire fut évidemment transmise au tribunal de Zoug en ces termes : « Tout ceci ne semble pas être favorable à l'impartialité du juge Hildbrand vis-à-vis de Sepp Blatter et de la FIFA. Le plaignant affirme que M. Hildbrand a essayé d'accuser M. Blatter de nombreuses charges criminelles. » M. Hildbrand affirme qu'il n'est nullement apparenté à Sepp Blatter. » La cour de Zoug écarta l'argument – et le scoop du *Financial Times*. On oublia la sœur et le cousin. Et Hildbrand continua à traiter le cas Blatter.

Teixeira eut un choc début 2006. Hildbrand avait fait une apparition surprise en Andorre pour interroger des témoins qui avaient été impliqués dans la gestion des comptes secrets que le Brésilien avait ouverts sur place. Ce dernier avait envoyé de l'argent du Liechtenstein vers une banque en Andorre. La petite principauté, nichée au beau milieu des Pyrénées, n'est pas loin de Barcelone. Là même où un ami de Teixeira, ancien officiel de chez Nike, sévissait dans les hautes sphères du FC Barcelone. Un citoyen d'Andorre retirait cet argent en liquide pour le déposer dans une autre banque locale, d'où il repartait vers un autre compte de Teixeira.

Le 16 janvier 2007, Hildbrand s'est rendu à Erlangen, en Bavière, pour un entretien avec Brigitte Baenkler, une sœur de Horst Dassler. Il voulait en savoir plus sur la visite que Sepp Blatter et Jean-Marie Weber, l'homme à la valise, avaient rendue à cette dame deux ans plus tôt. Apparemment, Weber n'avait pas à sa disposition la somme exigée de lui par le liquidateur Bauer, soit 2,5 millions de francs suisses.

Donc, selon une source proche du dossier, Blatter avait autorisé le paiement par la FIFA de cette somme. Mais après avoir rendu service à Weber, il fallait bien trouver quelqu'un pour boucher le trou. Pourquoi ne pas solliciter Brigitte Baenkler qui, en tant qu'ancienne actionnaire d'ISL, pourrait être exposée aux demandes des créanciers ? Si vous payez ces 2,5 millions de francs suisses, lui expliquèrent en substance les deux hommes, vous ne risquerez plus rien du tout. La sœur de Horst Dassler refusa purement et simplement de se soumettre à leur chantage. L'homme à la valise rentra à Zurich les mains vides.

CHAPITRE 12

Jean-Marie Weber ne doit pas être viré !

Pourquoi Blatter et Havelange ont-ils besoin de lui ?

Zoug, mardi 11 mars 2008. Les voilà qui arrivent. Bien habillés dans leurs beaux costumes, comme si c'était un jour comme les autres. Ils marchent d'un bon pas, slalomant au milieu de « ces truands équipés de caméras de télévision et d'ordinateurs ». Petits signes de tête aux visages connus, désolé, pas le temps de bavarder, je ne dois pas être en retard.

Sept ans auparavant, tout était tellement différent. Les six cadres les plus haut placés d'ISL n'hésitaient pas à donner des interviews, à sourire devant les caméras, à dévorer des vol-au-vent et à balancer des communiqués annonçant les nouveaux contrats avec la FIFA. Nouveaux clients ! Nouveaux sports ! Ils étaient les rois du marketing sportif !

Évidemment, nous, les « truands de la presse », savions que nous ne savions pas tout. Nous nous attendions à en apprendre de belles devant cette cour de justice. Nous espérions pouvoir enfin récupérer les pièces manquantes du puzzle. Mais nous ne nous attendions pas à l'explosion assourdissante qui allait suivre.

Le procureur, dans cette petite ville suisse de Zoug, réclame jusqu'à quatre ans et demi de prison pour les mis en examen. Les six managers assis au banc des accusés savent depuis longtemps qu'ISL avait explosé, que la société ne serait jamais en mesure de payer ses dettes, mais ils ont contribué à emprunter aux banques et autres entreprises créancières crédules qui n'avaient pas pris la peine de vérifier le degré de fragilité de l'agence de marketing sportif. Quand ISL a tiré la chasse d'eau au printemps 2001, elle devait plus de 300 millions de dollars. À ce moment-là, c'était la deuxième plus grosse faillite de l'histoire suisse.

Le plus gros et aussi le plus intéressant des contrats d'ISL était celui des droits du sponsoring et des retransmissions télévisées pour les Coupes du monde 2002 et 2006. À l'aide de prêts bancaires conséquents, ISL avait allongé 1,8 milliard de dollars à la FIFA pour décrocher ce contrat. Ces droits très recherchés pouvaient ensuite être revendus beaucoup plus cher, garantissant à ISL des commissions montant jusqu'à 25 %. Comment ont-ils fait pour flinguer un business pareil ? Où est parti l'argent ? Heureusement, on saura tout ce soir !

Première surprise : la taille et l'aspect du tribunal ! Ça ressemble à une salle de conférence pour représentants de commerce dans un motel paumé meublé dans un style Ikea au rabais. Pas d'estrade pour les magistrats. Tout le monde au même niveau. La juge Ziegler est une grande femme blonde, plutôt jolie, âgée de 41 ans. « Je m'appelle Carole, ça s'écrit comme en français », me dit-elle à la pause. À ses côtés, deux collègues masculins installés à une table, le dos au mur.

Face aux juges, un alignement de tables et de chaises. Devant, les six dirigeants d'ISL accompagnés par leurs avocats. Au fond de cette salle, les reporters sont assis : des Suisses, des Allemands, des Français et moi-même, originaire d'une île off-shore ! Entre eux et nous, une douzaine de personnes, des membres de leurs familles, tendus, et un jeune homme en costume dont je vous parlerai plus tard. Les accusés ont de quoi être inquiets. Le procureur veut frapper un grand coup : détournements de fonds, fraudes, faillite frauduleuse, mais aussi falsifications de documents. Il y a tellement de scandales empilés qu'il y aurait de quoi remplir tous nos carnets de notes. Mais on en veut plus ! On ne veut pas seulement entendre parler des feuilles comptables… on veut en savoir plus sur les bakchichs ! Soyons patients.

À droite de la cour, on aperçoit Daniel Beauvois, la petite cinquantaine, vivant à Bruxelles. Avec ses cheveux tirés vers l'arrière et sa barbe soignée, il semble être le seul créatif de la bande. Daniel a la chance d'avoir rejoint ISL sur le tard, pour diriger la branche télévision, bien après la mise en place du système de commissions occultes. Mais il court néanmoins le risque de terminer au régime muesli fourni par l'administration suisse ! Beauvois est l'un des directeurs de l'entreprise et, à ce titre, il est accusé comme les autres d'avoir détourné près de 45 millions de livres sterling au lieu de les payer à la FIFA. Ah ! La FIFA est mentionnée. M. Blatter et son organisation ont enfin leurs noms inscrits au greffe de ce tribunal. Il est 11 heures et 2 minutes, le mardi 11 mars 2008.

Le réquisitoire affirme que cet argent était une avance versée par le réseau brésilien Globo TV pour les droits de la Coupe du monde et que les trois quarts de cette somme auraient dû être reversés à la FIFA. Les six dirigeants d'ISL sont accusés d'avoir conservé l'argent pour renflouer leur propre société qui avait de gros problèmes de trésorerie. La faillite qui a suivi a fait de cet acte un crime.

M. Beauvois m'explique durant la pause que ces accusations sont absurdes. Cet argent était un prêt qui n'était en rien lié au business de la FIFA. L'élégante Carole et ses deux *« escort boys »* en décideront ! Les auditions reprennent et les avocats des six dirigeants exposent leur point de vue à la juge qui écoute attentivement, ses longues jambes croisées.

Assis à côté de Beauvois, il y a l'homme qui ne sait rien et qui a juste décroché le titre de directeur car il a épousé une des sœurs du boss ! Il devint *de facto* actionnaire de la boîte et siégea au comité de direction. À l'origine, la famille Dassler était surtout propriétaire de la firme Adidas. Mais la mort prématurée de Horst, en 1987, a provoqué trois ans plus tard la vente d'Adidas pour une bouchée de pain à un drôle d'oiseau, homme d'affaires, politicard sur le tard, président de club de football et finalement prisonnier !

Christoph Malms, cheveux bruns, taille moyenne, costume foncé, l'œil sombre, se penche vers le micro dévoilant sa calvitie. Il veut plaire à tout prix. Il répond à toutes les questions avec sérieux, mais en fait, il n'a rien à dire ! Il faudra attendre le verdict au mois de juillet. Malms aura alors 53 ans.

À côté de Malms, un peu plus au centre du tribunal, se trouve le grand manitou de la comptabilité d'ISL, Hans-Jörg Schmid. Il est assez violemment attaqué par le juge assis à la gauche de Carole Ziegler. C'est la façon de faire, à Zoug ! C'est un juge qui tente de faire craquer l'accusé, pas un procureur à langue trempée dans l'acide. Marc Siegwart, le juge en question, porte un simple costume de ville et arbore une barbichette façon d'Artagnan qu'il triture en écoutant les arguments décousus des accusés de moins en moins crédibles. Quand Marc Siegwart s'énerve, ses yeux grossissent comme s'ils allaient passer à travers ses lunettes.

Demain, on va revoir notre juge à l'œuvre. Le temps passe. La clôture approche… Il est bientôt 18 heures. Pourtant, Marc Siegwart s'échauffe encore et passe à l'offensive sur un autre détournement de 15 millions de francs suisses. Encore une fois, prêt ou paiement d'avance de droits télé ? L'argent venait, cette fois, de la plus grosse agence de publicité au monde, qui avait racheté à ISL les droits de la Coupe du monde pour le Japon.

Alors qu'ISL était en train de chanceler fin 2000, Dentsu a viré cette somme importante vers la Suisse. Or, quelques jours plus tard, une partie de l'argent, après avoir transité sur un compte off-shore d'ISL, est repartie vers l'Extrême-Orient. Pendant que les créanciers réclamaient leur dû auprès d'ISL, 4 millions de francs suisses sont allés se nicher sur un compte de Gilmark Holdings, une société basée à Hong Kong. Le juge Siegwart, évidemment, en sait beaucoup plus qu'il ne le laisse croire. Il vient se planter devant les accusés et demande à chacun ce qu'il pourrait dire sur cette société Gilmark. Personne ne saura répondre.

(Dix jours plus tard, Jean-François Tanda, un reporter avisé de Zurich – qui possède de très bons informateurs sur cette affaire – révèle que cet argent a fini dans la poche d'un haut dirigeant de Dentsu, un certain M. Harayuki Takahashi. Tanda a essayé, tout comme moi, d'obtenir des explications de la part de Dentsu. En vain.)

Dentsu faisait des affaires avec la FIFA depuis plus de vingt ans. Elle en fait toujours d'ailleurs. Même si ISL s'est aujourd'hui évaporé, ses magnifiques bureaux blancs, situés à proximité du tribunal de Zoug, sont désormais occupés par Infront, une autre société de marketing sportif. Infront a remporté, avec Dentsu, une bonne partie des droits du Mondial sud-africain de 2010. Le nom du président d'Infront n'est pas tout à fait inconnu dans la région. Il s'appelle Philippe Blatter ! De quoi peuvent donc bien parler un oncle et son neveu, si ce n'est des excellents deals qui se présentent à l'occasion de chaque grand tournoi de football ?

La juge Carole Ziegler ferme le tribunal à 17 h 59.

Les jours précédents, le pugnace Peter Hargitay, le consultant en charge de la communication personnelle de Sepp Blatter, passait des coups de fil à toutes les grandes rédactions d'Europe. Il racontait à qui voulait l'entendre que son client se sentait parfaitement « relax » à propos des auditions qui allaient démarrer. Vraiment pas la peine de faire le déplacement ! Il ne se passerait rien du tout dans ce tribunal. Une perte de temps.

Un article dans un journal de Londres reprend son baratin. Ils n'avaient pas encore vu la tête de Blatter à la télévision suisse, la nuit qui suit la fin de cette première phase du procès. Pâle, les traits tirés, Blatter semble sous pression lorsqu'un journaliste vient l'interroger sur la corruption à la FIFA. Le président est inquiet, car il est au courant de tout ce qui se passe au tribunal : un stagiaire du cabinet d'avocats de la FIFA assiste au procès en prenant des notes. C'est lui, le jeune homme inconnu qu'on avait repéré dans la salle d'audience.

Mercredi 12 mars 2008. Partant de Zurich en compagnie du reporter allemand Thomas Kirstner, nous nous rendons à Zoug en roulant le long du lac, puis au milieu des pâturages et des pics enneigés. Aujourd'hui, c'est la journée des dessous-de-table. Hier après-midi, nous avions un goût de cuisine japonaise dans la bouche. Aujourd'hui, on va aller loin. On aura des noms !

Nous avons le réquisitoire. Dans la section 12, une liste d'une douzaine de comptes dans des banques offshore qui ont reçu environ 36 millions de francs suisses durant les quinze derniers mois d'existence d'ISL. L'ambiance est très tendue dans le tribunal quand le juge Siegwart rappelle à la bande des six – tous affichent un air des plus penauds comment ils s'y sont pris pour sortir l'argent de Suisse vers des comptes secrets au Liechtenstein et dans les Caraïbes. Pour ensuite pouvoir le faire parvenir tranquillement à leurs admirables et bienheureux destinataires. Le versement de pots-de-vin dans des transactions commerciales n'était pas illégal à l'époque en Suisse (il l'est devenu depuis). Siegwart soutient que les six accusés savaient que la compagnie était condamnée et que cet argent aurait dû servir à rembourser les créanciers.

Alors, pourquoi avoir laissé filer tout ce magot sur des comptes secrets ? M. Malms se racle la gorge. Il déclare d'une manière pathétique qu'ils n'étaient pas les plus brillants négociateurs de la planète, ni les maîtres de l'univers des affaires. Ils n'étaient qu'un petit groupe de mécanos crados lubrifiant une grosse machine. À l'en croire, n'importe qui avec un gros sac plein d'argent serait devenu le boss chez ISL. Payer des pots-de-vin faisait vraiment partie du travail habituel et classique chez ISL, soutient-il.

« On m'a dit que la compagnie n'aurait jamais existé si nous n'avions pas pu faire ce genre de versements », raconte Malms. Pour sa part, il aurait découvert la vérité peu après y être entré, quand il a demandé où partait cet argent. « Je ne connais pas les gens qui devaient en profiter. Mais on m'a toujours dit qu'il s'agissait de personnalités connues très importantes et décisionnaires dans le monde du sport. »

(Malms en sait, en fait, beaucoup plus. Mais il faudra encore attendre vingt jours avant qu'il balance les noms des deux plus gros récipiendaires.)

« Ce genre de pratiques était tout à fait normal dans le *sport business*, admet-il. Ce monde fonctionne comme ça. Si l'on n'avait pas payé, on aurait dû tirer le rideau encore plus tôt. » Voilà ce qui se passe quand on a décidé de travailler avec les cleptomanes de la FIFA.

M. Schmid, le petit comptable, en rajoute : « C'est simplement comme si vous deviez verser un salaire à quelqu'un. Sans salaire, il ne travaille pas. Si nous n'avions pas effectué ces paiements, les autres parties n'auraient jamais signé les contrats. »

(Ils confirmeront, vingt jours plus tard, les noms de ces fameuses autres parties. Bien sûr, parmi nous, certains savaient déjà de qui il s'agissait. Mais cela aide d'obtenir des confirmations dans l'enceinte d'un tribunal. Protégés par la justice, nous allions enfin pouvoir publier nos informations.)

Mais franchement, croyez-moi dit Christoph Malms à la cour, j'avais la ferme intention de couper les branches pourries de l'organisation ! Ces 36 millions devaient, selon lui, être les derniers pots-de-vin versés. Mais il n'explique pas pourquoi les propriétaires des comptes bancaires auraient arrêté de demander de l'argent à sa compagnie. Tout devait s'arrêter. ISL voulait se faire coter en Bourse et il fallait en finir avec les histoires de pots-de-vin. Point final.

Il nous apprend aussi que les techniques utilisées par ISL pour faire circuler l'argent sale offshore – exactement les mêmes que celles des trafiquants de drogue, des grands délinquants en col blanc ou des dictateurs – sont issues du cerveau fertile d'un expert réputé sur la place. Tout le circuit avait été, en effet, imaginé par l'un des associés les plus expérimentés – un homme toujours actif aujourd'hui – du cabinet d'avocats d'ISL à Zurich. Cabinet d'avocats dont nous, les journalistes au fond de la salle, savions qu'il représentait également la FIFA.

Ce racket avait en outre été validé par les auditeurs de

la société KPMG, dont nous au fond de la salle savions qu'elle présentait les comptes de la FIFA comme les aime le client : fumeux et sans les informations cruciales. Quel tout petit monde ! Un petit monde plein d'amis, tous très prospères, tous très bien placés. Cette arnaque avait même reçu la bénédiction des autorités fiscales de la Confédération suisse.

Les comptes off-shore avaient tous des noms charmants : Nunca, Sunbow, Taora et, évidemment… Sicuretta. Jean-Marie Weber se promenait à l'époque avec ses grosses valises pleines d'argent (parfois il transportait ainsi plus de 500 000 dollars !) Il ne dira jamais à qui ces valises étaient destinées. Tout ce qu'il veut bien lâcher est : « C'est du cash pour les acquisitions de droits… »

En marge des investigations, mais cité quand même au réquisitoire, l'avocat Guido Renggli. Ce dernier gérait le compte de Sicuretta et avait fait sortir beaucoup d'argent. Le juriste se rappelle avoir été invité par Jean-Marie Weber au Mondial en France, en 1998, afin d'y rencontrer le président fraîchement élu, Sepp Blatter. Mais M. Renggli ne se souvient pas pourquoi M. Blatter était si content de le voir. On vous laisse deviner.

« D'accord, dit le juge Siegwart. Je veux savoir qui a touché cet argent ? » Cinq des six managers d'ISL affirment ne pas savoir. Comme tout un chacun aux tables de la presse, ils connaissent évidemment les noms des grands décideurs du sport mondial (il n'y en a pas tant que ça, en plus). Ils ont tous mangé et bu des coups avec ces gens. Mais ils ne se souviennent de rien. Pas la moindre petite piste. Et on nous demande de croire ces conneries !

L'homme qui distribuait tous ces menus présents, Jean-Marie Weber, était le quatrième des larbins assis au banc des accusés. Et lui, il savait absolument tout ! Il était assistant d'Horst Dassler et devint le distributeur en chef après la mort du patron. Son travail chez ISL : « les relations publiques et privées » et le transport de deux valises noires, remplies d'un tas de choses ressemblant à des dessous-de-table.

Durant des années, on a pu voir la grande carcasse de Jean-Marie Weber, avec ses cheveux gris bouffants, à toutes les réunions de la FIFA et aux différents congrès des autres grands sports. Aujourd'hui, il fait moins le malin. Sa voix est moins assurée et ses cheveux sont bien plus courts. Espère-t-il échapper à la coupe du coiffeur de la prison ?

Le juge Siegwart lui demande donc : « Qui a pris l'argent ? » Et Jean-Marie rabâche une nouvelle fois la version déjà entendue toute la matinée. « Sur les conseils de mon avocat, je n'ai pas de déclaration à faire sur ce sujet. Mon avocat répondra. » À un autre moment, il dit aussi : « Ces paiements étaient confidentiels et je dois respecter cette confidentialité. »

Tous ces clowns commencent à taper sur les nerfs du juge Siegwart. Il tente l'ouverture avec l'histoire d'un « petit » pot-de-vin de 250 000 dollars. Selon le réquisitoire, il a été payé à M. Abdul Muttaleb. En 2000, au moment du versement, le Koweïtien était directeur général du Conseil olympique d'Asie (COA). Bien sûr, ISL signa un contrat avec le COA. En 2004, « Panorama », une émission de la BBC, montra Muttaleb expliquant comment verser des bakchichs à ses amis membres du Comité international olympique. Ce fut la fin des bonnes combines pour Abdul !

« Pourquoi avez-vous versé tant d'argent à cette personnalité koweïtienne ? » demande le juge. « Dans notre pays, il est d'usage de communiquer à son entreprise et à l'administration fiscale tous les documents correspondant à un repas pris avec des relations d'affaires. Et vous, vous arrivez à sortir 250 000 dollars sans le moindre papier, la moindre documentation, le moindre contrat ! » Le comptable certifié Schmid s'explique : « Nous ne pouvions obtenir de reçus de la part de ce genre de personne. »

C'est maintenant au tour de Nicolás Leoz, membre du comité exécutif de la FIFA, d'être montré du doigt. Façon de parler, car il n'est pas là. Nicolas est chez lui, très loin, au Paraguay. Il n'a pas volé beaucoup, mais Leoz est quand même le premier officiel de la FIFA à être nommé. Il aurait touché 130 000 dollars d'ISL, selon un article sorti dans la presse londonienne. Une information qui aurait été balancée par le clan Blatter, dit-on, sans doute histoire de faire diversion.

Quelques jours après la fuite de l'info, Blatter sera à Asunción, où il soutiendra effrontément Leoz mettant au défi les enquêteurs de produire la moindre preuve de ce qu'ils avancent. Les preuves devaient se trouver dans le rapport du procureur dans le tiroir de son bureau à

Zurich – il était sans doute à l'origine de la fuite. Un mois plus tard, il dira aux journalistes : « Rien ne pourra m'enlever la confiance que j'ai en Leoz. »

Retour à Zoug. Siegwart n'en peut plus. Il décide qu'il est temps de sortir sa grenade ! Il la dégoupille et la balance dans le tribunal et booouuummmm !

Quand nos oreilles arrêtent de bourdonner, nous nous rendons enfin compte de ce qu'il vient de dire. Il aurait la preuve que pendant la dernière décennie, les gens d'ISL ont versé plus de 100 millions de dollars en pots-de-vin. Pas étonnant qu'ISL ait fait faillite. Le juge Siegwart essaie encore d'obtenir les noms. Malms dit toujours qu'il ne les connaît pas. Mais il annonce, à la surprise générale, qu'une poignée de reporters les ont. Eh oui ! Jean-François Tanda de Zurich, Jens Weinreich de Berlin, Thomas Kistner de Munich et moi-même avons tous le sourire. Mais Jean-Marie Weber ne veut toujours pas balancer. Les autres restent sur leur ligne initiale, seul Jean-Marie sait. L'audience s'arrête à 11 h 20. Les avocats seront de retour le 31 mars pour présenter leurs plaidoiries. Les verdicts ne tomberont pas avant trois mois. On sort en se demandant ce que cela va bien pouvoir donner.

Retour en 1995. Le groupe IMG a promis à la FIFA de surenchérir sur toutes les offres qui peuvent se présenter pour les droits de retransmission et de marketing de la Coupe du Monde 2002. La société américaine a posé un milliard de dollars sur la table comme mise de départ sans indiquer de plafond ! IMG a été écartée sans ménagement et un de ses dirigeants, fou de rage, a écrit une lettre extrêmement désagréable à Sepp Blatter, qui est alors le secrétaire général de la FIFA. « Le traitement préférentiel accordé à d'autres entreprises comme ISL prouve que l'appel d'offres n'était qu'une simple opération de façade. »

Lundi 31 mars 2008. Nouvelle session au tribunal. C'est au tour de la défense de s'exprimer. Les auditions vont durer toute la semaine. La deuxième grenade va être balancée par Me Werner Würgler, l'avocat de Christoph Malms. Si son client n'a sincèrement pas connaissance du nom de ceux qui ont touché les pots-de-vin, on lui a quand même donné deux énormes indices. Me Würgler affirme que le président de la FIFA, Sepp Blatter, s'est entretenu avec Christoph Malms et lui aurait dit très clairement que si ISL voulait conserver le business de la FIFA, Jean-Marie Weber devait garder son travail au sein de la compagnie. Sinon, « ce serait une très mauvaise nouvelle pour ISL ».

Visiblement, il était capital pour les présidents de la FIFA de s'assurer que Jean-Marie Weber, l'homme aux valises bien pleines, conserve toutes ses prérogatives chez ISL, puisque Me Würgler indique aux juges que pendant la Coupe du monde 1998, le président Havelange avait déjà présenté la même demande. Blatter et Havelange. Que voulez-vous savoir de plus sur la corruption au sein de la FIFA ? Les deux hommes les plus importants empêtrés dans la plus grosse affaire de pots-de-vin de l'histoire du sport.

Würgler ajoute : « En raison de ces ultimatums des

deux présidents de la FIFA, il était impossible économiquement pour ISL de se sortir de ce système de paiements de commissions. »

(Vous avez dit « commissions » ? On pensait qu'il s'agissait de dessous-de-table. Désigner les dessous-de-table par « commissions » rendait visiblement les gens d'ISL un peu moins honteux.

Würgler n'en reste pas là avec Blatter. Dans une argumentation très pointue, l'avocat fait alors valoir que toute personne qui, à la FIFA, avait connaissance du système – et profitait des pots-de-vin – disposait d'un moyen de pression sur les autres officiels. Pour eux, ISL était devenue comme une sorte de banque privée.

Dernière tentative du juge Marc Siegwart auprès de Jean-Marie Weber.

« J'ai besoin des noms !

– Non, je ne ferai pas de déclaration. »

Mais les lèvres de Jean-Marie semblent sèches. Il a perdu du poids depuis le début du procès et on se dit qu'un bon coup de vent pourrait le briser en deux.

Alors que la fin de la première étape du procès approchait, des membres du comité exécutif de la FIFA se sont envolés pour Zurich pour la première réunion de l'année 2008. Mais la maladie avait rattrapé Nicolás Leoz. Il devait subir une opération, dont la nature était restée secrète, et ne pouvait donc pas venir en Suisse. En tout cas, l'opération fut un succès car, quelques jours plus tard, il assistait à des réunions officielles en Amérique du Sud.

Lors de la conférence de presse à la fin du comité exécutif, Blatter éluda les questions sur les auditions de Zoug, en disant qu'il ne pouvait pas répondre tant que le verdict n'était pas connu. Incroyable ! Rien ne l'empêchait de donner son avis, notamment à propos de la fraude de Nicolás Leoz ou encore sur les versements d'ISL vers les comptes d'Havelange et de Teixeira. Il pouvait même répondre aux attaques de Christoph Malms sur les pressions d'Havelange et les siennes qui avaient obligé ISL à garder ce bon Weber dans l'équipe.

Cinq des six membres d'ISL furent acquittés. Jean-Marie Weber fut, lui, convaincu d'avoir puisé 90 000 francs suisses en cash pour son propre compte. Même si tout le monde savait que cet argent, enveloppé dans un petit sac en papier marron, avait fini dans les poches d'un officiel de la FIFA.

Mais Blatter était désormais beaucoup plus exposé. Son nom avait été mentionné devant le tribunal, en même temps que celui d'Havelange, par Christoph Malms, l'ancien patron d'ISL. Les déclarations de ce dernier laissaient entendre que le président de la FIFA et son prédécesseur étaient parfaitement au courant du système de pots-de-vin. En plus, il fallait s'occuper du cas de Nicolás Leoz et mener une enquête. À qui va-t-on bien pouvoir confier cette tâche ?

Un volontaire ! Lord Sebastian Coe, le dieu britannique du demi-fond aux Jeux olympiques de Moscou et Los Angeles. Coe a été placé par Blatter, en septembre 2006, à la tête du comité d'éthique de la FIFA.

Cette nomination est arrivée juste après qu'un de mes articles a raconté comment le fantastique Jack Warner, le président de la Concacaf, a vendu à son profit plus de 5 000 billets de la Coupe du monde 2006 au marché noir.

Coe admit qu'il ne pouvait rien entreprendre avant d'être officiellement nommé. Il fut empêché d'enquêter sur les récipiendaires des pots-de-vin, les trafiquants de billets, les fraudeurs de notes de frais, et les voleurs patentés du comité exécutif, en sûreté et intouchables. Amnistie totale.

Fin 2007, l'émission de la BBC « Panorama », voulut interroger Sebastian Coe sur ses enquêtes sur la FIFA et ses scandales. Malgré deux demandes, Coe refusa de répondre. Le rédacteur en chef me demanda d'aller le trouver. On finit par le dénicher dans un petit village du nord de l'Écosse. Un vol entre Londres et Édimbourg, la route à travers les montagnes écossaises et l'on finit par arriver à Grantown-on-Spey. Sebastian Coe était supposé y faire une apparition publique au centre sportif local.

On monte la caméra sur son trépied, assez loin de la porte d'entrée et on lui fixe une longue focale. Une belle brochette d'officiels de la ville et des sportifs, tous habillés du fameux kilt, lui préparent une superbe arrivée. Coe descend de sa voiture et commence à serrer des mains pour avancer doucement vers le local.

Ce fut le moment le plus drôle que j'aie jamais filmé. Je m'avançai au milieu de cette nuée de kilts et demandai poliment à Sebastian Coe une interview.

Mais il refusait de me voir ! J'étais pourtant à un mètre de lui. Je pouvais le toucher. Il fit semblant de ne pas voir mon micro, encore moins mon équipe de tournage. Les officiels en kilt l'ont imité et ont fait comme si j'étais l'homme invisible. Tous les gens qui ont vu cette séquence ont éclaté de rire.

CHAPITRE 13

Comment les escrocs de la FIFA s'en sont sortis

Couverts par le secret de la confession

Zoug, 21 septembre 2009. Sepp Blatter, le président de la FIFA, ravale son amour-propre et quitte, dans sa Mercedes noire avec chauffeur, son luxueux bureau au-dessus de Zurich pour un rendez-vous chez le procureur Christian Aebi, qui l'attend dans des bureaux beaucoup moins joliment décorés à Zoug.

Le chauffeur de Blatter est suffisamment prudent pour ne pas rappeler au président que le bâtiment juste à côté est le palais de justice du canton. Précisément là où, l'année précédente, les six managers d'ISL ont livré leurs versions de l'affaire des pots-de-vin de la FIFA. Blatter n'a pas besoin qu'on lui rafraîchisse la mémoire. L'ultimatum qu'il a lancé, avec Havelange, à ISL a été révélé par l'avocat de Christoph Malms. La société ISL ne continuerait à travailler pour la FIFA qu'à la condition du maintien à son poste de Jean-Marie Weber, le porteur de valises. Sinon les contrats s'envolaient.

Thomas Hildbrand, le magistrat instructeur, attend Sepp Blatter à Zoug. Blatter ne l'a rencontré qu'une seule fois, quand Hildbrand a lancé, quatre ans plus tôt, un raid surprise sur la FIFA. Au côté de Sepp Blatter, l'avocat Dieter Gessler, payé par la FIFA, mais qui joue aussi le rôle de conseiller personnel du président.

Le procureur Aebi montre à Blatter et Gessler qu'il dispose des éléments prouvant que les deux Brésiliens, Havelange et Teixeira, n'ont guère eu de difficultés à tromper et à voler la FIFA grâce au système bienveillant en place. Blatter s'aperçoit bien vite que tous ses mensonges et ronds de jambe des dernières années n'ont absolument pas dissuadé les enquêteurs au service du procureur, mais au contraire renforcé leur détermination… Au cours de toutes ces années, ces derniers ont surtout compris que tous les discours de Blatter sur la « mission du football dans le monde » n'étaient, en fait, qu'un écran de fumée pour dissimuler son pillage de la richesse de la FIFA. Havelange et Teixeira ont été formellement inculpés depuis longtemps – dans le plus grand secret évidemment – et l'enquête avance toujours, lentement mais sûrement. Pourtant, tous les acteurs de l'escroquerie croient encore qu'ils peuvent s'en sortir.

L'homme à la valise, l'illustre Jean-Marie Weber, est d'ailleurs toujours le bienvenu au CIO, le Comité international olympique (à combien de personnes a-t-il versé des pots-de-vin et primes diverses pendant des années ?) Au mois d'août 2009, il est invité à Berlin pour une réunion conjointe du CIO et de l'IAAF, la Fédération internationale d'athlétisme. Juste avant de se rendre à Copenhague pour le congrès du CIO où l'on va voter pour choisir la ville hôte des Jeux olympiques 2016 ! Lamine Diack, le président de l'IAAF, est bien évidemment sur les listes d'émargement de Jean-Marie Weber. Ce séjour à Berlin doit lui rappeler la belle époque avec tous les copains et des flots d'argent. Tout est payé par le sport. (Un dirigeant d'ISL – l'un des rares à avoir les mains propres – me raconta des années avant que l'Italien Primo Nebiolo, avaient touché des pots-de-vin de la part d'ISL dans les années 1980 et 1990. Pour une bonne raison : la vente des droits marketing et des droits télé du championnat du monde d'athlétisme rapportaient beaucoup.)

Havelange, de son côté, reste dans l'ombre, à l'abri derrière son avocat suisse très onéreux. Il ne peut pas prendre le risque de revenir en Suisse et de s'y faire arrêter comme Weber en 2002. Début 2009, il téléphone aux gens de la FIFA, pour leur dire qu'il ne viendra pas, qu'il préfère rester au Brésil, où il se sent en sécurité.

D'énormes efforts ont été entrepris pour contourner la législation suisse et permettre à nos deux Brésiliens, Havelange et Teixeira, de conserver l'argent qu'ils avaient volé. Qui doit en être remercié ? L'avocat de la FIFA, Me Gessler, fait ainsi valoir qu'à l'époque des faits, il n'y avait aucune loi interdisant les pots-de-vin liés à des transactions commerciales, une fois que l'argent avait été touché. Hildbrand, lui, retourne l'argument. Pour lui, on n'entre pas dans ce cas de figure s'agissant des deux Brésiliens. Il ne les poursuit pas pour avoir touché des dessous-de-table, mais pour s'être livrés à des détournements de fonds. La victime du crime était la FIFA. Les trois hommes, en incluant Sepp Blatter, avaient trahi la FIFA et le monde du football.

Mais Gessler, l'avocat, n'allait pas abandonner aussi facilement. Il était certes payé par la FIFA pour retrouver cet argent, mais il s'est révélé aussi doué pour faire exactement le contraire, empêcher qu'Havelange et Teixeira soient contraints de rendre le moindre centime. Un peu en désespoir de cause, Gessler affirma que si les poursuites avaient été lancées en Amérique du Sud ou en Afrique, plutôt qu'en Suisse, l'argent n'aurait jamais pu être réclamé. Tout cela parce que la corruption est une chose courante dans ces parties du monde. Hildbrand ne répliqua même pas à de telles sornettes. Le président Blatter devra peut-être expliquer aux fédérations et aux populations de ces deux continents pourquoi il pense qu'ils sont tous des escrocs.

Hildbrand prouva finalement qu'Havelange et son successeur Blatter étaient coupables d'une gestion déloyale. À la fin, un deal fut trouvé. Selon la législation suisse, les deux accusés devaient rendre de l'argent. La FIFA devait, de son côté, rembourser les coûts de la procédure et l'affaire serait alors réglée. Mais la FIFA – c'est-à-dire Blatter – a bien dû reconnaître que le management s'était montré déloyal. Teixeira et Havelange ont dû admettre qu'ils avaient trahi le monde du football. Les Brésiliens ont également dû reconnaître qu'ils s'étaient livrés à des détournements de fonds à la FIFA. À la condition que ce verdict soit tenu secret, ils acceptèrent même de rendre de l'argent. Teixeira a rendu 2 500 000 francs suisses.

Mais il restait quand même quelques détails à aborder. Début février 2010, Havelange fit une déclaration de sa fortune et de ses revenus. C'était une farce, ni plus ni moins ! Avait-il joué au casino avec les 45 millions de dollars d'ISL ? D'après son avocat, Havelange avait annoncé que son patrimoine, en communauté avec sa femme, ne dépassait pas les 5,2 millions de francs suisses.

La FIFA s'est payé les services d'un universitaire pour que ce docte personnage se fende d'un avis qui conviendrait à la maison de Zurich. Selon ce professeur, la FIFA n'aurait pas perdu beaucoup d'argent dans cette affaire. « Rien ne prouve que nous aurions eu de meilleures offres de la part des autres agences marketing. » Blatter doit juste avoir oublié de leur signaler la proposition faite par IMG pour le Mondial 2002 – 1 milliard de dollars et la garantie d'offrir toujours plus que n'importe quel autre concurrent. On peut parier qu'Aebi et Hildbrand n'ont pas prêté grande attention à l'intervention du professeur.

Blatter autorisera la FIFA à payer 91 970 francs suisses pour couvrir les frais de justice. Le football avait perdu. Encore une fois. L'affaire fut classée le 11 mai 2010.

CHAPITRE 14

Le prestidigitateur de Zurich

Il prétend qu'il veut publier le maudit rapport

24 juin 2010. Drôle de timing. Je n'imagine pas que l'équipe du procureur Hildbrand à Zoug ait pu s'entendre avec la FIFA pour livrer ses conclusions le jour de la fin du premier tour du Mondial en Afrique du Sud, le 25 juin 2010 alors que les fans se préoccupaient de qui irait au second tour et qui rentrerait chez soi. Résultat : cela passa complètement inaperçu ; les journalistes avaient d'autres chats à fouetter.

Blatter se fendit d'une déclaration mensongère : « Le président de la FIFA a été totalement innocenté dans cette histoire. Comme l'enquête et l'affaire sont aujourd'hui terminées, la FIFA n'a pas de raison de faire de déclarations complémentaires. » Il semblait qu'ils s'en étaient sortis.

Un peu plus tard, quelque part en Europe centrale, je rencontrai une source policière. Volontairement, je décidai de lui montrer le communiqué de Sepp Blatter, histoire de la chauffer un petit peu. Ce policier, qui suivait personnellement cette enquête, explosa littéralement.

« Ce n'est pas vrai ! », lâcha-t-il, en colère. Après avoir parlé avec lui pendant plusieurs heures, je lui demandai : « Comment pourrais-je faire pour récupérer cette enquête hautement confidentielle mais qui est toujours bloquée à Zoug ? – C'est impossible. Vous ne pouvez pas la récupérer, me dit-il. Mais il y a un autre moyen… » Je l'écoutai. « Vous devez réussir à convaincre un tribunal qu'il y a un intérêt public à dévoiler ce rapport. » Je retournai dans ma chambre d'hôtel pour écrire sur mon portable ce qui s'était passé. Le policier m'avait même donné un nom et souhaité bon courage.

Le lendemain, je rappelai mon vieil ami Jean-François Tanda à Zurich. Il avait suivi une formation juridique avant de devenir un excellent journaliste d'investigation. « Il y a déjà eu un précédent en Suisse. Je suis en train de regarder ça. Un ancien chef de l'armée avait payé une sorte de compensation pour qu'une femme cesse de l'accuser de harcèlement. » Les journaux de Zurich demandèrent à voir ce document auprès du tribunal. Les juges admirent que le public avait le droit de savoir ce qui s'était réellement passé. Ils donnèrent le nom du militaire et le montant qu'il avait dû régler pour mettre un terme à cette affaire.

Je travaillais sur une nouvelle enquête pour l'émission « Panorama » de la BBC qui devait être diffusée en novembre 2010, quelques jours avant l'attribution des Coupes du monde 2018 et 2022 par les voyous de la FIFA. J'avais quelques informations plutôt sensationnelles en ma possession. Mais je n'étais pas le seul à chasser sur le terrain de la corruption.

« Les votes pour la Coupe du monde sont à vendre ! » C'était le titre du *Sunday Times* du 17 octobre 2010. Une équipe de reporters s'était fait passer pour des lobbyistes d'un consortium d'entreprises privées américaines voulant ramener la Coupe du monde aux États-Unis. Amos Adamu, membre nigérian du comité exécutif de la FIFA, avait été filmé en train d'offrir son vote pour 500 000 livres sterling !

(Treize mois plus tard, en novembre 2011, le *Sunday Times* de Londres publiait de nouveaux documents. Ceux-ci révélaient que l'équipe du Qatar, candidate pour 2022, avait décidé de donner la somme de 1 million de dollars à Samson Adamu, le fils du fameux Amos, pour organiser un dîner totalement extravagant suivi d'une très grosse soirée en Afrique du Sud, pendant le Mondial. La fête eut bien lieu, mais les Qataris affirmèrent qu'ils avaient réfléchi et avaient finalement décidé de ne rien payer.)

Une autre équipe du *Sunday Times Insight*, la rubrique investigation de l'hebdomadaire, sortit une nouvelle révélation sur un autre membre du comité exécutif, le Tahitien Reynald Temarii, qui réclamait la somme de 1,5 million de livres sterling pour une académie des sports. Ce genre de demande était bien sûr contraire au règlement pourtant élastique de la FIFA sur les appels d'offre.

Les journalistes avaient enregistré des heures de conversation avec des officiels de la FIFA au parfum. Ces derniers évoquaient un tas d'histoires de pots-de-vin. Certains parlaient d'un des membres du comité exécutif de la FIFA comme du « plus grand gangster vivant sur terre ». « Je peux sans problème imaginer que ce qu'il a reçu en argent et en autres avantages dépasse largement le demi-million. » Un autre était très content d'avoir vendu son vote. « Nous pouvons tous aller à Rio et parler ouvertement avec qui l'on veut à la terrasse d'un café. Aucun doute là-dessus. » Ensuite, c'était au tour de l'un des membres du comité exécutif qui, lui, préférait franchement les filles à l'argent. Beaucoup de filles ! L'ancien membre du comité exécutif, Amadou Diakité, du Mali, révélait même qu'un des pays voulant organiser la Coupe du monde en 2022 était prêt à donner 1,2 million de dollars à chacun des membres du Comex pour soutenir leurs « projets personnels ».

Dans les années qui suivirent, nous fûmes les témoins de toutes les tentatives de Sepp Blatter pour faire diversion. Il tenta par tous les moyens de cacher que la corruption était ancrée au sein même de son organisation. Il agissait comme un boss du crime organisé, méprisant toute forme de comportement public raisonnable, protégeant envers et contre tous ses plus loyaux lieutenants, même si ces derniers dépassaient les bornes. Grâce à des documents exclusifs et à des sources fiables, je peux maintenant révéler comment Blatter a menti au monde entier afin d'éviter que le public découvre à quel point la FIFA est pourrie de l'intérieur.

Sa réponse aux preuves produites par le *Sunday Times* : « Les membres du comité exécutif de la FIFA n'ont plus le droit de parler aux médias. » Et ensuite, Blatter partit à l'attaque : « Je ne crois pas qu'il y ait eu le moindre problème lors de la procédure de vote. Nous avons voté en suivant notre jugement, en examinant la moralité et l'éthique de chaque candidature présentée par les comités d'organisation. »

Il avait fumé ou quoi ? Même pas. Plus le mensonge est énorme, mieux c'est ! Et Blatter en a bien d'autres en magasin. « En ayant une petite équipe pour décider du lieu de la prochaine Coupe du monde, vous pouvez tout de suite faire connaissance avec ceux qui seront en charge de l'organisation du tournoi. Puisque ce seront les mêmes personnes qui assureront son fonctionnement... »

Premièrement, tout ceci est faux. Il s'agit d'un vote secret. Donc, *a priori*, personne n'est capable d'identifier qui que ce soit dans cette procédure électorale. Deuxièmement, ce ne seront sûrement pas les mêmes personnes qui assureront son fonctionnement. Troisièmement, les membres les plus âgés du comité exécutif ne seront certainement pas plus actifs, ni même pour certains vivants, au moment où il faudrait prendre la responsabilité d'attribuer la Coupe à l'état policier de Poutine ou aux féodaux du Quatar !

Espérant enterrer une fois pour toutes ces problèmes de pots-de-vin, le comité d'éthique de la FIFA ne mit qu'un mois pour suspendre Adamu pour trois ans et Temarii pour un an. Claudio Sulser, homme de main de Blatter et responsable du comité d'éthique, attaqua les médias et accusa le *Sunday Times* de faire dans le sensationnel. Les escrocs n'étaient vraiment pas du genre à avoir des remords ! Blatter se doutait qu'il y avait un nouveau scandale dans l'air. Il ne savait pas encore d'où cela pouvait venir. Et João Havelange, lui, s'en moquait éperdument.

22 novembre 2010. Le Soccerex, le grand salon professionnel du football, se tient à Rio. Six mois après avoir avoué, en secret, qu'il avait volé de l'argent à la FIFA, João Havelange en est l'invité d'honneur. Il a une grande annonce à faire. Que chacun écoute s'il-vous-plaît. « Ricardo Teixeira serait un très bon président pour la FIFA. Il parle anglais et français et dirige parfaitement la fédération brésilienne. Ce serait vraiment un immense plaisir s'il était élu. » Le ramassis de voleurs brésiliens autour de João Havelange et Ricardo Teixeira s'est toujours plaint de la perte du contrôle de la FIFA en 1998. Teixeira aurait fort bien pu être nommé candidat cette année-là. Lui et son ex-beau-père avaient accumulé assez d'argent pour acheter des délégués lors du prochain congrès de la FIFA à Paris. Mais pourquoi Havelange ne parvient-il pas à sortir Blatter du circuit ? Probablement parce que Blatter veut avant tout garder son job et qu'il en savait assez sur les saletés du vieux pour céder. Il doit y avoir un deal ou quelque chose comme ça. Est-ce que Blatter a promis quelque chose à Teixeira, comme il l'avait fait, à l'époque, avec Mohamed Bin Hammam, lui assurant qu'il se retirerait après seulement deux mandats de quatre ans ?

19 novembre 2010. « Ce soir : la corruption au cœur du monde du football. » Ce furent mes premiers mots du lancement de l'émission d'enquête de la BBC. « Nous allons vous révéler les noms des trois officiels de la FIFA liés à une liste extraordinaire de paiements secrets, avoisinant les 100 millions de dollars. » Venait alors la question qui allait n'être posée encore et encore dans chaque bar et à chaque réunion au Brésil : « Monsieur Teixeira, avez-vous touché des pots-de-vin grâce à la compagnie Sanud ? » J'en rigole aujourd'hui, mais à l'époque je n'en menais pas large.

Deux jours avant la diffusion de l'émission « La part d'ombre de la FIFA », je tombai dans les pommes d'épuisement et étais emmené d'urgence à l'hôpital. Vingt-quatre heures après, j'étais debout et prêt à mixer le commentaire du reportage.

La BBC était sous une pression intense, car l'Angleterre était candidate à l'organisation du Mondial. Les politiques, les médias, tout le monde voulait couler le film. C'était un document complexe, prévu pour être diffusé trois jours avant que le comité exécutif vote pour l'attribution des Coupes du monde 2018 et 2022. David Cameron, le Premier ministre britannique lui-même, alla jusqu'à dire que notre volonté de diffuser était « pénible ». Les tabloïds écervelés hurlaient chaque jour en disant que ce programme, quelle que soit la qualité de son contenu, – et nous n'avions rien dit de la liste des corrompus – allait annihiler les chances de l'Angleterre. La presse de droite a toujours détesté la BBC et son indépendance éditoriale. Les journaux se calmèrent vite, car l'Angleterre n'obtint que deux voix. Au moins, les Anglais avaient refusé de payer des pots-de-vin ! Six mois plus tard, à l'occasion d'une conférence, je fus même acclamé par des supporters anglais !

Le lendemain de la diffusion, le porte-parole d'Issa Hayatou, de sa base cairote, affirma que les 100 000 francs français dont j'avais parlé n'étaient pas du tout un pot-de-vin d'ISL. C'était un don pour permettre de fêter les 40 ans de leur organisation. On recherche toujours pourquoi cet argent a été donné à Hayatou personnellement, surtout en liquide.

Le toujours calme Jacques Rogge, le président du CIO, sortit, lui, de son anonymat olympique. Suite à l'émission de la BBC, il demanda une enquête sur les trois membres du CIO cités dans la fameuse liste des pots-de-vin d'ISL : Issa Hayatou, João Havelange et Lamine Diack, le président de la Fédération internationale d'athlétisme. « À mon humble avis, cela ne devrait pas prendre des mois », déclara Jacques Rogge à la presse. En fait, cela dura un an, en grande partie à cause du refus d'Havelange de reconnaître son rôle dans cette affaire de corruption.

Le public s'apercevra très vite que ni Blatter ni la FIFA ne lancent la moindre enquête sur ce sujet. Une semaine avant la nouvelle année, Blatter enverra un curieux message à l'intention du CIO, affirmant que la FIFA est plus transparente que le CIO et que « les comptes sont visibles par tout le monde… C'est quelque chose que j'ai mis en place depuis que je suis président ». Les reporters posèrent tous la même question en chœur : « Alors, combien gagnez-vous alors à la FIFA ? » Blatter, fou, insulta la moitié de la planète…

Le président de la FIFA affirma néanmoins que le Comité international olympique (CIO) tenait ses comptes comme une « femme au foyer ». Quelques jours plus tard, il s'excusa auprès de Jacques Rogge lors d'une conversation téléphonique privée. Le CIO fit fuiter l'information « en off », vers les agences de presse avec délectation. Mais Blatter avait quand même gagné, en envoyant les médias peu avertis lorgner du côté du CIO et en faisant oublier un peu les histoires de pots-de-vin.

Blatter avait également gagné une autre bataille à Doha, en janvier 2011. Ses amis du Koweït et du Qatar, à l'occasion d'une assemblée de la Confédération asiatique de football, l'avaient soutenu – avec des torrents d'argent – pour faire sauter son nouveau grand rival et vice-président de la FIFA, le milliardaire coréen propriétaire de Hyundai, Chung Mong-joon. Le nouveau vice-président de la FIFA représentant le continent asiatique était désormais le prince Ali de Jordanie. Ce bon prince déclara, me laissant pantois : « Je continue à croire au pouvoir de l'unité pour développer le football. » Sa contribution sur les affaires de corruption se limitera à demander que l'on cesse de parler politique à la FIFA.

La plupart des 46 pays membres de la confédération asiatique semblaient très impressionnés par les propositions de campagne du prince Ali notamment celle d'un fonds de développement d'accès facile. Il a réclamé depuis son élection plus de « transparence, d'ouverture et d'intégrité » à la FIFA. Le salaire et les autres avantages de Sepp Blatter ne semblent pas, en revanche, être un sujet digne d'intérêt à ses yeux.

Si la politique au sein du football asiatique ressemblait déjà à une vaste plaisanterie, que dire de l'Amérique du Sud ? Nicolás Leoz, l'aspirateur paraguayen, a été réélu début mai 2011 à l'âge de 82 ans, pour un sixième mandat consécutif à la tête de la Conmebol (Confédération sud-américaine de football). Et par un vote unanime des 10 pays membres avec ça. Le clou de la cérémonie a été le moment où Leoz a mis une médaille autour du cou de Teixeira. On se demande où ils ont été la voler.

Nous étions en train de préparer un nouveau chapitre sur la FIFA pour la série « Panorama » de la BBC. Lors du congrès de l'UEFA à Paris en mars 2011, j'ai tenté de faire réagir sur la corruption à la fois Sepp Blatter (pas de commentaires) et Issa Hayatou (pas de commentaires). J'ai ensuite essayé d'asticoter Nicolás Leoz. Après avoir émis un grognement incompréhensible, le vieil homme s'endormit sur son siège au premier rang de l'assistance. Il y en avait encore deux autres qui m'intéressaient. Les deux gros porteurs de valises. Jean-Marie Weber, maintenant dans le sillage d'Issa Hayatou, refusa de parler. Fedor Radmann, comme toujours en compagnie de son éternel associé Franz Beckenbauer, me vit arriver avec ma caméra. Il fila, avec son acolyte de *Kaiser*, en courant !

Notre nouveau documentaire, « FIFA : la honte du football », montrait quelques images secrètes tournées par le *Sunday Times*. Ismail Bhamjee, ancien membre du comité exécutif viré en 2006 pour avoir revendu au marché noir 12 billets du Mondial – seulement –, y apparaissait comme un bon client. Il racontait à des reporters se faisant passer pour une équipe à la solde d'un des pays candidats que le Qatar offrait jusqu'à 500 000 dollars pour obtenir les votes des membres du comité exécutif. Je révélais également que, malgré le prétendu secret, les deux plus gros escrocs en matière de pots-de-vin, cités dans le rapport Hildbrand, se nommaient Havelange et Teixeira.

Le point le plus crucial à ce moment-là – et pour toute l'année à suivre – restait les manœuvres sournoises de Blatter pour éviter la publication du rapport Hildbrand. Depuis mai 2010, il a toujours eu en sa possession une copie et il aurait pu le rendre public quand il le souhaitait. Aucune loi ne pouvait l'empêcher de le faire. À chaque fois qu'il a répondu qu'il ne pouvait pas le faire à cause de la législation suisse, il mentait. L'autre mensonge, c'était lorsqu'il affirmait qu'il ne savait rien du contenu de ce rapport. Blatter et ses avocats en avaient discuté point par point avec les autorités de Zoug. Ils le connaissaient par cœur !

Mon collègue de la BBC James Oliver et Jean-François Tanda, à Zurich, ont lancé une action en justice pour obtenir la publication du fameux rapport. Ils sont allés devant la cour de Zoug et ils ont gagné ! Les autorités n'y ont vu aucun problème. Un véritable désastre pour les escrocs ! Les avocats de Blatter, Havelange et Teixeira ne baissèrent pas les bras. Ils firent appel. Mais contrairement à Blatter, Teixeira et Havelange insistèrent pour cacher leur nom derrière un code : « B2 » et « Z ». Le 23 mai 2011, l'avocat de « B2 » – dont on ne tardera pas à se rendre compte qu'il s'agit de Ricardo Teixeira – envoie une lettre de 13 pages au tribunal de

Zoug. « *B2 a le droit d'avoir une vie privée et elle doit être protégée... Dévoiler son identité pourrait avoir des retombées dans la presse avec des conséquences disproportionnées. La réputation de B2 pourrait être complètement anéantie et impossible à réparer.* » Si cette lettre avait été publiée au Brésil, elle aurait provoqué un grand éclat de rire de Belém à Porto Alegre. À ce moment, la réputation de Teixeira au Brésil est déjà complètement démolie.

L'avocat continue : « *Les questions de sécurité sont également très sensibles dans le pays où réside B2. Les gens connus localement, comme B2, sont suivis de très près par des agents de sécurité. La maison de B2 est entourée d'une clôture de sécurité et surveillée par des gardes jour et nuit.* »

Le même jour, une autre lettre arrive. Elle est expédiée par l'avocat représentant Z – évidemment, tout le monde a compris qu'on parlait de João Havelange. Il insiste sur un nouveau point : « *La publication va comporter des informations personnelles regardant Z (nom, profession, charges criminelles, situation familiale et contacts divers). Ces choses-là n'ont rien à faire dans une demande d'information du public.* »

Il en rajoute encore : « *Il y a évidemment des risques considérables de sécurité dans le pays où réside Z [...]. Si l'identité de Z, tout comme les annonces des montants touchés, sont rendues publics, les conséquences pour la sécurité personnelle de Z seront difficiles à imaginer.* »

La troisième lettre, reçue toujours le même jour, vient de l'éternel défenseur de Sepp Blatter, l'avocat Peter Nobel. Comment va-t-il faire pour empêcher la publication ? Son argument : ses clients de la colline au-dessus de Zurich sont protégés par la Constitution fédérale suisse, la Convention européenne des droits de l'homme et la Convention internationale des droits politiques et civils. Oliver et Tanda rejettent toutes ces balivernes et redemandent la publication dans l'intérêt général.

Toutes ces arguties juridiques visant à faire oublier la part d'ombre de la FIFA n'y pouvaient rien : le grand public découvrait régulièrement de nouveaux scandales. Fin mai 2011, les membres du comité exécutif Jack Warner et Mohamed Bin Hammam venaient à leur tour d'être suspendus à la suite des révélations sur les tentatives d'achat de votes contre Blatter dans les Caraïbes. Moins d'un mois plus tard, Warner démissionna de la FIFA pour éviter une enquête. Son accusateur, Chuck Blazer, en rayonna d'aise, jusqu'à ce qu'il se fasse dégager à son tour en août de la même année.

La dégradation de l'image de la FIFA auprès de ses commanditaires commençait à être un gros problème. Les sponsors – ou plutôt les « partenaires » comme nous étions obligés de les appeler – devenaient inquiets car ils avaient payé des millions pour travailler avec cette organisation au comportement déplorable et qui commençait vraiment à sentir mauvais. Adidas, qui a toujours soutenu Blatter publiquement ou en privé depuis quarante ans, déclara même que « les rumeurs de corruption n'étaient évidemment pas bonnes ni pour le football en tant que sport, ni pour la FIFA en tant qu'organisation ». Coca-Cola adopta le même discours en déclarant : « Toutes ces révélations sont affligeantes et mauvaises pour le sport.

Nous espérons que la FIFA réussira à résoudre cette situation rapidement et avec rigueur ».

Toujours en août 2011, les autorités de Zoug acceptèrent que le rapport Hildbrand soit publié. Il y eut tout de suite un appel de la part des avocats du trio Blatter, Havelange et Teixeira. Blatter était vraiment incorrigible. Fin octobre, ses porte-parole embrouillaient la toujours conciliante BBC Sports en lui annonçant que le président de la FIFA avait revu sa position et était désormais favorable à une publication. En fait, en privé, Sepp, ses compères brésiliens et leurs bataillons d'avocats tentaient toujours d'empêcher la publication du document en vain.

Blatter sortit de sa manche un nouveau truc : il passa un accord secret avec les deux autres pour qu'ils continuent à s'opposer à la publication, pendant que lui mettrait un terme à son action légale en ce sens, et prétendrait qu'il n'était pas autorisé à la publication en raison de leurs procédures d'appel. Blatter embarqua alors les médias sur une fausse piste en leur servant un nouveau bobard. « La FIFA est en train de travailler intensément depuis plusieurs semaines avec ses avocats et ses équipes de juristes pour pouvoir publier le document ISL à la prochaine réunion de la FIFA au Japon le 17 décembre 2011. » Mensonge !

« Il est de ma volonté de pouvoir montrer le document ISL en toute transparence lors de cette réunion. Mais on vient de me prévenir qu'en raison de l'objection d'une tierce partie, cela prendra plus de temps pour lever tous les obstacles légaux. » Les mensonges continuaient. « Tout ceci ne change rien. Je veux toujours publier ces dossiers le plus vite possible. Cela fait partie de mes projets de réforme pour la FIFA. C'est important de regarder le passé et de pouvoir préparer les structures à venir de notre organisation. » Difficile de dire où finissait le nuage de fumée et où commençait le jeu de miroirs.

La BBC s'est aussi renseignée de façon indépendante sur les obligations légales en Suisse. Or, il était absolument clair que Blatter était tout à fait libre de faire ce qu'il voulait avec cette copie du rapport Hildbrand. Il aurait pu aller beaucoup plus loin et dénoncer les deux Brésiliens. Mais les boss du crime organisé ne se dénoncent pas entre eux. Cela fait partie de la description de leur poste !

Blatter fit très attention d'éviter les rencontres avec des journalistes trop curieux. Au moins, il était tranquille quand il était interrogé par la newsletter « Inside World Football », une publication professionnelle qui dépend des financements des fédérations sportives, des promoteurs d'événements géants, etc. « *Il a promis de remuer ciel et terre, et, pour la première fois, de donner des noms, afin d'arrêter toutes ces rumeurs de corruption dans le monde du football.* » Blatter fut même cité : il voulait seulement de « vraies solutions qui tranchent ». Il disait même que cela prenait du temps de secouer l'arbre, afin de faire tomber toutes les vieilles pommes pourries ». En fin de compte, Sepp se déclarait surpris par les détracteurs qui finalement « n'hésit[ai]ent pas à l'attaquer avec des coups bas, largement en dessous de la ceinture ».

Mais quelque chose d'encore plus humiliant allait lui exploser à la figure en 2011.

CHAPITRE 15

Havelange expulsé des Jeux olympiques

Le CIO en fait plus que la FIFA

Siège du Comité international olympique (CIO), 8 décembre 2011. J'étais sous le choc. Je n'avais pas vu le président du CIO, le Belge Jacques Rogge, depuis deux ans. En cette fin d'après-midi, il était assis dans un fauteuil pour une conférence de presse à Lausanne. Et il avait l'air cadavérique. En tous cas, il parlait comme s'il allait mourir la semaine suivante. Venait-on de lui annoncer qu'il souffrait d'un cancer ? Je demandais ce qu'il en était à l'un de ses collaborateurs. « Non, il est toujours comme ça quand il y a de mauvaises nouvelles. »

La première partie de ces mauvaises nouvelles était déjà connue. Quatre jours auparavant, João Havelange, le plus ancien des membres du CIO, avait démissionné afin d'éviter une humiliation publique. Pour l'obliger à prendre une telle décision, le CIO, qui avait briefé certains reporters – *« off the record »* – avait recommandé de le suspendre durant deux ans pour avoir pris l'argent d'ISL.

J'étais venu en train depuis le nord de l'Angleterre.

Un petit passage par le tunnel, un arrêt pour une réunion à Paris, puis Genève et enfin Lausanne. Les montagnes étaient enneigées, le lac brillait sous le soleil hivernal, des couples de retraités promenaient leur petit chien dans le parc de cette ville hyperbourgeoise. Je voulais en savoir plus, notamment connaître le point de vue du CIO sur la liste des récipiendaires de pots-de-vin d'ISL. Même si Havelange avait été autorisé à sortir par la petite porte, il y avait encore des noms intéressants comme celui d'Issa Hayatou, le patron du foot africain, ou celui du président de la Fédération internationale d'athlétisme, Lamine Diack, tous deux également membres du CIO.

Une semaine après la présentation de la liste dans « Panorama », l'émission de la BBC, un officiel du comité d'éthique du CIO vint nous rendre visite. Le CIO souhaitait obtenir une copie de cette fameuse liste. Blatter et sa bande de la FIFA, eux, n'en avaient visiblement pas besoin. Le Comité international olympique n'était pas du même avis. Il fallait gérer ça avec prudence. Notre source devait être protégée. Dans les semaines qui suivirent, James Oliver, le producteur de l'émission, négocia avec la source et le CIO et finit par trouver un accord.

Une source du CIO m'avait appelé : « Je crois qu'il faut que tu sois là. » Donc j'étais là. À Lausanne. Dans ce grand palais de marbre et de verre, disant bonjour à quelques personnes que je connaissais sur le chemin de la conférence de presse de Jacques Rogge. Il nous souhaita la bienvenue et déclara : « Nous avons reçu la proposition du comité d'éthique. Le comité exécutif a choisi de suivre cette proposition. M. Diack reçoit donc un avertissement et M. Hayatou, une réprimande. »

Et c'était terminé ! Trente-deux mots en encore moins de secondes ! Pas un mot sur Havelange, le plus gros poisson dans ce marigot !

Un journaliste demanda : « Avez-vous pris cette affaire très au sérieux ? » Le président répondit tristement : « C'est toujours difficile lorsque vous avez à sanctionner des collègues. » Un autre s'inquiéta : « Pouvez-vous nous dire exactement ce que le comité d'éthique a dit au sujet des malversations de ces deux hommes ? Ce n'est pas encore très clair pour nous, y a-t-il une possibilité de lire le rapport du comité d'éthique ? Comme ça, nous pourrions voir et comprendre vraiment le fin mot de cette affaire. »

Rogge ne répondrait jamais à une question aussi directe. Je n'avais quand même pas fait tout ce chemin pour manger un vieux morceau de viande froide. À mon tour, je pris la parole : « Il y a un peu plus d'un an, la BBC a diffusé un document prouvant que M. Havelange avait pris 1 million de dollars à la compagnie ISL, un dessous-de-table sur un contrat marketing. S'il vous plaît, pourrait-on voir ce rapport du comité d'éthique et ses recommandations préalables à sa démission ? » Je crus que Jacques Rogge allait sombrer dans un coma terminal. « Le rapport du comité d'éthique est confidentiel. Les propositions du comité exécutif sont publiques et ont été publiées. »

Je décide d'en remettre une louche :

« Avez-vous lu la partie sur Havelange ? Vous a-t-elle dérangé ? Quelle a été votre réaction ?

– Monsieur Jennings, je n'ai pas d'émotions, aujourd'hui. J'ai un devoir à accomplir. J'ai des règles à respecter. Je ne suis pas là pour parler de mes émotions. »

Je relance :

« Qu'avez-vous pensé de ce rapport sur Havelange, s'il vous plaît ?

– Je garde mes pensées pour moi. Merci beaucoup. »

Un autre reporter reprend la main avant que l'huître se referme définitivement.

« Avez-vous été déçu que M. Havelange démissionne, car cela vous empêche de livrer un verdict concernant son propre cas ?

– Comme je l'ai déjà dit, je ne suis pas là pour donner mes sentiments ni mes émotions. J'ai reçu la lettre de démission de M. Havelange, elle a été acceptée par le conseil exécutif du CIO. Il n'est plus membre du CIO. Pour nous, il est redevenu une personne privée. »

D'une voix monotone, le président continua : « Même si cela ne répond pas à l'une de vos questions, je souligne que le CIO a montré qu'il respecte ses règles, qu'il a un grand respect pour l'éthique et qu'il n'hésite pas à statuer, quand cela est nécessaire et que les preuves sont là. »

Je fais quand même une dernière tentative :

« Président Rogge, le grand public est aujourd'hui au courant du scandale d'ISL et des 100 millions de dollars volés au monde sportif. Pensez-vous qu'après avoir annoncé la décision d'aujourd'hui, qui affranchit Havelange, vous allez pouvoir maintenir que le CIO prend ses responsabilités, notamment face à la corruption ? »

Rogge m'interrompit : « Je suis désolé, monsieur Jennings. Mais je crois que le grand public reconnaîtra que le CIO mène ses affaires avec sérieux et qu'il est transparent et responsable. »

Fin de la conférence de presse.

Tokyo, 17 décembre 2011. Encore un peu de homard ? Blatter et les membres du comité exécutif de la FIFA sont réunis au Ritz-Carlton pour leur grand dîner de Noël. Des sushis de homard, le plat favori de Chuck Blazer qui organise l'événement, sont offerts pour la conclusion de la Coupe du monde des clubs. Corinthians Sao Paulo vient de l'emporter. Le Ventre sait que c'est là son dernier grand banquet gratuit ! Les enquêteurs de la Concacaf sont en train de sceller son sort. Les membres du comité entourent Hayatou, un verre à la main, en riant et en se congratulant. La façon dont il s'est tiré d'affaire au CIO avec juste un petit chatouillement au poignet est hilarante. Remettez donc un coup à boire ! La FIFA paiera ! Blatter triomphe ! Dans sa conférence de presse, il dit même : « Pour ce qui est de M. Hayatou, aucune action de notre part n'est nécessaire. Il n'a reçu qu'une réprimande de la part du CIO pour une très vieille affaire. C'est toujours un membre de très haut rang du CIO et de la FIFA. Il n'y a pas besoin d'enquêter. Le comité exécutif lui accorde sa pleine confiance et le soutient complètement. »

Blatter se lamente même qu'il n'a pas encore eu la permission de diffuser le rapport Hildbrand. « C'est un sujet qui me tient à cœur. » Tout ça alors qu'il fait tout pour s'y opposer. D'ailleurs, il n'évoquera jamais le rejet, cinq jours plus tard, par la cour de Zoug, de sa dernière tentative avec les prétendument anonymes Havelange et Teixeira de faire obstacle à la sortie de cette satanée publication.

Rio de Janeiro, 8 janvier 2012. Havelange, maintenant totalement isolé et en disgrâce, aurait dit, selon certaines sources : « Jusqu'à mon dernier souffle, jamais je n'oublierai ce que ce journaliste britannique m'a fait. » Mais il ne cesse pas pour autant de vouloir empêcher la sortie du rapport Hildbrand. Même Sepp Blatter, sur le conseil de ses avocats, a fini par lâcher prise, laissant seuls les deux Brésiliens. Le mois suivant, Havelange et Teixeira, par la voix d'un avocat commun, histoire de limiter les coûts, font de nouveau appel. Ils vont gagner encore quelques mois, alors que leurs arguments sont toujours aussi faibles.

Blatter donne alors une interview dans un magazine de football allemand. Il en veut à « tous ces journalistes britanniques qui s'en prennent toujours à la FIFA ». Il ajoute : « Cela fait longtemps que j'essaye de publier ce dossier ISL. Je suis toujours prêt à le faire aujourd'hui, pour peu que la cour l'autorise. » Il aurait, pendant ce temps-là, ourdi un nouveau plan pour bloquer toutes les révélations, en faisant appel à des experts juridiques qui devaient monter une stratégie alambiquée. Par chance, ce plan est resté dans les tiroirs.

Blatter s'est aussi rendu dans son jet privé au Paraguay, afin de soutenir Nicolás Leoz au congrès de la

Conmebol à Asunción. Le principal thème de travail s'intitule « Indépendance et autonomie des fédérations ». C'est ainsi qu'il désigne leur tactique pour freiner les possibles enquêtes gouvernementales et policières sur leurs magouilles.

Sachant Leoz pour l'instant à l'abri, Blatter reprend l'avion et traverse l'Atlantique pour aller à Libreville au Gabon, et soutenir Issa Hayatou au congrès de la Confédération africaine de football (CAF). Hayatou dirige le football du continent noir d'une main de fer. La réunion adoptera une motion curieuse mais guère surprenante, lançant une pique au CIO. « L'assemblée générale de la CAF dénonce la stratégie de ceux qui veulent utiliser le mouvement du sport africain et ses officiels comme boucs émissaires. » Hayatou aurait lui-même rédigé ce charabia ; mais que cherche-t-il à faire au juste ? Et ça continue sur le même ton : « Nous notons que le président de la CAF a été, dans le passé, la cible d'une campagne insidieuse. »

Encore une fois, Blatter est venu soutenir les désirs d'autonomie de ses amis corrompus. Il dit même à certains journalistes : « Comme vous le voyez, travailler dur et aimer le football continue d'être ma devise. » Et sa voix de monter dans les aigus : « Pour le jeu, pour le monde. » Et le voilà reparti dans son jet qui déchire la couche d'ozone, direction Zurich.

L'avocat engagé par les deux Brésiliens finit par pondre un ultime et dérisoire argument. Peut-être que le rapport sera révélé aux médias – mais comme les demandeurs, MM. Tanda et Oliver, sont des « personnes privées », ils ne sont pas en droit d'en prendre connaissance ! Ces deux hommes travaillent dans des grands médias internationaux et connaissent toute l'histoire depuis des années. Le sort de l'affaire va finalement se décider devant le Tribunal fédéral, l'autorité judiciaire suprême en Suisse.

Mais Teixeira ne sera pas dans les parages quand le jugement sera enfin rendu. Le 12 mars 2012, il démissionne en même temps tous ses sièges, à la FIFA, à la tête de la fédération brésilienne et aussi au comité d'organisation du Mondial 2014. Des années d'investigation du Congrès brésilien, du Sénat, et plus récemment de l'émission « Panorama » à la BBC ont fini par avoir sa peau ! Romário y va de son tweet : *« Maintenant on peut faire la fête. On a tué le cancer du football brésilien. »*

Le débat international sur le thème de la corruption au sein de la FIFA s'est déplacé vers Paris. En décembre 2011, trois jours avant l'embarrassante conférence de presse de Jacques Rogge, j'avais témoigné devant des représentants du Conseil de l'Europe, avenue Kléber à Paris. Un peu avant, à leur demande, je leur avais soumis un rapport sur l'organisation criminelle que représentait la FIFA. Dans mon témoignage, j'avais évidemment nommé les deux Brésiliens et souligné que la magistrat instructeur, Thomas Hildbrand savait la vérité et indiqué que nous étions quelques uns à nous battre pour que son rapport soit rendu public.

Le comité écouta très attentivement. Puis, en secret, ils invitèrent Thomas Hildbrand à venir pour témoigner. Le gouvernement suisse lui en donna la permission et il fut entendu le 6 mars 2012. Six semaines plus tard, le Conseil de l'Europe sortit à son tour son rapport. Un des rapporteurs, François Rochebloine, député de la Loire à l'Assemblée nationale, mettait en avant un point crucial souligné par Hildbrand : la décision mettant un terme à la procédure de Zoug n'était pas soumise à une exigence de secret absolu. « *Il m'apparaît comme évident que la FIFA doit publier ce document (dont elle dispose en tant que partie prenante de la procédure) sans attendre la décision du Tribunal fédéral suisse.* »

Encore une fois, quelqu'un expliquait à Blatter qu'il n'avait aucune raison de ne pas sortir le rapport. Et pourtant, cela faisait des mois et des mois qu'il le planquait.

François Rochebloine remarquait aussi que Blatter donnait des bonus importants à tous les membres de son état-major. « *Je soupçonne que ces paiements sont là pour que les employés et les membres du comité exécutif gardent le silence sur la corruption.* »

LE DÉNOUEMENT arriva le 11 juillet 2012, quand le Tribunal fédéral suisse donna le feu vert pour la publication du rapport Hildbrand. Blatter essaya de détourner l'attention du public pour éviter d'avoir à se justifier sur son attitude laxiste et la façon dont il avait couvert les Brésiliens. Il tweeta : « *Satisfait du Tribunal fédéral. La décision sur l'affaire ISL. Cela confirme ce que la cour de Zoug et moi-même disions : je ne suis pas sur la liste.* » Il ne pouvait pas s'empêcher de mentir. La cour de Zoug n'a jamais rien dit de tel. Ni Blatter ni aucun officiel de la FIFA n'étaient poursuivis. Seuls les cadres d'ISL ont été accusés d'avoir continué à mener des transactions commerciales alors qu'ils étaient insolvables. Les pots-de-vin étaient des éléments à charge – mais seulement pour montrer que les dirigeants d'ISL continuaient d'en verser alors que leur société se cassait la figure. La justice leur reprochait surtout de ne pas avoir utilisé cet argent pour rembourser leurs créanciers.

Blatter continua de pérorer devant les journalistes les plus naïfs. Il était « blanc comme neige » dans cette affaire. L'une des interviews les plus drôles fut faite par un journaliste de Sky News, tout fier d'avoir réussi à avoir Sepp Blatter, mais qui n'avait pas pris la peine de lire le rapport Hildbrand et n'avait aucune idée de ce que le tribunal avait dit et n'avait pas dit…

Question : Ces accusations vous ont-elles atteint personnellement ? Cela a dû vous perturber de lire toutes ces allégations ?

Réponse : Absolument, parce que tout cela a mis en cause ma probité, mon indépendance. Mais je suis très satisfait maintenant parce que le Tribunal fédéral suisse a confirmé que le président de la FIFA n'était pas concerné personnellement pour ce qui est de la façon dont cet argent était distribué… Je ne sais rien de tout ça. Mais ma famille en a été affectée. Cela n'altérera en rien mon énergie, mon cœur, mon âme… Nous irons jusqu'au bout de ce processus.

Durant les mois de mon enquête pour écrire ce livre, j'ai parlé avec un contact. Il connaissait très bien l'un des collaborateurs les plus proches d'Horst Dassler et lui a posé la question : « Havelange a-t-il touché de l'argent de la part d'Horst Dassler ? »

Il m'a dit que pendant plus de vingt ans, Ricardo Teixeira et Jean-Marie Weber se rencontraient pour « faire les comptes » – ce qui voulait dire que Teixeira touchait. Deux ans avant sa mort, Dassler donna un document secret à son adjoint. C'était un contrat de 60 millions de francs suisses à régler sur les douze années suivantes à João Havelange. Horst devait juste aller rencontrer Havelange à Rio pour affiner les détails et entamer les premiers versements.

CHAPITRE 16

Marin a dénoncé Vlado

Et maintenant il dirige le football brésilien

Asunción, 13 décembre 2013. Les hommes qui défigurent le football d'Amérique latine sont rassemblés dans les bureaux de la Conmebol (Confédération sud-américaine de football) pour célébrer une année de plus au pouvoir. Assisté par de belles jeunes femmes en jupe courte, le Brésilien Marco Polo Del Nero, né en 1941, accroche au cou du Brésilien José Maria Marin, né en 1932, la plus haute distinction de l'organisation, le « *Collar extraordinario* ». Ils semblent totalement indifférents aux troubles sociaux qui agitent le Brésil, ainsi qu'à la colère qui monte contre la CBF (Confédération brésilienne de football) et la FIFA.

Après la cérémonie, Marin va s'asseoir à table avec l'ancien membre du comité exécutif de la FIFA Nicolás Leoz, né en 1928. On nous avait pourtant assurés, en juin dernier, que Leoz avait quitté le football, la FIFA et la Conmebol, déchu après avoir été rattrapé dans des affaires de corruption. Mais dans ce petit monde Leoz a été remplacé à la FIFA par Eugenio Figueredo, né en 1932, vice-président de la Conmebol depuis vingt ans, un homme d'influence en Uruguay. Tous les deux sont mis en cause par les agents fédéraux et nient tout en bloc.

Quand Teixeira, né en 1947, a abdiqué de son trône à la tête de la CBF en mars 2012, Marin l'a remplacé. Teixeira a aussi dû quitter son siège à la commission exécutive de la FIFA – et Del Nero a pris la place. Le monde du football ne s'en est pas trouvé mieux.

Rio, 10 décembre 2013. Quelques-uns de ces vieux messieurs bien placés dans le football professionnel brésilien se rassemblent autour de la table du conseil de la CBF avec Del Nero, qui pourrait bien remplacer Marin en 2015. Au-dessus d'eux, accroché au mur, un portrait d'un Teixeira jeune, aux traits presque angéliques. Ce dernier, viré l'année dernière, vit aujourd'hui dans sa maison de Sunset Island à Biscayne Bay, Miami, achetée 7 millions de dollars à la star du tennis russe Anna Kournikova. Son esprit plane toujours sur Rio. Rien ne bouge.

Brasilia, 12 décembre 2010. Le député Romário s'installe tranquillement dans la salle de la commission parlementaire. Des centaines de regards convergent vers l'icône *« o Baixinho »* alors qu'il s'approche d'abord des bancs de la presse. De ses deux mains, il saisit l'une des miennes. « Andrew Jennings, mon ami, comment allez-vous aujourd'hui ? »

Il est en pleine forme, léger, relax, souriant. L'éclair dans ses yeux prouve que l'un des plus grands buteurs de l'histoire du football a bien l'intention de mettre la balle au fond des filets ce matin. Comme toujours, il va surprendre son public et marquer sans prévenir. Boum !

« D'autant mieux que vous êtes là, mon vieux », je lui réponds. Il rit et s'éloigne, contournant les tables pour prendre place parmi les membres de la commission du sport et du tourisme.

Romário patiente quelques minutes. Puis le président sur l'estrade lui passe le ballon. C'est à lui de parler. Et là, il ne rigole plus.

« Les gens m'interpellent dans la rue. Ils me disent "Ramène Teixeira, ce nouveau type est encore pire". »

En une quinzaine de mots, il a pris le ballon. Et boum !

Pendant vingt-trois ans, Ricardo Teixeira a volé des millions de dollars dans les caisses de la FIFA et de la CBF. La BBC a trouvé les documents prouvant ses malversations et il a été finalement obligé de tirer sa révérence. Les supporters ont mis au rancart leurs bannières *« Fora Teixeira »* (dégage Teixeira).

Mais comment donc son successeur, José Maria Marin, 81 ans, pourrait-il être encore pire ? Bien sûr qu'il est mouillé de longue date dans le pillage des finances de la CBF, mais Marin ne peut quand même pas être un voleur de l'envergure de ce filou de Ricardo.

Il doit s'agir de quelque chose qui s'est passé très loin des terrains, quelque chose de moche, quelque chose d'enfoui dans le passé, de l'époque de la dictature militaire. La rage explose à Sao Paulo. Les manifestants se rassemblent devant le domicile de José Maria Marin.

Les journaux sont en colère aussi. Il est accusé au Sénat d'avoir du sang sur les mains. Qu'a-t-il donc fait ?

31 mars 1964. Aux aurores, les tanks rentrent en action. Voici venue l'heure de la droite dure, galonnée et décérébrée. L'heure des généraux qui n'ont jamais mené leurs troupes au combat, de peur de risquer leur peau.

Mais ces généraux-ci ont des jouets dangereux : des fusils, des avions, des navires de guerre et des chaises métalliques raccordées au réseau électrique. Ils sont gonflés à bloc. Voilà déjà quatorze ans qu'ils ont dû quitter le pouvoir. Et depuis ils regardent, horrifiés, des hommes politiques de gauche se faire élire et des syndicats libres prendre leur essor.

Leurs amis de la CIA et du Pentagone ne sont pas d'accord non plus. Le nouveau président, João Goulart vient d'une grande famille terrienne, mais il lève des impôts sur les entreprises étrangères. Il limite leur capacité à exporter leurs profits et il parle de redistribuer les terres. L'éducation devient une priorité, l'illettrisme des adultes est combattu.

À cette époque, le rêve américain veut que la partie sud du continent soit au garde-à-vous devant Washington. Une politique étrangère indépendante n'est pas autorisée au-delà du Rio Grande. Quand le président Goulart s'est opposé aux sanctions prises à l'encontre de Castro et de la révolution cubaine, la Maison-Blanche a aidé en sous-main à fomenter un nouveau coup d'État, finançant des groupes ultraconservateurs.

Un porte-avions et des destroyers équipés de missiles ont même pris la mer, mais ils seront inutiles. Les Généraux n'ont mis que soixante-douze heures pour mettre à bas la démocratie.

Brasilia, 13 décembre 1968. Les Généraux ont tergiversé quatre ans avant de sortir une loi – devenue célèbre sous le nom d'« Acte institutionnel numéro 5 ». Ce texte donne à la marionnette placée par leurs soins sur le siège de président le pouvoir de faire strictement tout ce qu'elle veut. Le Congrès est bâillonné, la plupart des partis politiques interdits et les droits de l'homme éradiqués. La censure peut s'en donner à cœur joie contre la presse, la musique, les films et le théâtre.

Les Généraux, sachant qu'ils ont pris le pouvoir illégalement et qu'ils sont détestés, déclarent la guerre à l'opposition. Il y a même une guerre encore plus sale, menée à partir de 1969 sous le nom d'« opération Bandeirantes » – OBAN : une organisation illégale composée de membres de la police et de militaires, secrètement financée par le milieu des affaires et des entreprises américaines, devant débarrasser les usines de leurs syndicalistes.

Ces unités spéciales enregistrent les communications téléphoniques, kidnappent les opposants, torturent et assassinent les prisonniers politiques à volonté. À Sao Paulo, tout le monde connaît ces escadrons de la mort.

En 1970, la jeune Dilma Rousseff, 22 ans, membre d'un groupe de guérilla urbaine clandestin, figure parmi les milliers de personnes à être arrêtées. Pendant deux ans, les bourreaux l'ont « travaillée » à Sao Paulo, Rio et Juiz de Fora. Interrogée par une commission d'enquête il y a dix ans, Mme Rousseff raconta les coups et les décharges électriques sur les parties les plus intimes de son corps ; l'une des séances auxquelles on la soumit se termina par une hémorragie de l'utérus.

« Je me souviens de la peur qui me submergeait quand ma peau tremblait, raconta-t-elle en 2001. Une expérience pareille vous marque jusqu'à la fin de vos jours. »

Il existe une photo étonnante de Mme Rousseff au tribunal alors qu'elle vient de se faire condamner à six ans de prison. Elle est impassible, mais elle reste digne. Assis sur leur banc, deux juges militaires se cachent le visage, honteux de servir la dictature.

Sao Paulo, 15 mars 1971. Pendant qu'à Sao Paulo, les agents de l'OBAN branchaient à nouveau Mme Rousseff à leur générateur, José Maria Marin devenait membre du Congrès de l'État. S'il avait bien voulu prêter l'oreille, Marin aurait pu entendre ses cris. Il devait être au courant de la torture, mais ça ne le gênait pas. Les militaires ne faisaient pas secret de leur brutalité : ils voulaient un peuple apeuré et intimidé.

Le *senhor* Marin avait rejoint le parti Arena, créé comme une façade présentable de la dictature. Il aimait bien cette formation politique car elle lui avait donné une place pas trop loin de la caisse – et le parti l'aimait, lui, car il fonctionnait comme une sorte de jukebox. Appuyez sur le bouton Marin et il vous sort *illico* un speech au Congrès pour dénoncer les communistes ou tout autre élément subversif que l'OBAN serait ravi d'arrêter et de faire souffrir.

De temps à autre, Marin rencontrait Sérgio Fleury dans les arrière-salles de la politique brésilienne ou dans les restaurants à la mode de Sao Paulo. Fleury était un sadique de niveau international, un maître ès torture. Le Prince de la Douleur. Il supervisait les interrogatoires et opérait via un réseau de prisons privées, de fermes et de maisons où les prisonniers politiques étaient torturés pendant des jours. Nombre d'entre eux sont morts – ou ont simplement disparu.

Sa bande de gangsters de l'OBAN, habillés en civil, forçait toutes les portes, à n'importe quelle heure, et si cela les amusait, ils se mettaient à tabasser un suspect. Parfois ils le ligotaient, puis s'échauffaient sur son épouse et ses parents. Des enfants regardaient, terrifiés. Des coups de feu étaient tirés. Marin avait une très haute opinion de Fleury.

Sao Paolo, janvier 2013. « Une fois que la dictature a été en place, il devenait dangeureux d'être journaliste. J'étais parti six mois plus tôt et je travaillais à Londres pour le service brésilien de la BBC », se souvient Nemércio Nogueira. « Avec un collègue, nous avons fait pression sur la BBC pour qu'elle trouve un boulot à notre ami et ancien collègue Vladimir "Vlado" Herzog. Ils l'ont recruté en 1965, il est venu avec son épouse Clarice et ils ont eu deux garçons à Londres, Ivo et André. »

Peut-être que Vlado Herzog pensait que la dictature allait péricliter et disparaître. Après trois ans à la BBC et une formation de producteur, il ramena sa famille à la maison et fut nommé rédacteur en chef de TV Cultura, une chaîne publique, propriété de l'État de Sao Paulo. Il se retrouva dans le collimateur du député José Maria Marin, le porte-voix de Sérgio Fleury et des Généraux.

Des divisions s'étaient fait jour au sein de la junte. Les luttes armées lancées par une poignée de groupes résistants avaient été balayées, les guérillas éliminées. Certains des généraux suggéraient un retour prudent vers la démocratie. Les plus durs n'en voulaient pas et, pour rester au pouvoir, ils avaient besoin de tirer le signal d'alarme contre le péril rouge. Les fantassins de la torture suivirent de bon cœur ; il y avait un à-côté lucratif qui consistait à voler tout l'argent qu'ils pouvaient aux prisonniers.

Ils reçurent de l'aide de l'extérieur. Les services de sécurité de l'Argentine, de la Bolivie, du Chili, du Paraguay et de l'Uruguay lancèrent la fameuse opération Condor, coordonnée à partir d'une base de la CIA au Panama. Objectif de cette sinistre organisation : arrêter et assassiner les gauchistes et les adversaires de la dictature partout en Amérique latine.

Vlado était bien plus qu'un ancien reporter et producteur de la BBC. Il était aussi diplômé en philosophie, documentariste à succès et professeur de journalisme à l'université de Sao Paulo.

Un autre collègue se souvient : « Vlado s'exprimait sans chichis. Il ne tournait pas autour du pot. Une phrase qu'il utilisait fréquemment et qui résume clairement sa façon de voir les choses – elle est gravée sur sa tombe – était : “Quand nous perdons toute faculté à nous indigner face aux atrocités commises contre nos semblables, nous perdons aussi le droit de nous considérer comme des êtres humains civilisés." »

Sa famille avait connu la peur, la peur des atrocités. Quand il était petit garçon, en tant que juif, il avait dû fuir la Croatie devant l'avancée des nazis. Ivo Herzog me raconte : « Oui, mon père était membre du Parti communiste brésilien. Mais ce n'était pas un groupe armé. C'était comme un club, un groupe de discussion. »

Des dénonciations, voilà ce dont Fleury et sa clique de tortionnaires avaient besoin. Ils ont commencé à arrêter des suspects communistes et à les torturer pour qu'ils donnent des noms.

Sao Paulo, septembre 1975. Cláudio Marques était un plumitif sans envergure qui écrivait dans une feuille de chou gratuite : *Column One*. « Je le connaissais personnellement comme journaliste, et pour moi il était juste un petit con de fouineur. Je le voyais comme un écrivaillon opportuniste, qui a saisi une chance de se faire bien voir du gouvernement et des puissants dans l'espoir de récupérer je ne sais quelle faveur pour son canard ou un job », se rappelle Nemércio Nogueira, un ami de Vlado qui fut son collègue à la BBC.

Marques fit tout ce qu'il put pour obtenir les bonnes grâces des Généraux et de leurs bourreaux. Sergio voulait des rouges ? Marques ferait son possible pour lui en apporter sur un plateau. Il commença à taper sa *Column One* : Regardez l'émission d'hier sur TV Cultura. Un sujet sur ce coco vietnamien, Ho Chi Minh ! Cela ne faisait rien qu'il provienne du programme visnews de la BBC, c'était la preuve que TV Cultura était tombée aux mains des rouges. Le gouvernement allait-il regarder cela sans rien faire ?

C'était la première semaine de septembre 1975. Cláudio Marques récidiva deux jours plus tard avec une nouvelle attaque vicieuse. Les arrestations de suspects prétendument communistes ont commencé, fin septembre. Ligotés, soumis à des décharges électriques et à des séances de noyade dans une baignoire, ces malheureux ont vite livré des noms. Puis la campagne se déplaça au Congrès.

Sao Paulo, 9 octobre 1975. Le larbin choisi pour l'échauffement était un élu du Congrès à la botte de la junte, Wadih Helú. Il était membre du parti d'ultra-droite Arena, président du club de foot des Corinthians, et fournissait des locaux discrets aux bourreaux de Sérgio Fleury pour des séances d'interrogatoires privées.

Helú avait des révélations choquantes à livrer à ses collègues du Congrès.

Suivez l'affaire : le gouvernement de l'État venait juste d'inaugurer un nouveau système d'égouts, mais TV Cultura avait ignoré cet événement d'importance. L'émission n'avait pas envoyé d'équipe de tournage (à ce stade de l'histoire, on en rirait presque, mais vu la façon dont cela va se terminer il ne vaut mieux pas).

Se forçant à paraître outragé, le député Helú continuait : « Leur absence ne nous a pas surpris, car nous découvrons chaque semaine dans la publication *Column One* de Cláudio Marques des indices de l'infiltration de cette émission par des éléments gauchistes. »

Helú a haussé le ton. « Ils ne montrent que des informations négatives dans cette émission, rien de positif. Ils font du prosélytisme pour le communisme et la soumission, devenant, comme le soutient Cláudio Marques, la télévision vietnamienne de Sao Paulo. Cultura Television, financée par l'argent public, dessert le gouvernement et la patrie. »

Entrée en scène de la vedette du jour, le député José Maria Marin.

« Il est surprenant que la presse ait soulevé la question depuis longtemps. Qu'elle ait demandé aux agences compétentes d'intervenir pour remettre de l'ordre sur la chaîne 2, et que rien ne se passe », a commencé par grincer Marin.

« Ce n'est pas seulement de sa ligne éditoriale qu'on discute ici, mais aussi du désordre qu'elle engendre dans les cercles politiques et dans une large majorité des foyers de Sao Paulo. »

Il fallait faire quelque chose.

« Je voudrais attirer l'attention du secrétaire pour la Culture de l'État de Sao Paulo et du gouverneur. Ils devraient publiquement et, une bonne fois pour toutes, examiner les dénonciations de la presse de Sao Paolo et particulièrement celles courageusement énoncées par le journaliste Cláudio Marques.

» Marques n'est pas le seul à avoir remarqué ce traitement négatif de l'information. Il n'y a rien de positif à voir, ils (TV Cultura) ne montrent que la misère, exposant les problèmes mais pas les solutions.

» J'en appelle au gouverneur de l'État ; soit le journaliste a tort, soit il a raison. Ce qui ne peut pas durer, c'est l'oubli de cette affaire, tant par le secrétaire à la Culture que par le gouverneur. Plus que jamais, il faut agir, de façon à ce que la tranquillité revienne non seulement dans cette assemblée, mais aussi dans l'ensemble des foyers de Sao Paulo. »

C'était fait. Sérgio Fleury et ses voyous de l'OBAN avaient l'autorisation d'aller travailler. José Maria Marin leur avait donné le feu vert. Le compte à rebours avait commencé pour Vlado Herzog.

« À partir de ce moment, nous avons vécu dans l'œil du cyclone », se souvient Paulo Markum, un ami et collègue de Vlado. Huit jours plus tard, Markum était arrêté. « J'ai été torturé et j'ai avoué que j'étais membre du parti communiste. »

Le soir du 24 octobre, quinze jours après les exhortations des députés Wadih Helú et José Maria Marin, des policiers sont arrivés dans les bureaux de TV Cultura, pour embarquer Vlado. Les collègues de ce dernier ont fait valoir qu'il était précisément en train d'en finir avec le journal de la soirée et que s'ils l'emmenaient, l'émission ne pourrait pas être diffusée. Vlado a alors proposé de se présenter volontairement au poste de police le lendemain.

Valdo était-il téméraire ? Était-il naïf ? Un de ses collègues et amis m'a raconté : « Mon interprétation c'est que, vivant à une adresse connue, étant un journaliste réputé, avec un poste haut placé dans une chaîne d'État, et n'étant aucunement impliqué dans des activités armées ou révolutionnaires, il n'avait pas beaucoup de raisons d'avoir peur. »

(Il existe de nombreux écrits relatant les terribles événements de cette journée. J'ai essayé de les compiler au mieux.)

Sao Paulo, 25 octobre 1975. Vladimir Herzog, 38 ans, s'est levé plus tôt que d'habitude ce samedi matin. Il s'est rasé, douché et a embrassé Clarice, encore couchée, pour lui dire au revoir. Elle voulait se lever pour préparer le petit déjeuner et il lui a dit de ne pas s'en faire, il s'arrêterait dans un café et grignoterait quelque chose.

Tout individu qui ne se sentait pas l'âme d'un inconditionnel du régime avait, dans un recoin de son esprit, la peur de disparaître. Cela pouvait arriver, on le savait. Vlado s'est arrangé pour qu'un collègue l'accompagne jusqu'à la porte du 921 rua Tutóia, dans le quartier de Paradiso, le 36e district de la police. Ils sont arrivés aux alentours de 8 heures.

Derrière ces hauts murs gardés par des sentinelles en armes, il y avait les locaux de l'OBAN. Vlado est entré par la porte principale, déclinant son nom, sa profession et son numéro de carte d'identité.

Après ça, il attendit, assis sur l'un des bancs en bois alignés dans le grand hall menant à une porte de verre et d'acier. Quelques minutes plus tard, il était emmené pour être questionné.

Une fois à l'intérieur, il fut demandé à Vlado de se déshabiller puis d'enfiler un uniforme de prisonnier. À l'intérieur de la salle d'interrogatoire, il y avait deux prisonniers, la tête recouverte d'une cagoule noire. L'un d'entre eux, Rodolfo Konder, reconnut son ami. « J'ai soulevé un bout de tissu et j'ai reconnu les chaussures, les mocassins noirs de Vlado. »

Vlado a nié appartenir au parti communiste. On fit sortir Konder et l'autre prisonnier. Et bientôt, ces derniers entendirent les cris de Vlado subissant des décharges électriques. « Ça a duré jusqu'au milieu de la matinée. Les décharges étaient tellement violentes que Vlado hurlait de douleur, raconte Konder. Le volume d'un poste de radio avait été poussé pour couvrir le bruit. » Une demi-heure plus tard, vers 11 heures du matin, Vlado était conduit dans la salle des interrogatoires.

« Environ une heure après, ils m'ont amené dans une autre pièce où on m'a laissé retirer la cagoule, et j'ai vu Vlado. L'interrogateur, un homme d'environ 35 ans mince et musclé, avec une ancre tatouée sur le bras, m'a dit de lui faire savoir que c'était inutile de résister, se souvient Konder. Vlado avait dû garder la cagoule sur la tête. Il tremblait, semblait hagard et nerveux. J'ai dû l'aider à écrire une confession dans laquelle il reconnaissait que je l'avais poussé à rejoindre le PC et où figurait une liste d'autres membres du parti. »

« À ce moment-là, m'a dit Ivo Herzog, le fils de Vlado, ils ont arrêté les décharges électriques et lui ont dicté une note. Il a obéi et l'a écrite. Puis, après réflexion, il l'a déchirée en morceaux. Ils ont augmenté le voltage, on l'a encore entendu hurler, et ça l'a tué. »

Il hésite, s'arrête. « La famille n'aime pas se remémorer la torture. Ils n'avaient pas besoin de tuer mon père – ce n'était pas intentionnel. »

Je lui demande si Sérgio Fleury était dans la pièce. « Nous ne le savons pas, dit Ivo. Mais je sais que Marin était tout à fait préparé à mettre la vie de mon père en danger pour se faire bien voir des militaires. »

Tard dans la nuit, Clarice Herzog a été prévenue de la mort de son mari.

25 octobre 1975, plus tard dans la journée. Les bourreaux se sont empressés de rhabiller Vlado avec ses habits de ville, de passer sa ceinture de pantalon autour de son cou et de l'attacher aux barreaux d'une cellule. Ils l'ont photographié, prétendant qu'il avait mis fin à ses jours. Ce n'était pas convaincant. Les pieds de Vlado touchaient le sol et ses genoux étaient pliés.

Son corps fut remis aux autorités juives dont on attendait qu'elles fassent enterrer le cadavre – et les preuves – au plus vite. La tradition israélite veut qu'un suicidé ne puisse être inhumé dans un cimetière de la confession. Mais quand la Hevra kadicha – le comité religieux des obsèques – prépara le corps pour les funérailles, le rabbin Henry Sobel vit les marques laissées par la torture. Il ordonna que Vlado soit enterré au centre du cimetière. La thèse du suicide s'était volatilisée.

Rodolfo Konder avait été libéré et assista aux funérailles. Il insista pour porter les vêtements dans lesquels il avait été torturé. « J'ai porté les vêtements souillés d'urine, d'excréments et de sang. C'est comme ça que j'ai assisté à l'enterrement de mon ami. »

Les employés des médias sont descendus dans la rue quand la nouvelle de la mort de Vlado s'est répandue dans Sao Paulo. Cette tragédie fit entrer dans les crânes de la classe moyenne ce qui se passait dans le pays. Lentement – il faudrait encore une dizaine d'années avant de retrouver un semblant de démocratie –, la poigne de fer des militaires allait se desserrer. Le rabbin Sobel déclara plus tard : « Le meurtre de Vlado a été le catalyseur de la restauration finale de la démocratie. »

Sao Paulo, 7 octobre 1976. À deux jours près, cela faisait un an que José Maria Marin s'en était pris sauvagement à TV Cultura et avait déclenché le meurtre de Vladimir Herzog. L'élu du Congrès était de retour sur l'estrade.

Il se plaignait encore et toujours. Pas des rouges. Cette fois, il en voulait au manque de respect du public envers Sérgio Fleury, devenu préfet de la police de Sao Paulo. Un homme qui avait pris en embuscade et abattu des guérilleros assez courageux pour défier la dictature.

Ceci est extrait de l'enregistrement officiel du discours de Marin (je dispose de l'original en portugais).

« Nous qui le connaissons de près, nous savons que c'est un homme exemplaire. Mais surtout, il remplit son devoir de policier d'une façon on ne peut plus louable.

» Nous ne pouvons pas comprendre pourquoi un policier d'un tel calibre, un homme qui a consacré sa vie à la lutte contre le crime, un homme qui a à plusieurs reprises exposé sa vie aux dangers, ainsi que celle de sa famille, n'est pas admiré comme il le mérite.

» Connaissant bien son caractère, il n'y a à mes yeux aucun doute que Sérgio Fleury aime son métier, que Sérgio Fleury s'y consacre avec cœur, ne mesurant pas ses efforts et ses sacrifices pour honorer la police de Sao

Paulo et son titre de préfet de police. Il devrait être une source de fierté pour les habitants de cette ville.

» C'est pourquoi M. le président du Congrès, avec la certitude que nous reflétons les pensées de la population de Sao Paulo, nous voudrions vous dire la fierté dont nous remplit le préfet de police Sérgio Fleury. »

Ilhabela, près de Sao Paulo, 1er mai 1979. Les Généraux n'avaient pas pris la peine de prévenir José Maria Marin que son héros, le bourreau, était touché par l'obsolescence. Fleury était devenu encombrant. Il avait été utile, mais il en savait trop, sa date de péremption était dépassée et il devait partir. Moins de trois ans s'étaient écoulés depuis la déclaration d'amour de Marin, qui restera comme un faire-part de décès.

Fleury a eu un « accident ». Selon la version officielle, il était ivre et est tombé de son yacht qui mouillait à la station balnéaire de l'île d'Ilhabela. Il s'est noyé. Il n'y a pas eu d'autopsie. On l'a enterré vite fait le 1er mai, le jour de la fête du Travail. La gauche brésilienne pouvait savourer avec ironie la disparition de son terrible ennemi.

Saint-Hélier, Jersey, le 17 novembre 2012. L'ancien ami des Généraux, toujours proche de José Maria Marin et toujours recherché par Interpol pour blanchiment d'argent, Paulo Maluf, se gausse de la cour qui le juge responsable du détournement de 10,5 millions de dollars sur un contrat de construction routière à Sao Paolo.

Pourquoi devrait-il s'en faire ? Il a 81 ans maintenant, de son vivant, jamais le gouvernement ne reverra l'argent et ils ne rassembleront jamais assez de preuves pour récupérer le 1,7 milliard de dollars qu'il a volés au fil des ans.

On se souviendrait de Maluf pour trois raisons. Peut-être le plus corrompu des politiciens de l'histoire du Brésil, il se distingue en plus par une déclaration faite lors de sa tentative avortée pour devenir candidat à la présidentielle de 1989. Il se disait favorable à la peine capitale pour les violeurs, s'ils tuaient leur victime : « Si vous avez des envies de sexe, d'accord. Violez, mais ne tuez pas ! »

Et puis il y a aussi les étoiles sur l'insigne de la police militaire de Sao Paulo. Il y en a dix-huit, l'une d'elles fut ajoutée en 1981 par Maluf qui voulait récompenser l'unité pour son soutien à la « révolution » de 1964.

Les Généraux l'ont promu maire de Sao Paulo en 1969 et Maluf a commencé à piller l'argent public. Il s'est hissé jusqu'au trône de gouverneur de l'État de Sao Paulo en 1979, et a fait de José Maria Marin son adjoint, lui confiant les clés du budget de l'État en 1982.

L'événement le plus mémorable des dix mois que le *senhor* Marin passa à ce poste fut le moment où l'assemblée législative le hua après la découverte d'emprunts suspects contractés auprès d'une banque fédérale. Il comprit qu'il ne ferait pas fortune dans la politique et se tourna vers le football. Des amis le nommèrent président de la région de Sao Paulo au sein de la Confédération brésilienne de football.

Marin s'en est suffisamment bien sorti pour faire bonne impression auprès de Ricardo Teixeira qui le nomma à la vice-présidence de la CBF en 2008.

Quand mes révélations concernant les pots-de-vin de Teixeira forcèrent celui-ci à quitter la CBF (et la FIFA) en mars 2012, Marin était le remplaçant malléable à disposition. Il avait prouvé qu'il partageait les vues de Teixeira sur le foot : « Si tu peux te servir, sers-toi. » Marin a même été vu à la télévision en train de dérober une médaille destinée à un tournoi de jeunes.

Trois mois plus tard, le fantastique journaliste sportif Juca Kfouri dénicha le discours de Marin devant le Congrès en octobre 1975, quand il montrait du doigt Vlado Herzog. Juca a rendu Marin responsable de l'arrestation et du meurtre du journaliste. Juca a aussi fait redécouvrir à ses lecteurs le discours d'hommage à peine croyable donné par Marin en l'honneur de Sérgio Fleury.

Marin fut interviewé à la télévision. Le journaliste Fernando Rodrigues posa la Grande Question : « Certains pensent que quelques-uns de vos discours, particulièrement acerbes, ont finalement débouché sur l'incarcération et la mort du journaliste Vladimir Herzog ?

Marin : Un complot pur et simple, un complot, rien qu'un complot… Un mensonge, un mensonge, je n'avais rien à voir, absolument rien à voir avec ça.

Rodrigues : C'est vraiment une grande coïncidence, votre discours au Parlement et sa mort un peu plus tard ?

Marin : Encore une fois, j'insiste, cela n'est qu'un complot, je n'avais rien à voir avec ça… J'ai toujours été un homme connu pour défendre la conciliation et l'harmonie. »

Sao Paulo, dimanche 11 novembre 2012. Quelques centaines de manifestants alertés par la presse se tiennent devant le domicile de José Maria Marin, au 493 rua Padre João Manuel, dans le quartier huppé dit des jardins au coin de l'Alamenda Franca.

Bannière en main, armés de tambours et équipés d'une sono, les manifestants entonnent des chansons écrites spécialement pour l'occasion. L'une d'elles pose la question : « Avec Marin et ses sales histoires, on se demande, est-il un mouchard ? »

Dans le public, Adriano Diogo, un membre du Parti des travailleurs, celui de la présidente Dilma Rousseff. Diogo, aujourd'hui âgé de 63 ans, a aussi été arrêté et torturé par l'OBAN en 1971, puis il a passé deux ans en prison.

Sao Paulo, mardi 27 novembre 2012. Adriano Diogo se tient debout, mais cette fois pour son travail. Il est membre du Congrès de Sao Paolo, comme José Maria Marin trente-sept ans plus tôt, quand il s'en était pris à TV Cultura. Mais le député Diogo entonne une tout autre partition.

« Mesdames et messieurs, d'abord je veux féliciter la nouvelle génération de jeunes gens qui laissent des graffitis sur la porte des bourreaux, qui ont eu la brillante idée de se rassembler devant l'appartement de José Maria Martin.

» Senor José Maria Marin, la balance qui rapportait à la dictature, est responsable de l'emprisonnement et de la mort de Vladimir Herzog, déclare Diego. Il a du sang sur les mains. Ce n'est pas l'homme qu'il faut à la présidence de la Confédération brésilienne de football. »

Mercredi 23 janvier 2013. Annonce officielle : « La Commission interaméricaine des droits de l'homme de l'Organisation des États américains enquêtera sur les responsabilités d'État concernant la mort du journaliste Vladimir Herzog en 1975, sous la dictature militaire (1964-1985). »

Selon la plainte, « le Brésil n'a pas répondu à son obligation d'enquêter, de poursuivre et de punir ceux qui sont responsables de la mort de Vladimir Herzog.

» Le cas Herzog illustre la défaillance de la justice brésilienne sous la dictature, mais aussi depuis le retour à la démocratie », déclare Viviana Krsticevic, directrice exécutive de l'ONG Center for Justice and International Law, basée à Washington, qui s'est déplacée au Brésil pour recueillir cette plainte.

« Nous voulons savoir qui est responsable de ce qui est arrivé à mon père », explique Ivo Herzog. Sa mère, Clarice Herzog, fait campagne pour obtenir les noms et dénoncer les anciens tortionnaires qui sont encore payés avec de l'argent public, employés par la police ou les services de sécurité. « Je paie des impôts pour entretenir des bourreaux », me dit-elle.

José Maria Martin sera-t-il invité à témoigner ? Dira-t-il ce qu'il sait de la mort de Vladimir Herzog ? Marin s'est à une époque vanté de bien connaître le bourreau Sérgio Fleury. Sans doute lui a-t-il posé des questions sur ce jour où Herzog n'est pas rentré chez lui ?

Marin a ignoré la demande émise par la commission parlementaire du sport et du tourisme de Brasilia qui voulait l'entendre. Il a ainsi laissé le but grand ouvert pour Romário. Peut-être aurait-on dû l'obliger à se déplacer.

Rua Victor Civita, Barra da Tijuca, Rio, 1er avril 2013. L'ancienne superstar du ballon rond, Romário, aujourd'hui membre du Congrès, mène un cortège de manifestants devant les bureaux de la CBF. Ivo Herzog est à ses côtés. Romário tient une pétition portant 50 000 signatures, appelant à la démission de Marin à cause de ses liens avec la dictature militaire. Il brandit un poster barré d'un « Marin dégage ! ». Ils veulent une enquête pour savoir quel rôle Marin a vraiment joué dans la mort d'Herzog.

Port-Louis, île Maurice, 30 mai 2013. Le 63e congrès de la FIFA ouvre ses portes ; les délégués soutiennent les « réformes » du président Sepp Blatter. Ils accueillent en leur sein le délégué brésilien José Maria Marin. C'est vrai que, comme lui, ils sont nombreux à détester les journalistes.

New York, 5 juin 2013. Ivo Herzog a demandé au responsable de l'éthique de la FIFA, le juriste américain Michael Garcia, de se renseigner sur l'implication de Marin dans la mort de son père. « Votre pétition fait allusion à des événements de la plus haute importance, et la sincérité de votre démarche ne peut être remise en cause. Néanmoins, les allégations que vous soulevez semblent tomber hors de ma juridiction, dont la portée et le temps sont limités par le Code éthique de la FIFA. Mon autorité s'étend seulement aux violations, par des officiels du football, au regard du Code éthique dont la première version remonte à 2004. »

CHAPITRE 17

Blatter recrute ses propres détectives

Ils prennent un bon chèque, sans se fatiguer

Zurich, 18 novembre 2010. Treize jours avant l'attribution des Coupes du monde 2018 et 2022. « Je ne peux pas tolérer cette façon de tordre la réalité des faits », se lamente le responsable de l'éthique à la FIFA, Claudio Sulser. « Les journalistes qui racontent que certains au comité exécutif font commerce de leur voix auprès des pays candidats à l'organisation du Mondial, ne font que du sensationnalisme. »

Blatter, assis à côté de Sulser à la conférence de presse, n'est pas à l'aise. Il a engagé ce clown, un ancien international suisse, pour amadouer les journalistes, pas pour les insulter. Le monde entier sait que les caméras cachées du *Sunday Times* ont pris sur le fait Amos Amadu et Reynald Temarii en train de réclamer des pots-de-vin et qu'ils vont sauter. Pas malin de la part de Sulser de s'en prendre à la presse.

Pourquoi n'est-il pas foutu de se taire ? À la vérité, les mauvaises manières de Sulser reflètent la rage qui habite Blatter et le comité exécutif. Comment ? Des fouille-merdes prétendent montrer comment on fait du business dans le petit monde de la FIFA ! Mais ce n'est pas le moment d'être agressif.

Ce n'est pas la première fois que ce Sulser se montre très limite. Quelques semaines auparavant, il a refusé de répondre à une télévision allemande qui l'interrogeait sur le scandale ISL. « C'est du passé ! » Mais non, et tout le monde le sait ; l'affaire reviendra en une des journaux un jour ou l'autre. Pour ce qui est de Sulser, la seule chose à faire, c'est de lui offrir un aller simple pour sa bonne ville de Lugano, et vite !

Mais Blatter doit avancer et conclure le processus d'attribution de la Coupe du monde le plus corrompu de tous les temps. Sur son ordre, Sulser a écrit à tous les pays candidats de ne pas faire de bêtises s'ils voulaient décrocher l'organisation d'une Coupe du monde en 2018 ou 2022. Histoire de les prévenir qu'il valait mieux que les deals douteux se fassent au secret.

Sulser n'a pas communiqué copie de sa lettre d'avertissement aux membres du Comité exécutif. Ceux qui pourraient vendre, et dans certains cas vendraient, leur voix. En fait, le responsable de l'éthique s'était contenté d'envoyer un courrier aux deux hommes mis en cause. On n'avait même pas pris la peine de les interroger personnellement.

Il n'y avait aucune logique ni aucune raison morale que les Mondiaux de 2018 et 2022 fassent l'objet d'un vote simultané. En 2010 la valeur des droits de télévision ou des sponsorships douze ans plus tard était imprévisible. Il n'y avait pas de précédent que la FIFA ou le CIO attribuent deux événements majeurs en une fois.

Alors comment – et pourquoi – le Qatar a-t-il gagné l'élection ? Nous l'avons deviné, n'est-ce pas ? Quelques preuves apparurent en 2014 lorsqu'il fut révélé que Jack Warner et ses fils véreux avaient reçus des paiements énormes de l'homme d'affaires qatarien Mohammed Bin Hammam au moment de l'élection. De vieux types gourmands à la FIFA concluaient des deals secrets – craignant de ne plus être là quatre ans plus tard pour la prochaine élection. Il fallait à présent que le football sorte de ce merdier. Combien parmi les sept autres membres du Comité exécutif virés depuis l'élection avaient été impliqués dans des activités douteuses ?

Il y aura encore quelques années de discussions stériles. Blatter sait que la Coupe ne peut pas se tenir pendant l'été au Qatar – trop chaud – ni pendant l'hiver. Les ligues, les clubs et les fans européens les tenants des droits TV et le football en général ne peuvent se permettre les énormes pertes financières et sportives d'une suspension d'au moins six semaines. Blatter peut-il menacer de suspendre Manchester United, ou City, Chelsea ou des clubs européens majeurs pour refuser de fermer et de libérer leurs joueurs pour la Coupe ?

Les enquêtes bidon commanditées par Blatter sont des tactiques de maquillage et de procrastination chères. Nous pouvons respecter les droits du peuple du Qatar pour sa propre culture – mais nous n'avons pas demandé une Coupe du monde aux conditions de son gouvernement non élu et bâtie sur le travail forcé. Blatter soutient régulièrement que le tournoi devrait être plus étendu géographiquement – et que le football indien devrait se développer. Alors donnons la coupe à l'Inde avec ses températures acceptables, sa population croissante de fans, sa diversité culturelle – et ses bières magnifiques.

Une fois que les vieux avaient eu ce qu'ils voulaient, Blatter se concentra à nouveau sur lui-même et commença à comploter pour bloquer la candidature de Mohammed Bin Hammam à l'élection présidentielle de 2011. Il se rendit en Arabie saoudite pour vérifier si l'argent pour financer sa campagne était bien disponible.

On indiqua à Sulser de régler vite fait le problème du *Sunday Times*. Les journalistes de l'hebdomadaire disposaient de nombreuses heures de bandes enregistrées et d'un tas de notes et de documents. Quatre semaines après les révélations de la presse, Sulser annonça le verdict. Le Nigérian Adamu était banni pour trois ans, le Tahitien Temarii, lui, ne prenait qu'un an de radiation. Une sorte de congé. Dès l'été 2013, Temarii s'est retrouvé à la tête de la Coupe du monde de Beach Soccer qui se déroulait à Tahiti. En novembre 2013, Adamu a, lui, rencontré le ministre des Sports du Nigeria pour évoquer son avenir. Pour Blatter, ces deux-là ne constituaient pas un problème. Ceux qui le mettaient hors de lui étaient les officiels moins haut placés dans la hiérarchie qui avaient commis le pire des crimes : ils avaient brisé l'omerta, un péché capital. Ils avaient été piégés par des journalistes et ils avaient parlé ! Ils avaient ouvert grand la porte du monde secret de la FIFA, celui des pots-de-vin et de la corruption, l'héritage d'Havelange. Certains avaient même raconté qui étaient les pays qui versaient des dessous-de-table pour obtenir les Coupes du monde 2018 et 2022. Il fallait absolument faire un exemple. Punir ces imprudents. Le Tunisien Slim Aloulou fut banni pour deux ans, le Malien Amadou Diakité fut, lui, sorti du jeu pour trois ans. Quant à Ahongalu Fusimalohi des Tonga, il en prit pour trois ans. La peine la plus élevée, quatre ans, frappa un ancien membre du comité exécutif, Ismail Bhamjee du Botswana. Il avait été enregistré en train de raconter que le Qatar était prêt à offrir « n'importe quoi entre un quart et un demi-million de dollars » pour le vote d'un membre du comité exécutif. Les quatre « coupables » furent aussi condamnés à verser chacun une amende de 10 000 francs suisses.

Pour mon documentaire sur la BBC, j'ai interviewé Jonathan Calvert, le reporter du *Sunday Times*. Il n'avait que mépris pour la FIFA. « Ils auraient dû mener une véritable enquête avec des gens de l'extérieur, indépendants, professionnels, qui auraient pu étudier les allégations en détail... Et le résultat d'une telle enquête aurait obligé à reporter les choix concernant les deux Coupes du monde 2018 et 2022. Parce qu'il y a quand même de sérieux soupçons qui sont restés dans l'ombre. »

Lundi 29 novembre 2010. Deux jours avant le vote qui allait décider de 2018 et 2022, « Panorama », l'émission d'investigation de la BBC, dévoila la liste des rétrocommissions payées par ISL. Nous avions sorti les noms d'Havelange, Teixeira, Leoz et Hayatou. Sulser ne réagit pas. Au comité exécutif, on se tenait les coudes. On était entre vieux amis. Temarii et Adamu étaient des petits nouveaux, ils ne manquent à personne. Les quatre grands anciens, eux, devaient être protégés ! Ensemble, ils ont déjà passé plus d'un siècle à la FIFA ! Le Comité international olympique sera d'un autre avis et il lancera sa propre enquête qui mènera un an plus tard à l'exclusion d'Havelange.

Deux jours après, Teixeira, Leoz et Hayatou peuvent voter. La Coupe du monde est offerte sur un plateau à deux dictatures pétrolières. Le comité exécutif quitte les meilleurs hôtels de Zurich et s'envole pour Abou Dhabi. À bord de l'avion se trouvent Jack Warner, Chuck Blazer et Mohamed Bin Hammam qui ne savent pas que cela sera leur dernier banquet à la table de la FIFA. Le gang va encore poser ses valises dans l'un des hôtels les plus luxueux au monde pour le Championnat du monde des clubs, le tournoi le plus inutile de l'histoire du football. Et puis, c'est Noël.

Pour la nouvelle année 2011, Blatter rentre en jeu dès le 2 janvier et fait savoir qu'il va installer un comité anticorruption. Une semaine plus tard, rétropédalage. Günter Hirsch, un magistrat allemand très expérimenté, qui devait faire partie dudit comité, claque déjà la porte. Ce dernier résume la situation : « La FIFA ne manifeste pas d'intérêt à résoudre les violations de son propre Code d'éthique. »

Sans conviction, Blatter défend son nouveau « machin » dans l'hebdomadaire suisse *SonntagsZeitung* : « Je vais suivre cela de très près, m'y investir personnellement. Je veux être sûr qu'il n'y a pas de corruption au sein de la FIFA. Ce comité renforcera notre crédibilité et nous donnera une nouvelle image en matière de transparence. » Dix ans déjà qu'il nous sert cette soupe insipide. Au congrès de la FIFA de mai 2002 à Séoul, le président Blatter insistait déjà : « Nous ne voulons pas nous contenter de parler de transparence, nous avons comme objectif de la construire pierre par pierre depuis 1999. » Urs Linsi, le secrétaire général de l'époque, entonnant la même partition, ne doutait de rien non plus : « La FIFA est en bonne santé, c'est une organisation propre et transparente qui n'a strictement rien à cacher. »

La grande manip' de Blatter – présenter la FIFA comme étant prête à se réformer alors qu'il n'en était rien – a déjà failli capoter en mai 2011, quand est sorti le scandale sur les achats de votes orchestrés par Warner et Bin Hammam. Puis les choses ont empiré en juillet avec les révélations sur les comptes off-shore et les arrangements fiscaux de l'inénarrable Chuck Blazer. Blatter fut ensuite victime d'une attaque de diarrhée verbale et bafouilla en évoquant la création d'un certain « comité des solutions », dans lequel siégeraient peut-être l'ancien secrétaire d'État américain Henry Kissinger et le chanteur d'opéra Placido Domingo. Très chic, mais l'idée passa vite à la trappe. Cela fit néanmoins diversion, encore une fois.

Mais le président n'avait aucunement l'intention d'endosser la responsabilité de la corruption rampante de son comité exécutif. Il se fit clairement comprendre à ce sujet au congrès de la FIFA à Zurich de juin 2011 : « Je suis le capitaine du navire et nous ferons face à la tempête tous ensemble. » Son règne, que personne ne voulait abréger après la sortie de Bin Hammam, fut reconduit, le 1er juin, pour quatre ans de plus. Tant que Teixeira, Marin et Del Nero contrôlaient le football brésilien et livraient la Coupe du monde à l'heure, il pourrait passer entre les gouttes jusqu'à une autre réélection en 2015.

Un flot ininterrompu d'histoires destinées à faire diversion s'ensuivit. *Non-stop* pendant deux ans. On ne pouvait plus suivre, encore moins comprendre. On était noyé sous les communiqués de presse, les interviews, les feuilles de route, les *task forces*, les rapports provisoires et on en passe. Les agences de presse les ont malheureusement trop souvent livrés comme de vraies informations sans le moindre œil critique.

Et là, coup de maître ! Une tromperie époustouflante. À huis clos, Blatter se met à réécrire le Code éthique de la FIFA, ses Statuts et ses Règlements. Deux cents pages de langage juridique souvent obscur. Les reporters complaisants ne les liraient jamais et même s'ils le faisaient, ils ne comprendraient pas ce que faisait Blatter. Intelligemment rédigés, ces textes seraient une haute muraille érigée pour protéger les méfaits et délayer les enquêtes.

Un nouveau comité d'éthique verrait le jour, deux fois plus gros que le précédent ! Il comporterait deux instances appelées pompeusement des « chambres ». Les incorruptibles de la chambre d'instruction seraient dirigés par un ancien grand flic, Michael Garcia, un dur.

La FIFA voulait que l'on sache que Garcia avait été procureur général à New York, qu'il s'était frotté à Wall Street, aux délits d'initiés, au terrorisme et à la sécurité intérieure. Oh, oh ! D'excellents biscuits pour un communiqué de presse de la FIFA. Nous sommes sérieux ! Mort à la corruption ! Y aura-t-il des séances d'interrogatoire avec une baignoire ?

Les informations provenant de New York sur ce Garcia n'étaient pas folichonnes. Scott Horton, un professeur de droit, avait, quatre ans plus tôt, « salué » la fin de sa carrière dans le service public par un article au vitriol sur le site *The Daily Beast*. C'est peu dire qu'il n'était pas aussi exalté que Blatter par le pedigree de l'ancien procureur. Selon l'une des sources de Scott Horton, « *Garcia avait le chic pour savoir ce qui rendrait les politicards heureux. C'était le genre de jeu où il excellait* ».

Et comment donc se comportait Garcia, quand il surveillait de près les beaux parleurs de Wall Street, ces escrocs qui nous ont offert la grande crise financière ? Diagnostic du professeur Horton : « *Garcia n'a pas rempli sa mission consistant à appliquer la discipline de l'industrie financière nationale et il s'est accommodé des chicaneries de Wall Street.* » Horton ajoute que « *pendant sa mandature de 39 mois comme procureur général, jamais Garcia ne s'est attaqué à une affaire de gros calibre, pas une fois* ». En fin de compte, Horton pensait surtout que Garcia était trop proche des cercles alliés à George W. Bush.

Garcia avait depuis changé de vie et menait grand train. Fini l'époque où il passait pour un détective, avec ses manches de chemise retroussées, dévisageant les suspects dans une triste salle d'interrogatoire. Cinq ans après avoir quitté le service public et gagnant désormais plusieurs millions de dollars d'honoraires par an dans un cabinet d'avocats new-yorkais, Garcia travaillait pour le compte de riches clients rattrapés par la justice – les mêmes qu'il était censé poursuivre quand il était procureur. Garcia avait-il été recruté par la FIFA pour vaincre la corruption, ou pour défendre Blatter ?

C'était cet homme-là, accompagné de son Sherlock Holmes Junior, David Abramowicz, originaire comme lui des Kirklands, qui aurait à mener ses investigations dans les sombres bas-fonds de la FIFA et ensuite produire des rapports dévastateurs à l'intention de l'un de ces nouveaux machins imaginés par Blatter avec leurs noms ronflants, comme la « chambre juridictionnelle ». Cette dernière était dirigée par un juge munichois, Hans-Joachim Eckert, un spécialiste de la criminalité financière qui, à l'inverse de son confrère allemand Günter Hirsch, faisait peu de cas du manque d'appétit de Blatter pour les réformes. Chacune des chambres comptait six membres, venus du monde du sport, en partie des juristes.

On a même vu Transparency International faire un tour de piste. L'ONG, qui lutte de longue date contre la corruption, a produit en août 2011 un excellent rapport insistant sur la nécessité de mener une enquête indépendante dans les dossiers noirs de l'ancien management de la FIFA, de nommer des observateurs extérieurs dans les comités clés, d'instaurer une limite d'âge pour les officiels de haut rang, de mettre en place un règlement qui interdirait les conflits d'intérêts et de publier le salaire et les bonus de Sepp Blatter. La FIFA et l'ONG n'ont filé le parfait amour que pendant trois mois, avant que Transparency International ne claque la porte. Encore une fois, Blatter s'était acheté du temps.

« Je suis certain que la FIFA va traiter cela parfaitement. » Tiens, un nouveau mandarin anticorruption ! Cette fois, il s'agissait du professeur Mark Pieth, qui nous arrivait de l'Institut pour la gouvernance de Bâle. Il fut présenté à Zurich à l'occasion d'une conférence de presse de Blatter fin 2011, dans une ambiance un peu poisseuse. « Je suis heureux et fier que vous ayez répondu à mon appel et à celui de la FIFA », déclara, tout émoustillé, le président. À se demander ce qui avait bien pu se passer avant la conférence !

Pieth était censé diriger ce que lui et Blatter appelaient un « groupe de gouvernance indépendant », dont les membres seraient défrayés de façon substantielle. La composition de l'équipe : un hiérarque ambitieux du football américain, Sunil Gulati ; un vice-président de Hyundai, l'un des sponsors de la FIFA ; François Morinière, le directeur du quotidien sportif *L'Équipe*, dont le propriétaire, le groupe Amaury, faisait aussi des affaires avec la FIFA (notamment l'attribution du Ballon d'or) ; quatre experts en gouvernance venus d'Amérique ; un représentant des footballeurs professionnels ; l'ancien procureur général britannique – celui qui avait donné son aval à l'entrée en guerre contre l'Irak voulue par le gouvernement Blair – et Mme Lydia Nsekera, présidente de la Fédération de football du Burundi, également membre du Comité international olympique (CIO). « C'est une belle femme, c'est une femme dure, déclara Blatter. C'est une princesse, la fille d'un sultan. C'était vraiment le meilleur choix. » Six mois plus tard, en novembre 2013, Mme Nsekera était démise de son poste de présidente du football au Burundi. Elle a conservé son siège au CIO, sans doute pour quelques décennies.

Une invitation à rejoindre le groupe de Pieth fut rejetée par Football Supporters Europe, une organisation réputée qui regroupe des amoureux du jeu de quarante-deux pays. Daniela Wurbs, la directrice, expliqua qu'elle doutait de la « crédibilité de la FIFA ».

Le professeur Pieth, qui avait été consultant en intégrité pour la Banque mondiale, se révéla être le roi de la feinte de corps, plus fort que Romário face au but. La différence, c'est que Romário, lui, marquait à chaque fois. Ce fameux jour où Blatter et Pieth semblaient prêts à s'embrasser sur la bouche, le professeur déclara : « Je dois trancher, regarder vers le passé ou l'avenir. Quitte à choisir, je préfère regarder vers l'avenir. Il y en a d'autres qui préfèrent le passé. » Une semaine plus tard, renversement de jeu. Voilà que Pieth voulait étudier les allégations sur les dérapages du passé, une obligation pour évaluer les « risques ».

Fin janvier 2012, Pieth jouait à nouveau la fermeté. « Nous devons veiller à ce que les gangsters ne s'en tirent pas dans le sillage des opposants aux réformes. De nombreux membres du comité exécutif n'y sont plus pour longtemps. » Les efforts de Pieth n'y seront pas pour grand-chose.

Quinze jours plus tard, il n'était déjà plus aussi sûr de lui. « Nous déciderons fin mars s'il faut lancer une enquête sur les allégations les plus sérieuses concernant le passé. » En septembre, il ne semblait pas avoir beaucoup avancé, mais parlait toujours du passé : « Il y a des cadavres dans le placard, c'est certain. » Fin 2012, Pieth implorait pour trouver du soutien. « Il serait bienvenu que le Conseil de l'Europe fasse entendre sa voix au côté de ceux qui demandent un changement urgent. » Il n'est jamais venu à l'idée de Pieth et de son groupe de personnalités qualifiées qu'ils devaient tout simplement menacer la FIFA de ne plus travailler pour elle. Il aurait suffi d'organiser une conférence de presse pour révéler que ni Blatter ni le comité exécutif ne voulaient de réformes.

Pourtant, tout dans l'attitude de Blatter le prouvait. Il ne s'en cachait même pas. En avril 2012, il avait rendu visite à Havelange qui était hospitalisé à Rio et un mois plus tard, au congrès de la FIFA à Budapest, il avait fait acclamer le nom du président honoraire, bien que ce dernier ait été évincé du Comité international olympique.

Pendant les Jeux olympiques de Londres, au cours de l'été 2012, Blatter prétendit à l'occasion d'une conférence de presse que sa réforme fonctionnait. « Notre organisation n'est ni corrompue, ni mafieuse. C'est toujours une question de perception. Nous allons bien et le moment venu, et je suis sûr que nous réussirons. »

Petit saut dans le temps. En 2013, le groupe de Pieth, devenu enfin plus audacieux, annonça : « L'absence de structures transparentes et la culture du népotisme pèsent sur la réputation de l'institution et minent ses efforts pour montrer le chemin d'une gouvernance éthique du sport. » Depuis le temps, Blatter savait qu'il pouvait ne tenir aucun compte d'eux sans danger et il déclara à la presse : « La mise en place des réformes approche de sa conclusion. »

C'en était trop pour l'un des membres de la commission Pieth. À l'approche du congrès suivant de la FIFA, en juin 2013, à l'île Maurice, Alexandra Wrage, experte canadienne de la bonne gouvernance, qui avait refusé d'être payée, prit ses cliques et ses claques. « C'est le projet le moins abouti auquel j'ai jamais participé. Et de loin ! Aucune de nos suggestions n'a été retenue à l'ordre du jour, déclara-t-elle. Dans ces conditions, je n'ai rien à faire à Maurice. »

Le lendemain, l'Américain Sunil Gulati – le professeur d'économie qui n'avait jamais remarqué que « le Ventre » Chuck Blazer piquait dans les caisses du foot régional et qui espérait bien entrer au comité exécutif – voyait, lui, les choses différemment. « Je crois que les réformes qui ont été entamées constituent un excellent premier pas. »

Ce congrès de juin 2013 était une belle expédition au bout du monde dans l'océan Indien qui, vu le coût du déplacement, ne fut pas trop suivie par la presse. Le soir du banquet, un Blatter très confiant déclara : « Le congrès apportera à la FIFA un très haut standard de gouvernance, comme il convient pour une organisation comme la nôtre qui joue un rôle aussi fondamental dans la société.

» En tant que capitaine, je suis heureux de vous dire que nous avons traversé la tempête. Nous sommes sortis des flots tourmentés encore plus forts et maintenant nous pouvons envisager l'avenir. Devant nous, des eaux calmes comme celles du splendide océan autour de l'île Maurice. Je crois que notre navire peut maintenant tranquillement rentrer au port. » Et d'ajouter : « La FIFA montre l'exemple en matière de gouvernance pour l'ensemble du monde sportif. »

Pieth resta en marge des événements, faisant des apparitions aux conférences où il soutenait que son groupe avait connu des succès. Quoi qu'il en soit, il y a vraiment de quoi se demander si ce groupe pour la gouvernance a fait autre chose que de donner des conseils sur la décoration de la table, l'argenterie, les verres à apéritif et les serviettes pour le banquet du comité exécutif.

Et Garcia, le dur à cuire ? Il s'était pointé devant la presse à Zurich, en juillet 2012, en se tapant du poing sur la poitrine. Il faisait le même genre de bruit que Pieth à ses débuts. Il déclara : « Si des agissements passés nécessitent une enquête, je la lancerai. Il n'y aura aucune limite sur notre champ d'investigation. »

Mais, et c'était un grand progrès dans l'histoire de

la lutte anticorruption, on ouvrirait une ligne téléphonique pour enregistrer les témoignages ! Plus tard, il y aurait aussi un site web et un formulaire à remplir en ligne. Et un os de plus à ronger pour les journalistes : Garcia allait enquêter sur l'obtention du Mondial par l'Allemagne.

On voulait surtout savoir ce que Garcia allait entreprendre à propos de la grosse affaire : comment donc le Qatar avait-il remporté le Mondial 2022 ? En jeu, pas moins que la réputation de la FIFA et le futur de la Coupe du monde.

Entretemps, il s'est trouvé d'autres problèmes à régler d'urgence. Quelle était la plus grande menace pour Blatter ? Le Qatari Mohamed Bin Hammam, son rival, dont la FIFA avait du mal à se débarrasser. Peut-être que Garcia voudrait bien intervenir ? Bien sûr, Monsieur !

En décembre 2012, Mohamed fut banni à vie cette fois. Garcia plus tard a prétendu qu'il avait fait un usage suspect de l'argent qu'il contrôlait via la Confédération asiatique de football – et le juge Eckert a vite embrayé. C'est d'abord son coéquipier du Sri Lanka, le gigantesque Manilal Fernando – il doit acheter ses pantalons dans le même magasin que Chuck Blazer –, qui a été sorti du football pour huit ans. Garcia a fait appel aux auditeurs de PricewaterhouseCoopers contre Bin Hammam.

Ils ont fouillé dans les comptes de la Confédération asiatique de football et ont trouvé de grosses sommes qui se baladaient bizarrement et des anomalies dans la vente des droits marketing. Bang ! C'était fini pour Mohamed. Mais, enfouis dans le long rapport, il y avait aussi des chiffres curieux à propos desquels Blatter et le comité exécutif n'ont pas demandé d'éclaircissements. En mars 2008, par exemple, Bin Hammam avait viré 250 000 dollars en faveur de Jack Warner. Et puis il y avait aussi quelque 180 000 dollars expédiés sur le compte luxembourgeois du propriétaire de chevaux brésilien.

« Mo » avait aussi acheté pour 4 950 dollars de costumes coupés chez Lord's Tailor, le fameux tailleur de Kuala Lumpur – Mel Gibson et Mohammed Ali autrefois sont aussi clients – pour le patron du foot africain, Issa Hayatou. Mo avait également offert pour 2 000 dollars de chemises à Sepp Blatter en février 2008, toutes achetées chez l'excellent tailleur Lord's. Voilà qui ressemblait aussi à des entorses au Code de l'éthique l'ancien et le nouveau. Mais nous n'en saurons sans doute jamais rien. Tout ce que Garcia pouvait dire c'est qu'« il n'[était] pas de bon ton de débattre sur le rapport de Pricewaterhouse ».

Quid du pot-de-vin de mars 1997 pour Havelange, que Blatter connaît ? Garcia avait bien lu la lettre d'IMG qui expliquait comment Blatter avait oublié de prendre en compte leur offre de 1 milliard de dollars en 1996, l'offre qui aurait dû écarter ISL. Garcia avait aussi étudié le paiement « Garantie JH » et écouté les dépositions des deux officiels de la FIFA qui avaient vu passer la rétrocommission pour Havelange. Blatter aurait dû être mis dehors, fini, en disgrâce. Il y aurait alors eu une nouvelle élection, un nouveau président qui aurait réglé les autres scandales et Garcia aurait pu partir à son tour. Il aurait touché son solde de tout compte et au revoir. C'est comme cela que tout aurait dû se conclure.

J'ai sorti cette histoire voilà douze ans et je ne l'ai jamais lâchée. Je dois beaucoup à tous les amateurs de foot qui ont acheté mes livres, regardé mes documentaires et m'ont fait confiance. Être au courant de ce pot-de-vin, c'était le talon d'Achille de Blatter. Voici le récit chronologique du scandale. Il commence par un coup de fil intercontinental.

CHAPITRE 18

Blatter réécrit son Code éthique

Il ne se fera plus jamais prendre !

Séoul, mai 2002. « Un gros pot-de-vin est arrivé pour Havelange, en passant accidentellement entre nos mains à la FIFA. C'était un cauchemar pour nous et Blatter a dû régler l'affaire. » Le coup de fil venait de Corée, mon interlocuteur qui comptait parmi les plus importants cadres de la FIFA était chargé de régler les derniers préparatifs pour la Coupe du monde et le congrès de la FIFA. Cela faisait cinq ans qu'il avait assisté à cette scène où l'argent destiné à Havelange était passé par Zurich plutôt que d'arriver directement sur l'un des comptes personnels du Brésilien. C'est seulement maintenant que ma source se sentait assez en confiance pour en parler.

Il avait passé la moitié de sa vie à la FIFA et il avait vu l'association corrompue entre Havelange et le porteur de valises d'ISL, Jean-Marie Weber. Notre cadre haut placé à la FIFA n'avait aucun doute sur ce qui s'était passé sous ses yeux. Bien sûr que Blatter savait pour le dessous-de-table d'ISL à son boss. On peut dire ce que l'on veut sur cet homme, mais tout le monde sait que

Blatter n'est pas stupide. Il a été formé par Horst Dassler dans les années 1970 pour mettre le foot à la disposition d'Adidas, puis a sauvé ISL, l'entreprise créée par ce même Dassler, en 1996 et 1997. Non, il était impossible qu'il ne sache pas qu'il y avait un pot-de-vin. Un chèque de 1,5 million de francs suisses émis par ISL à l'ordre du président de la FIFA, qu'est-ce que ça pouvait être d'autre ? Ce n'était pas un cadeau d'anniversaire pour Havelange !

Le coup de fil de Corée en mai 2002 arrive à un moment où la FIFA est sens dessus dessous. Les Européens de l'UEFA mènent la charge pour débarquer Blatter, mais, à la fin du mois, ce dernier aura réussi à diviser ses adversaires. Il va pouvoir conserver son trône quatre ans de plus. De mon côté, j'ai passé un excellent moment, car on m'a apporté des histoires exclusives sur le bas-ventre pas joli joli de la FIFA.

J'ai demandé à ma source si elle avait des documents. Non, disait mon interlocuteur, il n'avait pas de documents bancaires à me présenter, il ne se souvenait pas non plus du montant précis de la somme. Mais il était dans le bureau de Blatter, alors secrétaire général, au moment où le plus gros scandale de corruption du monde du sport lui éclatait en pleine figure ; et il l'avait vu paniquer. Il se rappelait que le virement était en francs suisses. La rétrocommission pouvait s'expliquer. Deux semaines avant, j'avais publié un document exclusif montrant comment Blatter et Havelange avaient écarté une offre de 1 milliard de dollars proposée par l'agence de marketing sportif américaine IMG qui tentait d'arracher à

ISL les mirifiques contrats de la Coupe du monde. Pas étonnant qu'Havelange ait reçu sa récompense.

J'en ai parlé avec mon rédacteur en chef et nous avons publié, dans le *Daily Mail* de Londres du 25 mai 2002, un article prudent qui ne divulguait pas les noms d'Havelange et de Blatter. Mon texte évoquait une enveloppe d'environ 500 000 livres arrivée par erreur à la FIFA de la part d'ISL. Son destinataire était un officiel « très haut placé de la FIFA ». Par ailleurs, le papier mentionnait des tentatives faites auprès de la banque de la FIFA pour effacer toute trace de la transaction.

Nous tenions cette histoire de corruption. Mais, il me faudrait encore huit ans pour mettre la main sur les preuves, sous la forme de la liste des pots-de-vin où était indiqué le paiement secret de mai 1997 à la ligne « Garantie JH ». Entretemps, je n'ai pas lâché ; c'était l'élément clé démontrant la corruption d'Havelange et le fait que Blatter savait.

Francfort, vendredi 5 décembre 2003. C'était le jour du tirage au sort des qualifications du Mondial 2006. Pendant toute la semaine, un bon millier d'officiels de la FIFA et des délégations des fédérations nationales avaient fait la fête en Allemagne. J'avais envie de mettre mon grain de sel dans ce concert d'autosatisfaction. Ce matin-là, j'ai ressorti l'histoire du pot-de-vin d'Havelange, sans rajouter grand-chose à la première version publiée seize mois plus tôt. Seulement, j'avais désormais une seconde source qui était également dans le bureau de Blatter et qui confirmait toute l'histoire. Il ne voulait pas être cité.

Sans document écrit, je ne pouvais toujours pas livrer le nom d'Havelange en pâture. J'avais révélé qu'un « officiel de très haut rang de la FIFA (dont le nom nous est connu) a[vait] reçu un énorme paiement de la part de l'entreprise suisse qui venait d'obtenir les droits marketing des Coupes du monde 2002 et 2006. Le paiement qui aurait dû lui arriver directement est passé accidentellement par la FIFA, causant une certaine panique au plus haut niveau de l'organisation. » Nous avions emballé l'histoire qui faisait presque une pleine page, avec une grande photo d'Havelange avec la Coupe du Monde. Le président Blatter ne nous appela pas pour nous demander le nom du récipiendaire.

Tunis, 23 janvier 2004. Et c'est reparti. Cela fait un an que j'ai été exclu des conférences de presse de Blatter, mais je me suis déplacé pour la Coupe d'Afrique des nations. Un ami nigérian m'a fait entrer en douce. Au milieu de la session entre Blatter et la presse, je me lève et je parle très fort : « Après la signature du dernier contrat avec ISL pour les tournois 2002 et 2006, un paiement secret de 1 million de francs suisses est arrivé par hasard sur l'un des comptes de la FIFA. Vous occupiez le poste de secrétaire général à l'époque, et il se raconte que vous avez donné des instructions pour que cet argent soit viré immédiatement sur l'un des comptes privés d'un officiel de la FIFA. Qui était le bénéficiaire ? »

Blatter a l'air traumatisé. Son visage semble se dégonfler. Son vilain secret est balancé en public. Il répond, froidement : « Je n'entrerai pas dans ce genre de discussion ici, c'est totalement hors de propos. Nous voulons discuter de l'Afrique avec des journalistes africains. » L'échange, filmé par une chaîne allemande, est diffusé partout en Europe.

Londres, mai 2006. Mon livre *Carton rouge* est publié en 16 langues. Le premier chapitre commence par l'histoire du pot-de-vin arrivant à la FIFA et le face-à-face avec Blatter à Tunis. Je reçois des coups de fil de confrères suisses. « Blatter dit que votre histoire ne tient pas debout, qu'il n'a jamais rien vu de tel. Il dit que vous avez tout inventé. »

Londres, 11 juin 2006. La BBC diffuse ma première enquête sur la corruption à la FIFA. Le pot-de-vin est au cœur du sujet. Nous commençons par la scène de Tunis. Dans une autre séquence, je suis caché derrière un arbre du parc de la FIFA à Zurich, puis je poursuis Blatter. Les deux cameramen entrent en action et je repose la question au président de la FIFA :

« AJ : Permettez-moi de vous demander juste une chose. Savez-vous qui sont les officiels de la FIFA qui ont été soudoyés par ISL ?

SB : Désolé, je ne parle pas de ça.

AJ : Savez-vous qui sont les officiels du foot qui ont touché de l'argent d'ISL ?

SB : Je ne réponds pas à ces questions.

AJ : Allez-vous me dire qui a ramassé le pot-de-vin de 1 million ? On m'a raconté que vous avez ordonné que ce dessous-de-table soit transmis à l'homme à qui il était destiné. Pouvez-vous me dire à qui il a été envoyé ? Était-ce le président Havelange ?

Blatter s'enfuit dans l'immeuble de la FIFA et ordonne à ses sbires de garder les portes, si jamais nous le poursuivions dans les couloirs du pouvoir. »

LES REPORTERS ne travaillent pas pour être aimés. Notre responsabilité est de poser les questions qui font mal aux riches et aux puissants. J'ai à nouveau rabâché cette question sur Blatter, Havelange et le pot-de-vin dans d'autres enquêtes de « Panorama » sur la BBC en 2010 et 2011. J'ai montré le document qui prouve la faute d'Havelange à Brasilia à la commission de l'Éducation, de la Culture et du Sport en octobre 2011 et j'ai refait la même chose à Paris un mois plus tard, à l'occasion d'une réunion du comité Culture, Science et Éducation du Conseil de l'Europe.

Enfin, en juin 2012, nous avons mis la main sur le rapport, enterré de longue date, du magistrat Thomas Hildbrand qui avait enquêté sur la corruption au sein de la FIFA. La preuve officielle ! En page 33, c'est écrit, on ne peut plus clairement : « *La découverte selon laquelle la FIFA avait connaissance des paiements de dessous-de-table à des personnes à l'intérieur de l'organisation n'est pas en doute* » (les italiques sont de moi). Et voilà. La FIFA – c'est-à-dire Blatter – savait ! Pas une surprise pour moi, mais cela faisait du bien d'en avoir une confirmation par une source indépendante.

Hildbrand continue. « *Cela s'explique, car plusieurs membres du comité exécutif avaient reçu de l'argent, et, entre autres choses, il a été confirmé par l'ancien directeur financier de la FIFA, entendu comme témoin, qu'un paiement a été fait par la société ISL à João Havelange pour un montant de 1 million de francs suisses après avoir été dans un premier temps transmis par erreur à un compte de la FIFA ; le directeur financier n'était pas le seul à en avoir connaissance, P1 (le président Blatter) en aurait eu connaissance aussi.* »

À l'inverse du groupe Pieth et du nouveau comité d'éthique et ses deux chambres, entités choisies par Blatter, ce rapport venait d'un enquêteur public et indépendant, travaillant strictement pour le respect de la législation suisse. Il énonçait clairement que Blatter savait qu'il y avait un pot-de-vin pour Havelange.

Dans le monde que nous connaissons hors de la FIFA, n'importe quel politicien ou membre d'un conseil d'administration aurait dû démissionner dans la honte. La véritable honte, c'est que seulement une – oui, une – parmi les 209 fédérations nationales de football a réclamé son départ. Le comité exécutif, lui, est resté silencieux, tout comme les sponsors. Idem pour le gouvernement brésilien, qui aurait pu utiliser ce document juridique pour marchander les exemptions de taxes et autres privilèges réclamés par la FIFA.

Blatter a trouvé un journaliste bien déférent de Reuters et lui a dit : « Je n'en savais rien jusqu'à la chute d'ISL en 2001. » Et ce mensonge a été publié !

Le seul officiel du football à contrer Blatter fut Reinhard Rauball, président de la Ligue allemande de football. « *Blatter devrait céder sa place aussi vite que possible,* déclara-t-il en juillet 2012 au grand quotidien *Die Welt. Pour la crédibilité des réformes en cours, la FIFA a besoin de quelqu'un qui soit prêt à repartir du bon pied. C'est compliqué si l'un des personnages impliqués dans les dérapages s'accroche alors qu'il faut faire le ménage.* »

Blatter a ignoré Rauball et fait diversion en lâchant un commentaire venimeux sur Havelange. « Il est multimillionnaire. C'est au-delà de mon entendement qu'il ait pu recevoir des pots-de-vin. Il n'en a pas besoin. » Bien sûr, Blatter savait qu'Havelange touchait en douce, mais en confirmant qu'il était fortuné, il mettait à bas sa défense. Le Vieux avait en effet prétendu auprès d'Hildbrand qu'il n'avait pas les moyens de faire un gros remboursement.

Une semaine plus tard, Blatter donnait son aval au recrutement de Michael Garcia comme superflic de la FIFA et à celui de Hans-Joachim Eckert dans le rôle du juge. C'est à Garcia qu'est revenue l'enquête interne à la FIFA sur le scandale ISL et le pot-de-vin à Havelange que Blatter savait. Eckert, lui, livrerait son verdict en fonction des éléments amassés par Garcia. Est-ce que ça allait être la fin pour Blatter ?

Il faudra attendre début 2013 pour que Garcia transmette son rapport au juge Eckert. Que dit-il ? Ils ne nous en diront rien. À qui a-t-il parlé ? On ne peut pas nous le dire non plus. Quels documents a-t-il découverts dans la poussière des archives ? C'est secret. Garcia s'est-il intéressé au scandale de Blatter bloquant l'offre d'un milliard de dollars d'IMG pour préserver le flux de pots-de-vin d'ISL ? Cela ne peut être dévoilé. J'aurais pu fournir la correspondance à Garcia. Il doit savoir par mes précédents ouvrages que je l'ai. Il ne m'a pas appelé. Les deux hommes se sont fondus dans la culture du silence chère à Blatter. Les 4 200 pages de l'enquête sont enfermées dans le coffre-fort du président à Zurich. Avec l'accord de tous les membres du Comité exécutif. Les 209 associations, timorées, ne mouftent pas. Les journalistes n'ont rien vu.

L'élément crucial du dossier constitué par Garcia doit être son « interrogatoire » de Blatter. Quelle est la date de l'entretien ? Où s'est-il déroulé ? Dans le confortable bureau de Blatter ? Que lui a demandé Garcia ? Nous ne le saurons jamais. S'est-il montré intransigeant face à son riche client comme il l'avait été dans son passé de procureur luttant contre le crime organisé, les terroristes et les meurtriers à New York ? C'est un secret.

Le rapport de Garcia a été adressé à Eckert à Munich et Eckert a commencé par nous raconter ce que nous savions depuis des années. « Il est certain que des montants non négligeables ont été transmis à l'ancien président de la FIFA, João Havelange, et à son gendre Ricardo Teixeira, ainsi qu'au Dr Nicolás Leoz. » Il s'agissait de « dessous-de-table ». Ensuite Eckert nous a donné son avis sur les responsabilités de Blatter à propos de la corruption qui régnait au sein de la FIFA. « On peut se demander, conclut Eckert, si le président Blatter savait ou aurait dû savoir avant la faillite d'ISL que cette société soudoyait d'autres officiels de la FIFA. »

Eckert était-il sérieux ? Tous ceux qui travaillaient à la FIFA, le bataillon de journalistes qui couvraient l'organisation, l'armée des managers sportifs, des agents et des vendeurs de droits savaient depuis longtemps qu'ISL « lubrifiait » ses relations avec Havelange et la FIFA. Le pointilleux manager Blatter savait tout sur les pots-de-vin, aussi sûr que le soleil se lève le matin. De quoi parlaient-ils donc pendant les visites de Jean-Marie Weber à Zurich et quand ils séjournaient dans les mêmes hôtels pendant les tournois de la FIFA ?

Par le passé, Blatter a admis avoir pris des vacances avec Weber et, curieusement, il a comparé une fois leur relation à « une nuit d'amour à Venise ». Mais ils n'ont jamais parlé des 100 millions de dollars de pots-de-vin. C'est Sepp qui le dit et on devrait le croire. Weber ne dit rien. Nous ne saurons jamais si Garcia, l'enquêteur dur à cuire, a interrogé Weber ou l'ancien patron d'ISL, Christoph Malms, sur la demande insistante d'Havelange et de Blatter pour que Weber, le porteur de valises, conserve son job dans l'entreprise de marketing sportif. Plusieurs employés du département financier d'ISL ont mis en place et distribué les dessous-de-table. Est-ce que Garcia leur a parlé ? Cela ne nous regarde pas.

Finalement, le juge Eckert a conclu que lorsque le pot-de-vin est arrivé chez Havelange, Blatter a sans doute été maladroit… mais qu'il n'a pas pour autant eu un comportement criminel ou bafouant l'éthique ». Comme Garcia a « blanchi » Blatter en dépit des preuves l'incriminant, essayons de deviner comment se déroula l'interrogatoire :

Garcia : Est-ce que Seppy est assis confortablement ?

Blatter : Allez-y, commencez.

G : Vous ne saviez pas que le paiement d'ISL à Havelange était un pot-de-vin, n'est-ce pas ?

B : Bien sûr que non.

G : Puis-je avoir mon chèque maintenant ?

B : Tout ceci est secret, bien sûr ?

G : Comme vous voulez.

B : Christine dans le bureau à côté tient le chèque prêt pour vous. Ou préférez-vous du liquide ? Grondona peut s'en occuper.

Mais comment ont-ils pu s'en sortir ? C'est le moment de refaire un pas en arrière et d'étudier les nouvelles règles édictées par Blatter.

CELA RESSEMBLE à un autre de ces documents routiniers de la FIFA. Mais c'est l'un des points cruciaux dans la campagne en sous-main de Blatter pour dissimuler la vérité. Une jaquette bleu foncé, 56 pages de « Règles d'organisation de la FIFA », approuvées par le comité exécutif de Blatter, le 21 mars 2013, ce document met un point final à la destruction de la réforme et de toute tentative d'instaurer un minimum de transparence. Le document est public, sur le site FIFA.com. Qui a pris la peine de le lire ?

En page 8, on nous dit que les réunions du comité exécutif sont « confidentielles ». En page 12, comme un mantra, il est répété que toutes les réunions du Comité exécutif de la FIFA sont « confidentielles ». À quoi sert donc la commission d'audit et de conformité, soi-disant indépendante ? Vous avez deviné. « Confidentiel ». Les salaires, les bonus, les frais de représentation, quel que soit le sujet de la « sous-commission de rémunération », cela ne nous regarde pas.

C'est le verrouillage ultime version Blatter. Il est

tranquille. Sa façon de dépenser l'argent de la FIFA, ses affaires privées, ses contrats pour la vente des billets, ses voyages luxueux dans les plus beaux hôtels du monde, ses voyages impériaux dans des jets privés, son salaire, ses bonus, ses frais, ses avantages en nature, sa voiture, sa résidence, tout ce qu'il a amassé en siphonnant la FIFA pour lui, sa famille et ses petites amies, tout est confidentiel. Et pour que les membres du comité exécutif restent contents, on les laisse mettre la balle au fond à volonté. Des frais de représentation extravagants leur sont remboursés et parfois même sans qu'ils aient à présenter de justificatifs. De toute façon ce n'est pas l'argent de Blatter et ça les rend loyaux – et silencieux.

Quels débats ont-ils dans les commissions ? On ne peut pas le savoir. Quelle est l'ambiance dans ces comités, leur arrive-t-il d'avoir de sérieux différends ? Pas notre problème. Comment s'organise la répartition des billets pour la Coupe du monde ? N'essayez pas de demander ! De quoi parle-t-on avant d'attribuer des contrats lucratifs ? Allez-vous-en ! Ils sont vraiment propriétaires du football, et ils font tout pour que les supporters, les joueurs et les clubs en soient exclus.

Blatter a longtemps joui d'un privilège étonnant qui remonte au temps où il était le secrétaire général d'Havelange. Il pouvait signer des chèques sans le consentement des autres officiels. Il n'avait même pas besoin d'en informer qui que ce soit ! Il pouvait donner de l'argent de la FIFA à qui il jugeait bon. Ce n'était pas un secret absolu, on pouvait le découvrir au bureau d'immatriculation des sociétés de Zurich. Mais un seul journaliste a pensé à regarder, Jean-François Tanda. Comment était dépensé l'argent de la FIFA ? Qui contrôlait les dépenses de Blatter ? Le président du comité des finances, l'Argentin Julio Grondona et son adjoint Jack Warner, sans doute les hommes les moins fiables du monde du football. Les conspirateurs qui se sont entendus sur le salaire secret de Blatter. La FIFA prétend qu'elle a changé et que maintenant Valcke, le secrétaire général, doit cosigner les chèques. Cela vous rassure ? Serons-nous un jour autorisés à voir les années de documents bancaires qui pourraient révéler qui touchait l'argent versé par Blatter ? Il ne faut pas trop y compter.

Blatter ne s'est pas contenté de réécrire le règlement intérieur, il a aussi revu les statuts. Derrière ce texte indigeste, la loi d'airain de la FIFA, une loi qui édicte que Blatter est au-dessus de toutes les juridictions partout dans le monde. Essayez de le poursuivre, lui ou l'un de ses officiels, devant un tribunal civil et vous êtes bannis du football ! En page 50, les associations nationales sont averties que tout appel contre cette règle doit être « strictement soumis à l'arbitrage » et non pas à un tribunal de droit commun. Blatter, bien sûr, a la main sur les officiels en charge des procédures d'arbitrage de la FIFA.

« *LE SECRÉTARIAT GÉNÉRAL de la FIFA doit mettre en place les chambres d'instruction et de jugement, toutes deux disposant d'un secrétariat et du personnel suffisant.* » Cette phrase insipide, nichée dans le nouveau Code éthique produit par Blatter en juillet 2012, ne laisse pas imaginer une seconde que ces deux chambres puissent être indépendantes. Blatter a tout organisé de façon à tout contrôler ; il place dans ses commissions d'éthique ses propres bureaucrates et leurs secrétaires. Il les choisit parmi les plus fidèles membres de son personnel. Ils lui doivent tout : leur job, leur salaire, leurs promotions, leur retraite. Ils sont installés à quelques portes du bureau présidentiel et Blatter peut ainsi garder l'œil sur les preuves assemblées par Garcia et Eckert.

Le Code éthique précise leurs responsabilités. Ils ont le contrôle *« des procédures, du contenu des investigations, des délibérations et des décisions ainsi que des données personnelles »*. Des individus qui voudraient alerter le comité d'éthique avec des preuves de corruption pourraient être déboutés par la règle 62, premier alinéa, précisée en page 41 : *« Le secrétariat de la chambre d'instruction doit mener l'évaluation des documents versés à l'occasion d'un dépôt de plainte. »*

La règle 62, alinéa 2, du texte de Blatter fait en sorte que sa propre équipe soit au courant des plaintes avant Garcia et Eckert. *« S'il y a indication d'un possible manquement aux règles, le secrétariat mènera une enquête préliminaire. »* Autrement dit, si un informateur mettait Blatter en cause, ce dernier serait le premier à en être averti.

Le Code prétend protéger les témoins vulnérables. En page 74, il est indiqué que les *« témoignages oraux doivent toujours être entendus à huis clos »*. Mais ils seront transcrits et archivés, avec la possibilité pour Blatter et son secrétaire général Valcke de les consulter.

Le secret est la règle tout au long de l'enquête. En page 78, on nous dit que *« la commission d'éthique est en droit de ne pas communiquer les raisons de ses décisions, mais seulement ses conclusions* ». Traduisez par : « Nous allons vous exécuter, mais ne demandez pas pourquoi. »

Il peut y avoir des dossiers que le secrétariat ne voit pas. J'ai demandé à quelqu'un qui connaissait de près les enquêtes de Garcia comment ce dernier pouvait se voir transmettre les états bancaires portant trace de versements de pots-de-vin, alors qu'il n'avait pas le pouvoir de saisir des documents privés. « C'est facile ! s'amuse mon informateur, il demandera à M. X de s'en occuper. » M. X ? Un enquêteur privé assez connu qui a déjà travaillé pour le compte de la FIFA, avec le bras long dans le système judiciaire américain.

De fait, la règle 66, alinéa 3 du Code indique que « *dans des cas complexes le responsable de l'enquête peut demander au président de la chambre d'investigation d'engager des tiers sous son autorité* ». Bref, il n'y a aucune règle qui empêche la FIFA de mener ses investigations dans l'illégalité.

La machine à relations publiques de Blatter prétend que ce Code éthique « amélioré » a été produit par un groupe de travail dont l'objectif était d'améliorer « le pouvoir et l'indépendance du corps judiciaire ». Mais c'est précisément l'inverse qui s'est produit. Ce qui n'empêche pas Garcia et Eckert de se dire ravis. En mars 2013, les deux hommes ont félicité la FIFA pour « la qualité de son Code d'éthique et son aide ».

Qu'en pensent les membres de leurs deux équipes ? J'ai voulu savoir si ces derniers avaient pu revenir sur l'affaire ISL ou s'ils étaient seulement des faire-valoir. J'ai trouvé l'adresse e-mail de dix d'entre eux. Je leur ai demandé s'ils avaient vu la correspondance du patron d'IMG, Éric Drossart, et s'ils avaient pu l'interroger. Pensaient-ils que Garcia avait vraiment mené un interrogatoire sérieux de Blatter ? Étaient-ils contents que les preuves soient dissimulées ?

Un seul d'entre eux a eu la courtoisie de me répondre. M. Nicholas Davidson, de Christchurch en Nouvelle-Zélande, m'a aimablement écrit : « *À cause d'engagements en Nouvelle-Zélande, j'ai été dans l'impossibilité d'assister à la séance plénière de 2013 et je n'ai pas été impliqué dans la moindre enquête, y compris concernant les éléments que vous évoquez.* »

La réalité de l'inanité du processus de réforme de Blatter se trouve glissée en page 63 du rapport financier 2013 de la FIFA – qui devait être approuvé lors du congrès de Sao Paulo.

Garcia n'a réuni que deux fois sa « Chambre d'investigation » au nom ronflant. Trois membres, Robert Torres de Guam, Jorge Ivan Palacio de Bogota et Ahmed Yahya de Mauritanie ont assisté aux deux réunions. le président adjoint Cornel Borbely, qui habite à courte distance de Zurich, n'est venu qu'une fois. Idem pour Vanessa Allard, avocate des îles Caïman. Noël Le Graët, président de la fédération française de football à Paris n'est venu à aucune des deux réunions. Nik Davidsopn de Nouvelle-Zélande n'était membre que pour l'une des réunions – qu'il manqua.

La Chambre de jugement d'Eckert ne fit pas beaucoup mieux. Les deux réunions qu'elle tint virent la participation du Papou Jack Kariko, de l'Uruguayen Juan Pedro Damiani, et du Sénégalais Abdoulaye Diop. Le vice-président, l'Australien Allan Sullivan participa à une réunion, comme le Norvégien Yngve Hallen et le Chinois Liu Chi. Le rugueux Alan Rothenberg de Beverly Hills n'a pas encore mis les pieds à Zurich.

Est-ce que le monde sera jamais autorisé à lire les compte-rendus de ces réunions ? Où furent-elles tenues ? Combien de temps durèrent-elles ? Qui y arriva en retard ? Qui les quitta en avance ? Donnèrent-elles lieu à un débat sur les « preuves » produites par Garcia ? Est-ce que tous avaient lu les milliers de pages soi-disant écrites par Garcia ? Ou bien leur en a-t-on simplement fourni un résumé ?

Quelqu'un remit-il en cause le verdict ridicule d'Eckert à un moment ou à un autre, celui auquel Blatter voulait arriver à tout prix ? Personne ne parlait. L'Omerta de nouveau. Des informations trop importantes pour être divulguées, et le large monde du football qui paye pour cette sombre farce insultante.

Un peu d'humour à la sauce FIFA pour clore ce chapitre.

J'ai demandé à la FIFA pourquoi le rapport Garcia sur le scandale ISL n'avait pas été publié, y compris un compte rendu du prétendu interrogatoire de Blatter. N'oublions pas qu'il s'agit de savoir si Blatter était au courant du gros pot-de-vin destiné à Havelange. C'est très, très sérieux. C'est l'un des 175 pots-de-vins payés. Ce qui s'est passé ce matin de mars 1997 est une offense morale et, dans de nombreux pays, un crime puni de prison et de déshonneur. Si Garcia prétend avoir un minimum de crédibilité, nous devons au moins savoir quelles questions il a posées et ce que Blatter a répondu. Il y a sûrement un enregistrement de cette confrontation que l'on pourrait télécharger. Surtout que Blatter aimerait certainement prouver qu'il ne s'agissait pas d'un entretien de complaisance avec l'homme qu'il rémunère.

Voilà pourquoi j'ai écrit au service de presse de la FIFA. Mais rien ne change. Blatter a établi les règles qui le protègent lui et son enquêteur de tout regard extérieur. Comment pouvons-nous faire confiance au juge Eckert sans avoir de trace des pièces mises au dossier, comme dans n'importe quel tribunal public ?

La réponse m'est venue de Mme Delia Fischer, qui depuis des années bétonne autour de Blatter. Elle m'a envoyé l'email qui suit :

Cher M. Jennings,

Conformément à l'article 28 du Code d'éthique de la FIFA

(ref http://www.fifa.com/mm/document/affederation/footballgovernance/02/06/60/80/islreporteckert29.04.13e.pdf

la chambre d'investigation prépare un rapport sur les résultats finaux de l'enquête destiné à la seule Chambre de jugement. Seul un ou plusieurs membres de la Chambre d'investigation présentera le dossier devant la chambre de jugement dans le cas où une audition serait conduite.

Si des sanctions sont recommandées la conduite répréhensible de la partie concernée et ses possibles enfreintes aux règlements doivent être indiquées dans le rapport final, conformément à l'article 36, alinea 2 du Code d'éthique seules les décisions finales déjà notifiées aux parties impliquées peuvent être rendues publiques. À ce titre la FIFA a rendu public le rapport final du président de la chambre de jugement, Hans-Joachim Eckert, le 30 avril 2013, consultable sur le site de FIFA.com, lien direct : http://www.fifa.com/mm/document/affederation/footballgovernance/02/06/60/80/islreporteckert29.04.13e.pdf

Salutations distinguées,
Delia Fisher

CHAPITRE 19

Blatter déterre les cercueils de la famille

Il refuse d'être enterré à côté d'Hildbrand

Dans le bureau, les chaises n'ont pas l'air confortables et ce n'est sans doute pas un hasard. Le président ne veut pas que vous preniez vos aises trop longtemps, parce qu'il n'en a vraiment rien à faire de qui vous êtes et pourquoi vous êtes venu. Il a même sans doute oublié votre nom. Il a déjà mis au point son plan de survie, les votes ont été payés et rien de ce que vous pourrez lui dire ne comptera. Il a tout ce qu'il veut : les milliards de la Coupe du monde, Poutine et l'Émir. Si vous comptez pour une voix au congrès, tenez, voilà de l'argent pour le « développement ». Et qu'il repose en paix aux îles Caïmans, à Chypre ou dans un investissement immobilier à Dubaï.

Le communiqué de presse, écrit à l'avance – il reste juste à remplir vos nom et adresse – évoquera l'harmonie et la nature positive de la rencontre. Et après ça, M. et Mme Visiteur, pouvez-vous svp aller vous faire voir et me laisser calculer qui, dans ma machine électorale, a besoin d'une dose de lubrifiant supplémentaire. Ah oui, avant que vous partiez, nous devons poser ensemble pour la photo pendant que je vous tends un de ces fanions bleu et or à deux balles avec l'exhortation « FIFA : pour le jeu. Pour le monde ». Non, je n'ai pas idée de ce que ça signifie, mais ce slogan a été inventé par une agence de relations publiques aux prestations hors de prix. Nous avons dû laisser tomber le slogan précédent « FIFA : Pour le bien du jeu » pour des raisons que vous devinez aisément.

Dans le bureau juste à côté, la blonde Christine échange des potins au téléphone avec son mari, Charly Botta. Christine est la secrétaire exécutive du président et la gardienne des secrets. Son père, un international de hockey sur glace, était un ami du président, ils viennent tous deux de la petite ville de Viège dans le Valais. Le premier job de Sepp fut le poste de secrétaire général de la Fédération suisse de hockey. En 1975, Horst Dassler repère le jeune ambitieux et le place à la FIFA, au côté du nouveau président Havelange, à un poste de bureaucrate pour renforcer la place d'Adidas et de ses contrats de marketing.

Christine, elle, a rencontré Charly Botta alors qu'il supervisait la construction du palais des glaces du président sur les collines au-dessus de la bonne ville de Zurich. L'ancienne Mme Botta était partie et Christine, née Salzmann, a récupéré la moitié du matelas. Mais à quoi jouent-ils sous leur couette ? « Le management immobilier créatif est notre grande passion », raconte Charly. Un gars sacrément occupé, ce Charly. Il a le titre prestigieux de consultant en chef de la FIFA pour le design et la construction des stades. Il a eu son mot à dire sur tous les stades construits ou rénovés en Afrique du Sud pour 2010. Charly est très impliqué aussi dans les stades brésiliens de 2014. Ainsi Sepp sera-t-il toujours mieux informé que le secrétaire général Valcke sur l'état d'avancement des travaux. Charly consulte aussi à propos des stades qui seront utilisés en Russie en 2018, et il était à Sotchi pour superviser le nouveau Stade central et le palais des Glaces du Bolchoï.

L'autre personnage dans l'antichambre du président est Guy Philippe Mathieu. Son travail pour justifier les indemnités journalières et les frais de son patron Blatter est légendaire et a même survécu à une enquête du parquet de Zurich. Son frère est originaire du Valais, comme Blatter, il y gère un vignoble.

Bien en place dans le bureau du président, les honneurs et autres décorations que lui ont remis des gens et des organisations dont on se demande parfois s'ils existent vraiment. La liste que Herr Blatter fournit gracieusement au site de la FIFA indique qu'il a ainsi reçu une récompense pour « L'humanité dans le football ». Il y a aussi une médaille offerte par « La Ligue internationale humanitaire pour la paix et la tolérance », institution qui, semble-t-il, n'a même pas de site internet. Ce qui n'a pas empêché les membres de cette ligue, quels qu'ils soient, de récompenser Blatter à deux reprises ! La première fois, ils l'ont sacré « Humanitaire international de l'année », la seconde ils lui ont octroyé la « Charte d'or de la paix et de l'humanitarisme ».

La « Récompense globale américaine pour la paix » de 2003 a été remise par une autre organisation difficile à dénicher sur Internet. Il semble qu'il s'agirait de l'Association internationale de l'athlétisme amateur, à ne pas confondre avec l'IAAF qui contrôle la discipline au niveau mondial. Et puis il y a aussi l'« Ordre olympique » du Comité olympique international. Blatter est tout à fait qualifié pour l'avoir, ce ruban-là. Souvenez-vous d'autres éminents personnages qui l'ont également reçu : Manfred Ewald, qui a supervisé le programme de dopage est-allemand ; son patron politique Erich Honecker ; le boucher de Bucarest, Nicolae Ceausescu et le dictateur bulgare, Todor Jivkov.

Dans la même liste de héros du sport, on trouve aussi feu Primo Nebiolo, qui a laissé le dopage prospérer dans l'athlétisme, Boris Eltsine qui a donné la Russie à ses amis oligarques et « Mister un pour cent », Mitt Romney, qui a géré les Jeux olympiques de 2002 à Salt Lake City. Blatter a aussi été nommé « Colombe de Genève » – sans rire.

Les politiciens sud-africains qui faisaient fi de la pauvreté de leurs compatriotes, mais se laissaient piller par la FIFA – et pour certains empochaient de jolis profits – lui ont donné l'« Ordre de bonne espérance » et un doctorat honoraire en philosophie de l'université Nelson Mandela de Port Elizabeth. Ces colifichets n'ont guère d'intérêt. Mais pourquoi donc le président Zuma a-t-il décoré ce gros malin de Blatter de l'Ordre des compagnons d'Oliver Tambo, l'un des héros de la lutte contre l'apartheid ?

Dans l'étalage, il y a aussi des breloques vraiment sinistres. Blatter a l'air très fier des récompenses offertes par les régimes voyous de l'Ouzbékistan, du Kazakhstan, du Kirghizistan et d'Azerbaïdjan. Il y a aussi de la verroterie témoignant de l'admiration envers Blatter des dirigeants du Soudan, du Yémen, du Maroc, de Tunisie, du Bahreïn, des Émirats arabes unis et de la République centrafricaine. Blatter a quand même planqué son Ordre de la rédemption africaine, un cadeau de son vieil ami Charles Taylor, le boucher du Libéria, condamné à cinquante ans de prison par la Cour internationale de justice de La Haye pour avoir, entre autres horreurs, fait torturer des femmes et des enfants.

Cet étalage obscène ne reflète pas seulement la vanité d'un homme entouré de flagorneurs. C'est aussi un signe à l'attention de ceux qui voudraient le renverser : « Ces cadeaux m'ont été offerts par des voleurs et des assassins. Je ne les critique jamais, ils m'en savent gré et me garantissent les votes de leur pays. Si vous voulez vous mesurer à moi, ça sera à vos risques et périls. » Les récompenses sont aussi là pour rappeler à des hommes d'affaires de passage que Blatter peut ouvrir bien des portes.

Il n'est pas vrai que toute la presse suisse s'en prend au président. Une poignée de publications lui sont encore loyales. Parmi ces rares exceptions, l'*Aargauer Zeitung*. C'est à ce modeste quotidien d'une petite ville à l'ouest de Zurich que le président s'est confié à l'occasion de son couronnement en 2011. Le président a tellement adoré le résultat qu'il l'a mis en ligne sur le site de la FIFA.

Première question bien sentie : « *M. Blatter, vous avez dit que vous vouliez montrer certains éléments de votre personnalité sous leur vrai jour à l'issue de votre man-*

dat. Nous vous écoutons ! » Autre interrogation : « *Est-ce que l'on sous-estime vos réalisations ?* » Ou encore : « *Souffrez-vous des critiques dont vous êtes l'objet ?* » Le président répond bravement et précise d'où vient son inspiration. « *J'ai été élevé dans la foi catholique et l'Église est d'une grande influence sur moi.* » Le président dit être « *profondément religieux* » et que Dieu lui parle. Parfois, le Tout-Puissant lui dit « Tu dois prendre les choses en main. Je ne peux pas t'aider. »

À la même époque, le président a fait son pèlerinage annuel au caveau familial dans la petite ville de Viège. « *Mon père me disait : ne lâche pas prise, ne te décourage pas.* » Blatter senior est mort il y a 35 ans. Détail qui fait frissonner : le président a fait ouvrir le caveau familial et déplacer tous les cercueils des Blatter vers une autre partie du cimetière. Pourquoi le président ne veut pas être enterré là, à cette place choisie par ses ancêtres ?

Tout ça parce qu'en face du tombeau des Blatter se trouve celui d'une autre famille locale, celle de Thomas Hildbrand, le juge d'instruction qui a enquêté avec beaucoup de détermination sur l'affaire ISL. Il semble que le président ne puisse pas tolérer l'idée que le magistrat, compte tenu de leur écart d'âge de 20 ans, ne pose son regard sur sa tombe lorsqu'il viendrait fleurir celle de son père. Pire encore, un pour les deux adversaires reposeraient à quelques mètres l'un de l'autre. Les fossoyeurs furent convoqués et la famille Blatter déménagea. Cela valait bien de déterrer ses parents.

Le trou creusé dans la couche d'ozone par Sepp Blatter a encore grandi après un énième vol vers Sao Paolo.

Il y a bien longtemps que le maître du football mondial n'a pas emprunté de vol régulier. Il préfère avoir son propre avion à disposition. Par vanité sans doute, mais aussi, folie des grandeurs, l'impression de commander son propre avion. Ainsi, parce qu'ainsi, il évite toute mauvaise rencontre avec des supporters en colère dans les aéroports. En Afrique du Sud, le président et le comité exécutif disposaient de deux jets privés de façon à voler de match en match. Au Brésil, des appareils supplémentaires sont d'ores et déjà prévus.

Quand il arrive à Sao Paolo pour le début de ce Mondial brésilien, la froideur du personnel de l'aéroport est palpable. Peut-être était-il de ces manifestations qui ont rassemblé des millions de Brésiliens en 2013 ? Le président a trouvé malin de faire un commentaire sur cette agitation populaire : « C'est un mouvement spontané, sans but ni raison d'être. Les gens profitent de la Coupe du monde pour se faire entendre. Le football, c'est comme les pommes de terre, on peut l'accommoder à toutes les sauces. »

Même flanqué de son escorte policière, le convoi qui l'emmène de l'aéroport à l'hôtel prend du temps, le temps de la reflexion. Si la police antiémeute et ses troupes à cheval parvenaient à tenir les manifestants à distance pendant le congrès et les soixante-quatre matches, il pourrait conserver son mandat de président. Ou peut-être est-il encore temps d'organiser le prochain congrès à Pyongyang ?

Mais pour l'heure, c'est le dîner du comité exécutif. Et c'est parti pour les embrassades. Voilà mon allié le plus proche, l'Argentin Don Julio Grondona. Il a cinq ans de plus que moi et tient toujours d'une main de fer notre comité des finances. Son adjoint était Jack Warner – ne riez pas ! – mais je l'ai remplacé par un autre homme tout aussi fiable, Issa Hayatou.

Julio a donné son accord pour mon salaire et moi je signe ses notes de frais. Valcke est censé être au courant, on lui dira peut-être un jour combien je gagne. Ou pas ; ça risquerait de le rendre jaloux. La seule autre personne qui est au courant, c'est Markus Kattner, un ancien de chez McKinsey qui travaillait avec mon neveu Philippe quand je les ai grassement payés pour écrire des rapports que j'ai mis à la poubelle. Maintenant, Markus est notre directeur financier – pratique pour donner les droits télé du Mondial à la boîte de Philippe, Infront. Markus est aussi le secrétaire général adjoint et Valcke n'oserait pas toucher à un de ses cheveux. Quelle belle famille !

Don Julio Grondona est le vice-président délégué. Si quelque chose de vilain m'arrivait, il prendrait la présidence. Julio ne parle pas anglais, c'est un principe chez lui. Comme ça au moins, il n'a pas à répondre directement quand on l'interroge au sujet de ses commentaires déplacés sur les Juifs, ou quand on lui demande ce qu'il fait de l'argent de la FIFA. Le « Don » est entré au comité exécutif en 1988, après avoir forgé d'excellentes relations avec les généraux qui avaient sauvé l'Argentine des rouges en 1976.

Il y a aussi un autre garçon dans la bande. Lui, il n'a que quatre ans de plus que moi. C'est le petit dernier qui vient d'Uruguay, Eugenio Figueredo. Il a remplacé ce bon vieux Nicolás Leoz, dont le nom sur la liste d'ISL a été repéré par ces bâtards de la BBC. Mais nous avons gardé Nicolás à notre table jusqu'à l'été dernier, le temps qu'il ramasse à peu près 1 million de dollars en défraiement et frais de représentation. Il a connu des temps difficiles dernièrement. Au Chili, un boulevard qui portait son nom a été débaptisé. Mais les vieux compagnons du Paraguay ne l'ont pas lâché, il y a même un tournoi à son patronyme.

C'était dur de voir partir Ricardo Teixeira. Mais à sa place au comité exécutif, c'est un autre ami de longue date qui nous vient aussi du Brésil, Marco Del Nero. Je peux le regarder de haut, il a cinq ans de moins que moi. Julio – Eugenio – Marco : deux cent trente ans d'expérience à eux trois ! Idéal pour représenter un continent aussi dynamique que l'Amérique du Sud.

Marco a amené la jeune et jolie Carolina. Non, ce n'est pas sa petite fille. Quand elle danse tout emplumée au sambodrome, on se sent rajeunir rien qu'à la regarder. Marin est venu aussi en voisin. Il gère la Confédération brésilienne comme Ricardo le lui a enseigné. Si Ricardo avait voulu dépenser l'argent, il aurait pu prendre ma place, un jour, comme João l'espérait. J'avais fait ce que je pouvais en le nommant dans ma commission de l'audit interne.

À table aussi, l'un de mes vice-présidents préférés, le Camerounais Issa Hayatou. Il passe beaucoup de temps au Caire dans les bureaux de sa Confédération africaine de football. Il n'a pas l'air dans son assiette, j'ai entendu dire qu'on lui fait des transfusions dans un hôpital de Genève. Je me demande bien qui paie pour ça. Mais bon, après vingt-quatre ans au comité exécutif, il doit continuer à servir le football.

Je pense que c'est une excellente chose que son fils Ibrahim soit l'un des cadres dirigeants de cette compagnie française, Sportfive, du groupe Lagardère, qui rachète les droits de la Coupe d'Afrique à son père. Encore une fois, dans la famille du foot, on se fait confiance, comme moi avec mon neveu Philippe.

Issa a encore les c… de se dresser devant les gouvernements qui se mêlent de nos histoires. Regardez ces moins-que-rien de Togolais. Quand l'équipe nationale a été prise dans une embuscade pendant la Coupe d'Afrique des nations 2010 en Angola, le pouvoir à Lomé a décrété un deuil national de trois jours pour les trois joueurs tués et leurs neuf coéquipiers blessés. Et après, ils ont retiré leur équipe de la Coupe d'Afrique alors qu'elle avait déjà débuté.

Issa n'allait pas laisser faire ça ! Notre règle sacrée doit être maintenue. Il a fait interdire le Togo de participer aux deux prochains championnats et lui a infligé une amende de 50 000 dollars. C'est la règle : les gouvernements ne doivent pas s'interposer. Bien sûr j'ai dû intervenir sur cette décision, mais le message était clair : c'est nous qui établissons les règles.

Je ne crois pas à la rumeur selon laquelle Issa aurait pris 1,5 million de dollars pour voter pour le Qatar. Cela ne peut être vrai. Issa sait très bien que son vote et son influence en Afrique valent bien plus. Il a eu le meilleur conseil possible dans le business. L'un d'entre nous devait bien recaser Jean-Marie Weber et Issa en a fait un conseiller du comité marketing de la confédération africaine. Du coup, Jean-Marie peut être accrédité à tous nos événements. Et comme Issa est aussi au Comité international olympique, ce même Jean-Marie se voit attribuer un petit bout de plastique qu'il s'accroche au cou à chaque édition des Jeux olympiques et à toutes les conférences. N'est-ce pas parfait ? Je n'aime pas quand on surnomme Jean-Marie le « porteur de valises ». C'est un homme cultivé, déterminé à maintenir l'héritage de Horst Dassler. L'accusation de ces détectives de Zoug selon laquelle j'aidais mes amis brésiliens à détourner l'argent de la FIFA est méprisable et je refuserai d'en parler. Jean-Marie se joindra à nous un peu plus tard pour un dernier verre. Demain, il sera dans la salle des congrés et il pourra saluer tous ses amis.

Oh regardez là, c'est Jacques Anouma. Issa a été lourdement critiqué pour avoir remanié son code électoral afin que Jacques ne lui ravisse pas la présidence africaine. Les critiques ne se rendaient pas compte que la seule chose qui intéressait Issa, c'était la stabilité, pour le bien du football africain. Et puis, il ne faut pas que j'en parle trop fort, mais Jacques a peut-être un problème. Vous savez, il était chef du service financier du président Laurent Gbagbo. Vous savez où il est Gbagbo ? Il est incarcéré auprès de la Cour pénale internationale à La Haye où il attend son procès pour crime contre l'humanité ; on parle de viols, de meurtres, de persécutions. Je trouve que ces organisations pour la défense des droits de l'homme vont trop loin parfois – il y avait une guerre civile tout de même ! Et je ne prête aucun crédit aux rumeurs qui évoquent à son sujet le détournement de plusieurs millions qui auraient dû aller aux paysans producteurs de cacao et de café.

Et l'hymen des filles ! Quelle calomnie ! Nous avions ce jeune homme bien sous tous rapports, le prince Ali de

Jordanie, enthousiaste à l'idée d'être élu comme l'un de nos vice-présidents. Il était prêt à m'aider à me débarrasser de ce milliardaire coréen incontrôlable de chez Hyundai, Chung Mong-joon. Tout allait bien, le prince était, comme moi, soutenu par l'argent de l'Arabie Saoudite, et voilà que le football féminin devient un problème en Arabie Saoudite. Un savant religieux a condamné le jeu car il « pourrait abîmer l'hymen des filles ». À quoi les petits plaisantins, pas très fins si vous voulez mon avis, ont rétorqué : « Mais qu'est-ce qu'il en sait celui-là ? » C'est leur culture, on ne devrait pas s'en mêler.

À Zurich, nous avons aidé le prince Ali à trouver des formules accrocheuses pour son programme. J'ai bien aimé « Je continue à croire dans le pouvoir de l'unité pour développer le football », *car personne ne sait ce que ça veut dire, et donc, on ne peut pas le discuter.*

Avec un peu de chance, le prince ne causera pas de problèmes, car nous lui avons trouvé un très bon poste. Espérons qu'il ne va pas tourner comme Makudi. Cela m'épate vraiment que Makudi arrive à conserver son job à la tête du football thaïlandais. Pourtant, il est au centre d'un tas d'affaires et il semble cerné d'ennemis. Il peut nous donner à tous des leçons de survie. Depuis qu'on s'est débarrassé de Bin Hammam, il y a quelques nouvelles têtes en Asie, nous espérons qu'elles voteront comme il faut. David Chung de Papouasie-Nouvelle-Guinée s'adapte gentiment, tout comme le Chinois Zhang Jilong. Nous ne savons pas grand-chose à leur sujet à vrai dire.

J'adore les Britanniques. Ils ont l'habitude de fournir à la FIFA des vice-présidents qui ne font pas de vagues.

Le dernier, Geoff Thompson, refusait de donner des interviews.

La bande de l'UEFA (ils sont huit au comité exécutif) pourrait – devrait – me mettre des bâtons dans les roues, mais ils ne sont jamais d'accord entre eux. J'espère que Michel Platini l'a bien compris. Si je me présente à nouveau aux élections, je pourrai obtenir le soutien des pays d'Europe centrale et de l'Est, là où on truque les matchs. L'Espagnol Villar Llona, je l'avais déjà retourné en 2002 et je pense que je peux encore y arriver. Le Belge D'Hooghe ne cause jamais de problèmes. Le Chypriote Lefkaritis est surtout concerné par l'UEFA et ses affaires personnelles, il est dirigeant d'un groupe pétrolier et j'ai entendu dire qu'il était bien connu dans les pays du Golfe.

Warner et Blazer sont partis. Mais Rafael Salguero, qui vient du Guatemala, membre de notre club depuis 2007, se dit amoureux du foot. Leurs deux remplaçants, Jeff Webb et Sunil Gulati, le banquier et le professeur d'économie qui n'a jamais compris le niveau industriel des vols organisés par leurs prédécesseurs.

Je dois dire que le Bulgare Ivan Slavkov me manque. Un homme qui était aussi loyal vis-à-vis de moi qu'il le fut envers le régime stalinien de son pays. Et un entrepreneur avec ça : Ivan a organisé des ventes d'armes à l'Afrique du Sud du temps de l'apartheid, il était naturellement membre du CIO et il pouvait récupérer des commissions auprès des villes candidates aux Jeux.

Cela qualifiait parfaitement Ivan pour être membre de la commission des réformes du CIO en 2000 après le scandale de Salt Lake City. Il était assis à mes côtés et tout près de notre cher ancien leader João. Nous avons rencontré beaucoup de représentants de l'idéal olympique, comme le cheikh Ahmad du Koweït, le Suisse René Fasel, l'Irlandais Patrick Hickey, Henry Kissinger, le Hongrois Pál Schmitt.

Je suis resté très proche d'Ivan jusqu'au bout. En 2004, à la veille des Jeux olympiques d'Athènes, ces bâtards de la BBC ont filmé Ivan en douce alors qu'il s'apprêtait à tendre la main pour un pot-de-vin. Le CIO a dû suspendre Slavkov, qui du coup n'a pas pu assister aux JO d'Athènes. À l'époque, j'avais déclaré « Je regrette son absence. Je crois à la présomption d'innocence tant que la culpabilité n'est pas démontrée. » La FIFA l'avait même laissé en place à la tête de la fédération bulgare. Jusqu'à ce qu'on soit finalement obligés de laisser tomber Ivan le Toxique.

Quand j'ai conçu le nouveau QG de la FIFA, je me suis empressé de choisir les meilleurs fauteuils possible pour le comité exécutif. Les garçons et les deux nouvelles filles – je ne sais plus comment elles s'appellent – adorent.

Quand ils viennent siéger après un long vol pour Zurich, la plupart d'entre eux somnolent. Ils se moquent de l'ordre du jour car ça ne les concerne pas directement. Certains d'entre eux ont un racket à superviser dans leur confédération et j'imagine qu'ils viennent surtout à Zurich pour être loin de leur épouse et récupérer leur énorme défraiement – que je leur verse avec plaisir. Je les réveille pour le déjeuner et après ça, ils sont encore plus nombreux à dormir. Quelques heures plus tard, je les réveille de nouveau et la flotte de Mercedes de la FIFA les emmène vers leurs palaces où ils se changent avant d'aller dîner dans des restaurants parmi les plus chers au monde.

L'AUTEUR DE CES LIGNES entend une autre voix en provenance du département des finances qui murmure au président : « Vous souvenez-vous que je vous ai dit que de nombreux membres du comité exécutif en rajoutent sur leurs frais de représentation et le prix de leurs voyages ? Ils prétendent s'être rendus quelque part et ils réclament qu'on leur rembourse le voyage en première classe sans même présenter de justificatifs. » XXX et Warner l'ont fait régulièrement. XXX a même voulu être remboursé deux fois pour le même voyage ! Alors qu'il se déplaçait pour le CIO, il a trouvé le moyen de passer par Zurich pour réclamer aussi de l'argent à la FIFA. « La plupart de ces gars-là n'informent pas le fisc de ces paiements en cash qui peuvent atteindre entre 30 000 et 50 000 dollars par an – et je ne parle que des compensations journalières. »

LA PLUS REGARDÉE des compétitions au monde est la Premier League britannique. Elle est toujours là, sur un écran près de vous. Désolé, je me suis trompé de nom ! Il s'agit, en fait, de la Barclays Premier League. Barclays apporte le foot aux fans, et plus encore.

Ces dernières années, des autorités de régulation des marchés et des juges en Amérique et au Royaume-Uni ont condamné la Barclays à plus de 2,2 milliards de dollars d'amende pour avoir arnaqué des clients, contourné les sanctions internationales, manipulé les marchés et évité de payer certaines taxes. Délits d'initiés, surfacturation, offres mensongères : on ne compte plus les entorses à la loi dont ce poids lourd de la finance s'est rendu coupable. Et l'on n'a peut-être encore rien vu. Barclays a carrément provisionné 5,1 milliards de dollars au cas où il lui faudrait dédommager d'autres clients abusés.

Ils sont aussi poursuivis aux États-Unis pour de possibles atteintes au *Foreign Corrupt Practices Act*, une loi de 1977 qui interdit de verser des pots-de-vin à l'étranger. Voilà qui pourrait coûter des amendes records. Ils n'ont pas la moindre décence. À l'heure où j'écris ces lignes, Barclays annonce à la fois la suppression de 12 000 postes et l'augmentation des bonus des dirigeants.

Pour faire diversion, cette entreprise antisociale s'est offert une nouvelle image. Pour juste 40 millions de dollars annuels, elle s'est offert la Premier League. Le logo de la firme est partout, sur tous les écrans, dans tous les *« sport bars »* du monde. Comment détester une banque qui vous apporte le jeu que vous aimez ? C'est ce qu'explique le philosophe marxiste italien Antonio Gramsci : « Comment pourrait-il y avoir une révolution si l'ennemi a pris position dans votre tête ? » La Barclays étend ses tentacules partout grâce au football. En 2011, le Barclays Premier League Trophy Tour a débuté à Manchester avant de partir pour Kuala Lumpur, Bangkok, Hong Kong, Doha, Dubaï et Abou Dhabi. On a aussi pu voir cet « objet d'art » en Amérique et en Afrique. Les supporters se sont vu offrir « l'expérience unique de se tenir à côté du trophée officiel de la Premier League ».

Et si jamais vous avez raté la coupe siglée Barclays, il vous reste le « Tour de la Coupe du monde de la FIFA par Coca-Cola ». Il passe dans 90 pays. Le départ a été donné à Rio à côté de la statue du Christ rédempteur. Ce que l'on présente comme la seule Coupe du monde est maintenant dans un pays près de chez vous, transportée dans un gros avion peint en rouge. À chaque étape, les supporters posent tout sourire à côté de l'objet sacré. Il y a des danseurs, des chanteurs, tout sourire aussi. Certains des sourires féminins sont encore rehaussés par des tenues ultralégères. D'anciennes stars du foot bien payées pour leur apparition se montrent aussi toutes dents dehors. Quand on étudie les photos prises lors de ces « événements », on s'aperçoit que tous les personnages ont des dentitions parfaites ; pas même un enfant avec un appareil en vue. La tournée Coca-Cola est devenue la tournée « nous n'avons pas besoin de dentiste ».

On pourrait s'y tromper. Coca est très sensible aux accusations portées contre sa boisson et les dommages qu'elle fait aux dents. Sur un site internet crée pour cela, ils insistent sur la nécessité d'avoir « un régime équilibré ». Un peu léger pour limiter les effets du sucre et de l'acide phosphorique, sans parler de l'obésité et du diabète. Gardez le sourire !

CES BONS GARÇONS de Coca-Cola à Atlanta, à coups de campagnes de pub mahousse, ont transformé leur boisson pétillante et sucrée en une marque mondiale. Ils comptent parmi les hommes d'affaires les plus intelligents au monde. Se sont-ils demandé un jour où donc ISL trouvait l'argent pour distribuer des pots-de-vin à la FIFA ? La maison ISL n'avait pas d'autres ressources que les droits marketing. Elle ne vendait pas de voitures ni d'immobilier. Elle n'avait qu'une chose à faire : récupérer les chèques de ses gros clients pour les transmettre à la FIFA. Année après année, Coca a dépensé des millions pour devenir sponsor de la FIFA – ou « partenaire » comme on dit. Les Américains payaient ISL. Est-ce qu'ils savaient qu'une partie de leur argent était détournée au profit des malfrats de la FIFA ? Les garçons d'Atlanta n'auraient jamais flairé l'odeur de la corruption alors qu'ils étaient dans la même pièce que Weber, Blatter, Teixeira, Havelange ? Des gens beaucoup moins intelligents qu'eux s'en sont pourtant rendu compte.

Une organisation mondiale comme Coca est rompue à toutes les tentatives d'extorsion, celles des politiciens, et des affairistes de tout poil. Comment est-elle restée aveugle aux magouilles entre ISL et la FIFA ? Déjà dix ans avant l'effondrement de l'agence suisse, j'en discutais avec des confrères, des officiels, des spécialistes du marketing. Nous n'avions pas les preuves, mais tout le monde savait.

D'accord, soyons indulgents avec Coca. Ces grands naïfs n'avaient jamais imaginé que leur argent était siphonné par des pourris qui leur vendaient des droits. Mais quand ISL s'est effondré en 2001, les médias ont mis au jour la corruption. Les affaires de pots-de-vin sont remontées à la surface quand le dossier Havelange-Teixeira-Blatter a été réglé à Zoug. Rebelote en 2010, quand j'ai sorti les 100 millions de dollars de dessous-de-table et la liste de ceux qui s'étaient servis. Coca et les autres « partenaires » n'ont jamais rien dit. Ils avaient déjà ce qu'ils voulaient : le logo de la Coupe du monde sur leurs canettes et leurs publicités.

En rigolant, les supporters comparent la FIFA à une « mafia ». Mais ce n'est pas une blague, la clique dirigeant la FIFA de Sepp Blatter présente de sinistres similitudes avec celle d'un syndicat du crime. Un leader fort et impitoyable, une hiérarchie marquée, un code de conduite pour ses membres et surtout, pour seul objectif, le pouvoir et l'argent via un faisceau d'activités illégales et immorales. Blatter et son comité exécutif ne critiquent jamais leurs confrères quand ils sont pris la main dans le sac. Les huit qui ont dû partir ces dernières années ? Pas un mot de condamnation. Le reste du monde montre du doigt ses voleurs et ses fraudeurs. Pas un seul des membres du comité exécutif n'a exprimé la moindre gêne vis-à-vis de Jean-Marie Weber, l'homme qui distribuait les bakchichs. Ce dernier est d'ailleurs toujours le bienvenu à leurs conventions. Voilà qui en dit beaucoup sur l'état d'esprit ambiant dans la FIFA de Sepp Blatter : la seule erreur des escrocs, c'est de se faire attraper.

Blatter n'a jamais critiqué Blazer ni Warner – car ces deux hommes sont assis sur des piles de dossiers prouvant sa complicité dans le détournement de dizaines de millions de dollars de la FIFA. Blatter a regardé ailleurs quand la juge Loretta Preska, dans un tribunal de Manhattan, a accusé Blatter et Valcke de mentir à propos de l'affaire Visa en 2006.

Il y eut des hurlements internationaux, et Valcke a

dû être « viré », selon les termes de Blatter. Le Français est alors parti travailler avec Teixeira au Brésil pendant quelques mois, choisissant les villes et les nouveaux stades, négociant des alliances politiques et commerciales pour 2014. Après un tel séjour, il n'était pas possible que Valcke ignore encore ce que tout le Brésil savait : Teixeira était un vampire suceur de sang, accroché au football, reniflant partout l'odeur de l'argent.

Une fois le travail fait et l'argent public brésilien transféré du budget de l'État vers des caches secrètes, Valcke est reparti à Zurich et a été promu secrétaire général, restant en liaison permanente avec le vampire alors que les coûts du tournoi 2014 s'envolaient.

Encore une fois, nous voulons savoir. Pourquoi Valcke a-t-il été si content de travailler avec un super-voleur, sans jamais émettre le moindre doute ? Y a-t-il des éléments nouveaux à découvrir sur leur relation ? Y a-t-il un journaliste assez courageux pour interroger Valcke lors d'une conférence de presse ? Moi je ne pourrai pas, j'ai été banni voilà dix ans parce qu'ils ne supportent pas ce genre de questions.

Amos Amadu était déjà un voleur notoire du football africain avant d'être accueilli au sein du comité exécutif. Leoz a été nommé pour la première fois dans le scandale ISL en 2006, mais il a été autorisé à rester au banquet sept ans de plus. Fedor Radmann était impliqué dans ce qui a fini par être des arnaques autour du comité de candidature australien pour 2022, mais l'agence de voyages de la FIFA a continué de réserver ses billets. Teixeira était confondu dès 2001 et Sepp Blatter lui a donné la

Coupe du monde six ans plus tard pour qu'il se remplisse encore les poches. Le président n'a jamais pris ses distances vis-à-vis de ces bandits. Logique, il profite aussi de ce système corrompu. Ils sont frères de sang.

On me dit souvent : « Vous avez exposé la corruption de la FIFA en long et en large, alors pourquoi Blatter est-il toujours au pouvoir ? » Voici la réponse : qu'importe l'avis des journalistes, des politiques ou des supporters à propos de ces canailles. Blatter est intouchable.

Il contrôle six familles dispersées dans le monde entier : il s'agit des confédérations continentales. Blatter dispose d'une influence énorme grâce aux milliards générés par la Coupe du monde. Il s'en sert pour huiler les relations avec les 209 fédérations nationales qui sont ravies de le maintenir au pouvoir. Le lubrifiant en question est constitué de bourses dites de « développement » de plusieurs millions de dollars, dont l'utilisation n'est quasiment pas auditée. Sans compter les lots de billets pour les matchs du Mondial qui sont revendus au marché noir. Et tout ça au nez et à la barbe du fisc ! Tout ce que le président demande en échange, c'est la loyauté devant les urnes et le silence pendant le congrès. Pour de nombreux présidents de fédérations nationales, Blatter présente le meilleur rapport qualité-prix. Il n'y a aucune raison de se dresser contre lui. Blatter pour toujours !

Il va de soi que la controverse n'est pas de mise dans ce genre de gigantesques organisations internationales. Blatter prétend que le congrès est un parlement, mais à une exception près – l'élection présidentielle disputée de 2002 – la FIFA est plutôt une organisation antidémocratique. Si jamais il y a un problème, Blatter désigne des représentants de petits pays où le foot est marginal, et les fait monter sur le podium pour contrer toute forme de critique. Certes, c'est un peu plus ouvert qu'un Congrès du peuple à Pyongyang. Mon slogan nord-coréen préféré, c'est « L'unité parfaite entre le Leader et le Peuple ». Il ne déparerait pas sur le site FIFA.com.

CHAPITRE 20

Le gang est au complet à Sao Paulo

Dehors, le peuple en colère
contre les voleurs de la FIFA

10 juin 2014. Transamerica Expo Center, Sao Paulo. Le président est presque prêt à entrer dans la lumière. Il lui reste quelques moments pour bavarder en coulisses avec ses invités personnels. Le dernier congrès en Amérique latine remonte à 2001, c'était à Buenos Aires. Un peloton de spécialistes de la « com » avait été spécialement envoyé d'Europe à grands frais à l'instigation de son neveu Philippe et de ses collègues de McKinsey. Ces illusionnistes l'avaient préparé à monter sur scène et Blatter avait déjoué ses critiques.

Le gaz lacrymogène s'infiltre et le président n'est pas certain que les bus qui transportent les délégués puissent contourner les cortèges où l'on chante « Nous voulons des écoles et des hôpitaux dans le style de la FIFA ». Les journaux télé vont s'en donner à cœur joie. La police montée chargeant les manifestants en distribuant des coups de matraque et en les aspergeant de gaz lacrymogène. Certains présidents de fédérations nationales ont préféré rester dans leur hôtel. Ils ont des paquets de billets pour les matchs, ils attendent les gros acheteurs avec leur sac plein de cash.

Où sont donc passées les délégations israélienne et palestinienne ? Si on n'arrive pas à les installer l'une à côté de l'autre, au moins pour une photo, fini l'espoir de remporter le Nobel de la paix. Et ces fous furieux de policiers qui n'arrangent pas les choses.

Et si les soutiens politiques s'effilochaient ? De la Maison-Blanche à l'Élysée, de Downing Street à la Chancellerie à Berlin, on a toujours respecté notre institution même si on la savait corrompue. Pas un policier – sauf à Zoug – n'osait interférer dans nos affaires. D'ici deux jours, ce président compte bien que les grands personnages politiques de la planète lui rendent hommage à l'occasion de « sa » Coupe du monde. Mais peut-être qu'ils craignent les gaz lacrymogènes ? Poutine lui, viendra : le prochain tournoi est en Russie. Et si jamais lui aussi demandait un mot d'excuse à son médecin ? Il y a des problèmes partout. Si ça se trouve, un journaliste va jeter une chaussure à la prochaine conférence de presse.

MON NEVEU PHILIPPE – le fils que je n'ai jamais eu – est là. Il est resplendissant ! On ne croirait vraiment pas qu'il a 50 ans. Philippe est un vrai dur, c'est mon Iron Man. Je lui en ai appris des choses, il y a une dizaine d'années quand il a débarqué à la FIFA avec les autres auditeurs de McKinsey en pensant mettre de l'ordre dans nos finances. J'ai payé des millions à McKinsey, Philippe est parti chez Infront, une société proche de la FIFA, et l'un de ses amis de McKinsey, Markus Kattner, est devenu notre directeur financier. Dans notre grande famille du football, nous appelons ça la synergie.

Philippe a aussi beaucoup appris quand McKinsey était consultant de la candidature du Maroc pour l'organisation du Mondial 2010. Il me l'aurait dit si, comme le racontent certains, des membres du comité exécutif avaient touché des pots-de-vin de Rabat. Il n'est pas croyable que le Maroc ait réellement battu l'Afrique du Sud de deux voix au scrutin secret. On me l'aurait dit.

Nous avons confié à Infront la vente des droits télé en Asie, aux États-Unis et au Canada jusqu'au Mondial de 2022. Nous leur avons aussi donné le contrat de captation des matchs pour qu'ils fournissent les images aux chaînes du monde entier. Infront a aussi eu des contrats d'hospitalité pour les VIP et la gestion des stades. C'est aussi eux qui gèrent les archives vidéo – et elles ne sont pas données ! Pourquoi donc personne ne veut croire que je n'ai eu aucune influence sur l'attribution de tous ces contrats ? Pourquoi ricane-t-on sous cape à propos des fêtes de famille des Blatter ? Nous travaillons en famille, et alors ?

La continuité est fondamentale, voyez-vous. Infront, l'entreprise de mon neveu Philippe est justement installée dans le même immeuble fastueux de Zoug où Jean-Marie Weber, l'homme d'ISL, distribuait les dessous-de-table au bon vieux temps. Voilà trois ans, Infront, qui avait pris de la valeur grâce aux contrats passés avec la FIFA et les frères Byrom, a été racheté par le fonds Bridgepoint Equity Group. Ils en possèdent des choses, ceux-là : un fabricant de biscuits polonais, des magasins de vêtements, des courses de motos, des chaînes de sandwiches, des sociétés de soutien scolaire et des cliniques dentaires. Ils tentent de racheter des hôpitaux publics en Grande-Bretagne. Ils sont aussi présents dans l'ingénierie maritime et la réfrigération en Autriche. Bridgepoint paie des politiciens pour intervenir dans ses raouts « corporate » *et a recruté un animateur de la BBC pour écrire dans son magazine d'entreprise sur papier glacé.*

Tiens, voilà un autre type qui comprend les firmes de capital-investissement et qui passe aussi pour un expert en fusion et acquisition. Permettez-moi de vous présenter mon compatriote suisse Domenico Scala. C'est l'homme parfait pour être le président totalement indépendant de notre commission d'audit et de conformité totalement indépendante. Il est très ouvert et transparent, personne ne peut lui mettre la pression. Il m'a promis que jamais il ne révélerait mon salaire ni le montant de mes frais de représentation, pas plus que mes bonus. Domenico est adulé par la presse suisse. Il a recruté lui même son porte-parole – je crois que c'est lui qui parle aux journalistes là-bas – et la FIFA n'a jamais eu aussi bonne presse. Domenico est présenté comme un vrai dur, qui sévit contre un trop gourmand Comité exécutif. Les journalistes écrivent ce qu'on leur dit. Il est génial – grâce au fait que l'onctueux Andreas polit son image. Andreas est bien plus efficace que Walter de Gregorio qui travaille pour moi. Je change d'attaché de presse comme de voiture, tous les deux ou trois ans. Lorsque Domenico s'en ira, peut-être arriverai-je à tenter Andreas de venir faire la même chose pour moi.

Domenico dirige un comité de trois hommes qui fixent mon salaire. À ses côtés, « Don » Julio Grondona et un autre Suisse dont vous n'avez jamais entendu parler. C'est un consultant respecté auprès de la branche Private Banking de Citibank à Genève. Ce gars-là met aussi son talent au service d'une autre société de Genève qui proclame : « Nous travaillons au plus haut niveau de leadership pour créer un impact tangible et durable dans les affaires. » J'ai l'impression que ce genre d'expert va m'emmener vers des rémunérations stratosphériques.

Au fil des ans, Domenico a supervisé les flux financiers chez les géants de la pharmacie comme Roche, Nobel Biocare, Basilea Pharmaceutica et Nestlé. Il a été un cador de Syngenta, les gens de l'agrochimie qui répandent des tas de produits ici au Brésil. Domenico est un véritable enfant de notre capitalisme triomphant à la mode suisse – et nous l'aimons ! Il y a dix ans, les sages du Forum économique de Davos, vous savez, les 1 %, l'ont nommé « Young global leader ». On peut faire confiance à ces banques, courtiers en hypothèques et autres négociants en obligations.

Pour la FIFA, cet homme tombe du ciel. Dans les interviews qu'il donne sur Fifa.com, il remet les choses en place : « Je pense que nos rapports financiers sont d'une qualité remarquable. La FIFA respecte toutes les règles de la comptabilité internationale… C'est d'un excellent niveau. » *Voilà qui est rassurant pour les journalistes à qui nous passons ces chiffres. Bien sûr, dans le monde réel, les PDG doivent rendre public le montant de leurs rémunérations et de leurs avantages. Mais pas à la FIFA.*

Un critique vachard a soutenu que « Scala offr[ait] l'image d'un maître d'hôtel accommodant et attentif au festin de Sepp Blatter ». Je trouve ça injuste. Le professeur Pieth a la plus haute estime pour Domenico et ça me suf-

fit. Il y a cependant un aspect inquiétant chez lui : il peut savoir quelque chose que nous ignorons. En mai dernier, il a mentionné en passant des enquêtes du FBI et du fisc américain. Cela m'a fait froid dans le dos.

J'étais content que Domenico donne sa bénédiction au dernier rapport financier annuel présenté l'an passé à notre congrès à Maurice. Il y avait 106 pages de rapport. Heureusement pour eux, la plupart des délégués se sont contentés de lire le texte en page 8 signé par Don Julio Grondona qui assurait que les dépenses étaient contrôlées de près, de sorte que nous pouvions continuer à investir dans ce sport magnifique.

Ils n'avaient pas besoin de lire beaucoup plus. Ils n'y auraient de toute façon pas compris grand-chose à cette compilation de graphiques, d'analyses des revenus, de bilans actualisés, etc. Du coup, les délégués n'ont sans doute pas remarqué que les montants dépensés pour le développement du football, c'est-à-dire l'aide aux fédérations nationales les moins riches, ont chuté de 183 millions de dollars en 2011 à 177 millions en 2012. Ils n'ont pas vu non plus que la part de cette aide a baissé sérieusement dans le budget de la FIFA : 15,2 % au lieu de près de 19 % il y a quelques années.

Ce n'est pas grave. Comme les revenus ont, eux, augmenté de 1,07 milliard de dollars à 1,17 milliard, notre part du gâteau a augmenté ! Les 24 membres du comité exécutif et une poignée de top managers à notre service ont encaissé 33,5 millions de dollars en 2012. Cela fait 4 millions de plus que l'année d'avant. Le football est bon pour nous. Nos gains ont presque doublé depuis 2007 !

J'ai fait le même coup dans le dernier rapport financier. Il sera adopté sans débat par les marionnettes au congrès aujourd'hui.

Cette année le rapport passe de 106 à 142 pages, on l'a rembourré avec des textes ennuyeux sur nos comités et ce qu'ils font. Cela devrait endormir les délégués bien avant l'heure du déjeuner. Il est toujours décorés des mêmes graphiques.

La page 6 est dédiée à la même photo de moi que l'an dernier. Je n'ai pas d'âge ! Cette année mon slogan, imprimé en gros caractères, est : « Nous avons atteint un très haut niveau de responsabilité, de transparence et de contrôle financier. »

Ma lettre aux délégués apparaît à la page suivante. « Chers amis du football, nous avons accompli pratiquement tous les éléments du processus de réforme de la gouvernance de la FIFA.

Ils s'en moquent bien, ce qui leur plaît, c'est la phrase suivante qui annonce que « nos programmes de soutien financier direct aux associations membres a atteint le palier d'un milliard de dollars.

En page 8 la photo de Grondona de l'an dernier – il faut que je vérifie, comme la mienne elle doit dater de dix ans – est flanquée de cette phrase en grands caractères : « Nous continuons à augmenter les ressources que nous réinvestissons dans le jeu. »

Cela doit être vrai parce notre comptable favori, Domenico Scala, insiste également en grands caractères sur la page suivante : « La FIFA a démontré qu'elle est prête à adopter les meilleures pratiques. »

À la veille de la publication de ce rapport j'ai dicté une déclaration de presse : « En tant qu'organisation sans but lucratif conformément à sa mission de développer le jeu, d'organiser de par le monde des tournois captivants, et de construire un meilleur avenir grâce au football, la FIFA partage autant que possible ses revenus avec la communauté globale du football. »

Le marionnettes – y compris de nombreux étrangers sur les bancs de la presse ici – se contentèrent de cela et ne prirent pas la peine de lire soigneusement le rapport financier. Les dépenses pour le développement du football ne sont pas aussi roses que nous le disons.

Nos revenus ont augmenté de 200 millions de dollars mais les dépenses pour le développement du football n'ont crû que de 6 millions, une misère. C'est une augmentation de 3,4 % par rapport à l'exercice précédent. Le pourcentage total alloué au développement a encore chuté – de 17,48 % à 15 % – mais les associations nationales qui nous élisent ne s'apercevront pas qu'elles reçoivent une plus petite tranche d'un plus gros gâteau !

Grâce à ce sacrifice il resta assez d'argent pour donner à moi et aux cadres supérieurs qui m'entourent une augmentation de 8,4 %, portant notre rémunération à 36,3 millions de dollars. But !

J'ai des amis qui viennent de partout ! Tiens, bonjour Ron Noble, un autre invité de marque. Ron est le patron d'Interpol, il a la ligne directe de tous les policiers du monde. Ce fut un plaisir de lui tendre un chèque de 20 millions de dollars pour Interpol à notre congrès de

Budapest en 2012. Je précise bien que c'était seulement pour lutter contre les matchs truqués.

J'espère que Ron pense qu'il n'y a rien à gagner à revenir en arrière, à regarder d'un peu plus près comment la petite Corée du Sud a pu, grâce à des décisions arbitrales très douteuses, battre l'Italie et l'Espagne. Ron a lancé un programme au sein d'Interpol pour défendre l'intégrité du sport et nous sommes d'ailleurs tous très fiers qu'il ait été réélu secrétaire général d'Interpol à Doha, juste trois semaines avant que le Qatar décroche l'organisation du Mondial 2022. Non ! Arrêtez les vannes sur le Qatar, elles sont avilissantes pour nous tous – et puis n'allez pas embêter la délégation qatarie qui nous a amené tant de beaux cadeaux.

Quand nous lui avons donné nos 20 millions à l'occasion de notre congrès de Budapest en 2012, Ron s'est fendu d'un discours généreux confirmant que « grâce au travail de la task force *en charge de la transparence, plus personne ne peut objectivement soutenir que la direction de la FIFA n'a pas pris les initiatives nécessaires pour combattre la corruption, améliorer la gouvernance et assurer une plus grande transparence dans le sport ».*

Oui, le patron mondial des flics l'a dit.

Ron va passer du bon temps ici au Brésil avec un tas de vieux amis. Mark Pieth et Michael Garcia : les gardiens de la transparence à la FIFA. Ron les connaît depuis qu'ils ont enquêté ensemble sur les détournements des programmes « Pétrole contre nourriture » en Irak. Michael a même été l'un des vice-présidents d'Interpol.

JE VAIS DEVOIR ME DÉPÊCHER. Un autre président va arriver d'une minute à l'autre. Mais soyons clairs et nets – le monde du foot m'aime. Demandez au Kaiser, *Franz Beckenbauer, debout là-bas. Mon Dieu, il est en compagnie de Fedor Radmann. Et Peter Hargitay, mon conseiller en communication très personnel, avec son fils Stevie. Ces trois-là ne sont pas très appréciés en Australie, mais Peter a un fait énorme boulot pour moi depuis dix ans. Grâce à lui, la plupart des journalistes ont oublié l'affaire ISL. Hargitay est un expert de la gestion de crise ou je ne m'y connais pas.*

Je leur ai demandé de se montrer discrets aujourd'hui, mais les Hargitay ne peuvent pas s'empêcher de renifler les bonnes aubaines. La preuve, je leur avais donné de l'argent car Peter prétendait avoir une excellente idée de film. Tu parles ! Son navet, une prétendue comédie, s'appelait Les filles adorent les gays. *Pas l'investissement le plus clairvoyant de la FIFA...*

Là, je commence à saturer. Tiens, voilà Les Murray, le commentateur australien. Il fait partie du cercle d'Hargitay et du milliardaire Frank Lowry. Les Murray a une fois écrit que j'étais un « idéaliste indécrottable ».

Encore une chose à faire avant de monter sur scène ; je dois serrer la main de Jérôme Champagne devant les photographes. Tous les délégués verront qu'il a ma bénédiction. Il faut qu'il reste visible, qu'il reste dans le jeu. Il a publié trois communiqués, sérieux et ennuyeux au possible, pour dire pourquoi il devait prendre ma succession au poste de président. En tout 9 600 mots et pas un seul de critique à mon égard. La corruption, mentionnée à deux reprises dans son texte, serait due à des « forces extérieures » à la FIFA. Bien, très bien mon garçon !

Si la Coupe du monde se passe mal, je suis fini. Mais Platini doit être bloqué. Si Champagne prend ma place, je lui demanderai que les dossiers compromettants restent secrets. Avant de tirer ma révérence, je dois être capable de lui apporter suffisamment de voix pour être élu. Le jeu qu'on avait joué Havelange et moi en 1998.

Mon Dieu ! On entend des coups de feu dehors.

MME ROUSSEFF, LA PRÉSIDENTE, se précipite à l'intérieur entourée de ses gardes du corps. Ils ont l'air troublés, mais ce n'est pas eux qui ont tiré. C'est la police militaire, complètement hors de contrôle, qui chercher à disperser des manifestants pacifiques. Serrée de près par sa suite, la présidente approche de l'estrade. Le président du football veut lui donner la main, mais les gardes du corps impassibles ne le laissent pas approcher de cette vraie présidente, élue de façon démocratique. La voici sur le podium d'où elle domine la salle.

Dilma regarde les délégués qui espèrent qu'elle ne sera pas trop longue et qu'ils pourront vite fait retourner à leur petit commerce de vente de billets au marché noir. Mme Rousseff arbore un air sérieux. Elle ajuste ses lunettes et commence à parler.

« Nous espérions l'harmonie – mais la FIFA et notre propre Confédération brésilienne de football nous ont apporté le conflit et la corruption. Aujourd'hui, je veux vous dire pourquoi ma nation d'amoureux du foot n'est plus sûre qu'elle veuille de vous ici. On doit vous dire en face comment vous avez empoisonné notre jeu. Votre président – elle se tourne, le regard noir, vers Blatter – n'ose même pas rencontrer les vrais supporters. À partir de maintenant, il doit sortir de sa bulle et écouter la voix des fans que je relaie aujourd'hui.

» Pendant la période sombre voilà quarante ans quand les militaires dirigeaient notre pays, certains d'entre nous ont lutté contre eux et pour la démocratie. Nous lisions beaucoup d'ouvrages politiques et là, en regardant autour de cette estrade cette assemblée de vieillards qui tiennent le pouvoir depuis bien trop longtemps, je me rappelle comment le philosophe Antonio Gramsci résumait tout le mal personnifié par les gens qui contrôlent le football. Il disait : "La crise s'explique ainsi : l'ancien monde meurt et le nouveau monde ne peut pas naître ; dans cette période de transition une grande variété de symptômes morbides se font jour."

» José Maria Marin est l'un de ces sinistres symptômes et nous ne voulons plus le voir en public. Monsieur Marin, veuillez s'il vous plaît quitter la scène. »

Marin est comme un lapin tétanisé dans le faisceau des phares. Maluf ne peut plus l'aider maintenant, Sérgio Fleury est parti – et sa brigade de bourreaux n'a pas réussi à faire taire cette maîtresse femme. Hypnotisé par sa présence charismatique – et les regards d'acier de ses gardes –, il ne peut que s'éclipser. Les officiels du football sont bouche bée. Ce n'est pas le genre de femme qu'ils inviteraient à rejoindre le comité exécutif. Au fond de la salle, les journalistes les plus anciens rigolent et se souviennent de ce pauvre Vlado assassiné par la junte.

Dilma revient à son speech. Elle a beaucoup réfléchi à ce qu'elle dirait aujourd'hui.

« D'abord, je veux en finir avec ce qui ne tourne pas rond. Et ensuite vous exposer ce que nous allons faire pour que les choses aillent pour le mieux. Je salue Álvaros Dias et Aldo Rebelo pour le travail mené à Brasilia en 2001 afin de mettre au jour la corruption au sein de la Confédération brésilienne de football et le rôle de son patron, Ricardo Teixeira. »

La moitié des membres du comité exécutif frémissent. Ils ont cohabité, sans s'en inquiéter le moins du monde, avec le voleur de Rio pendant deux décennies. Il fait partie de la famille, aujourd'hui encore. Blatter fait mine de se lever. Il faut arrêter ça au plus vite. Un garde du corps se penche au-dessus de lui, pose une main ferme sur son épaule et lui fait « non » de la tête. Blatter se rasseoit.

« Le député Rebelo et le sénateur Dias ont établi avec des preuves formelles à l'appui que l'argent de Nike avait été utilisé pour corrompre l'organisation du sport dans notre pays. Je vais lancer une nouvelle enquête en mettant les moyens légaux nécessaires pour convoquer des témoins et exiger les documents portant sur les agissements au sein de la Confédération brésilienne de football depuis 2001 – et pour savoir pourquoi Teixeira et ses amis escrocs n'ont pas été poursuivis. Et je demanderai à Nike de produire le détail de ses contrats établis avec la CBF en 1996.

» Nous voulons encourager la présence de personnes de qualité dans le football pour entreprendre une réforme radicale de la CBF, l'organisation du sport, la défense des droits des supporters, des joueurs et contribuables dans notre pays. La CBF est rongée par les trafics et la corruption et cela doit cesser. La base démocratique du sport doit être élargie et un panel de citoyens autrement plus représentatif doit pouvoir participer à l'élection du patron de la CBF. Tous ces changements seront actés via un texte législatif. L'impunité doit cesser.

» Nous demanderons à la CBF de mettre en ligne ses documents, présents et passés. Tout : la correspondance, les contrats, les salaires, les frais de représentation, les accords financiers. C'est ce que fait le gouvernement et le sport doit suivre. Nous nommerons une commission indépendante pour enregister les éventuelles plaintes. Cette commission aura le pouvoir de contraindre à la divulgation. »

Dilma se tourne vers Blatter et son comité exécutif, littéralement horrifiés alors qu'ils commencent à comprendre que leur vie de pacha est menacée par le pouvoir du peuple. Elle s'adresse directement à eux.

« En 2002, monsieur Blatter, vous avez menacé de bannir le Brésil de la Coupe du monde parce que notre Congrès s'intéressait à M. Teixeira. Ne vous avisez pas de reprendre ce ton autoritaire avec nous. Vos membres ici présents ne veulent pas renoncer à la participation de nos merveilleuses équipes. »

Elle se retourne vers la salle, le millier de délégués comprend que le Brésil a moins besoin d'eux que le contraire.

« Je ne suis pas sûre que le Brésil voudra envoyer son équipe jouer la Coupe du monde en 2022 dans un pays où le droit syndical n'est pas respecté et les stades construits par des hommes relégués à l'état d'esclaves. »

Dilma marque une pause et les regarde dans le blanc des yeux, un par un : Grondona, Hayatou, Makudi, Del Nero, Gulati et Valcke. Une coupe du monde sans le Brésil ? Cela diviserait les revenus par deux, les sponsors s'enfuieraient.

« Le Brésil est la patrie du football moderne et nous devons être à l'avant-garde du vrai changement. Les prétendues réformes engagées jusqu'à présent n'ont servi à rien, si ce n'est à protéger la vieille garde à l'origine de tous les scandales. Votre génération nous a donné les matchs achetés, la corruption, la tricherie sur le terrain, les votes truqués et les dessous-de-table. « Ce qui me fait penser que nous avons manqué votre Jean-Marie Weber à l'aéroport : son visa a été annulé. » Elle balaie la salle du regard. « Où que vous soyez, M. Weber, présentez-vous à la police pour être déporté de notre pays. »

La présidente jette un coup d'œil à ses notes puis aux délégués.

» Pour regagner de la crédibilité, la FIFA doit faire comme le Brésil et mettre ses documents en ligne. Le monde a le droit de voir vos états bancaires, vos frais de représentation et le détail des recettes qui les financent, le coût du jet présidentiel et sa consommation de kérosène. Combien touchent les directeurs ? Quels sont leurs bonus – et pourquoi y ont-ils droit ? À combien reviennent les enquêtes menées par Garcia ? Le rapport financier doit devenir clair. La FIFA doit comprendre qu'elle agit avec l'argent des autres.

» Il est tout aussi important désormais de publier les minutes de chaque réunion du comité exécutif. On peut les diffuser en streaming sur Internet et les archiver. Le vote pour le choix du pays hôte du Mondial doit être conduit de façon transparente. Nous devons revenir sur le scrutin de 2010 et voir qui a voté pour qui. Puis organiser un nouveau scrutin transparent.

» Une autre mesure essentielle est la publication de toutes les lettres confidentielles soumises à la FIFA par les auditeurs de KPMG depuis 1999. Et de nommer un Officier de la liberté de l'information pour faire appliquer les mesures de divulgation. LA FIFA doit demander à toutes les fédérations nationales d'en faire autant. L'ensemble des discussions, des politiques, des flux financiers de la FIFA et de ses affidés pourraient être mis en ligne vers le milieu de 2015.

» Un an après la Coupe du monde 2014, nous serions fiers d'être les hôtes d'un congrès spécial pour débattre des nouvelles structures de la FIFA. La nouvelle élection présidentielle pourrait se tenir dans la foulée.

» Dès demain je vais mettre en place un groupe de travail composé de comptables juristes, de métreurs et d'experts en construction pour enquêter sur les nouveaux stades. Les enquêtes vont démarrer rapidement et les résultats seront mis en ligne. Je regrette et je m'excuse d'avance pour ces "éléphants blancs" surdimensionnés. L'exemple de l'Afrique du Sud aurait dû nous alerter. »

Elle se tourne vers le président.

« J'en ai fini. Des messieurs du FBI attendent dehors pour discuter avec vous et vos collègues. »

Dilma range ses notes et plutôt que de prendre un siège sur l'estrade, elle préfère marcher vers le fond de la salle. Un journaliste lui cède son siège. Un silence pesant s'installe. Blatter et le comité exécutif sont rouges de rage. Les délégués sont comme médusés. Un journaliste commence à applaudir, tous les Brésiliens suivent. Tiens, un reporter se baisse pour enlever sa chaussure…

Sources

Mes recherches pour mes livres et documentaires pour la télévision sur la corruption dans les fédérations sportives internationales a commencé en 1988. Ma collection de documents, publics et privés, conservée en divers lieux sûrs, surpasse celle de n'importe quelle institution du monde sportif, médiatique ou académique. Les chercheurs, journalistes, ou avocats authentiques et de bonne foi qui cherchent des sources complémentaires ou des informations factuelles peuvent me contacter à l'adresse : omerta201416@gmail.com. Ils sont les bienvenus.

Remerciements

La plus grande joie pour moi, en faisant mes recherches pour ce livre et pour mes documentaires primés pour la BBC sur la corruption grotesque de la FIFA a été d'être emporté par la passion. La passion des fans indignés, des fonctionnaires propres, des politiciens honnêtes, des agents de police et des journalistes pugnaces dans de nombreux pays, qui tous espéraient recouvrer leur sport tombé aux mains de criminels.

Ensuite vint l'excitation physique du déroulement de l'écheveau des preuves que le Crime organisé avait pris le contrôle du sport le plus populaire du monde. Se procurer des documents secrets et explosifs devrait être le but de tout reporter.

Merci à mon collègue Paul Greengrass de *World in Action* pour m'avoir poussé en 1986 à creuser dans la corruption des fédérations sportives internationales. Paul partit pour Hollywood et je me suis plongé dans les affaires de Comité international olympique (CIO), ce qui m'a valu mon prix auquel je tiens le plus : une condamnation à la prison avec sursis à Lausanne pour avoir révélé que le président du CIO Juan Antonio Samaranch avait été toute sa vie un fasciste espagnol, le bras droit tendu en avant. Ces collègues du CIO évitent de discuter de la contradiction qui l'habitait, en soutenant que la deuxième guerre mondiale avait été gagnée par le mauvais camp tout en se présentant comme un exemple de moralité pour la jeunesse du monde. Sacrée histoire.

Colin Gibson du *Daily mail* m'a branché sur la FIFA en 2001. A partir de 2006 les rédacteurs en chef du programme de la BBC *Panorama*, Mike Robinson, Sandy Smith et Tom Giles ont été applaudis par les fan lorsque nos journalistes d'enquête sont allés mettre leur nez dans les coins les plus sales du sport. Nous avions comme gardiens de but des avocats expérimentés de la BBC.

Le réalisateur Roger « Dodger » Corke a tourné le premier beau film dans la séquence, *The Beautiful Bung* (*Le beau bouchon*) de l'émission Panorama en 2006, pendant qu'Andy Bell surveillait nos arrières. James Oliver a pris sa suite et a continué d'être à la barre en 2006, 2007, 2010, 2011 et à présent encore en 2015. Le cameraman Steve « Rocksteady » Foote n'a jamais manqué une prise et il les cadrait toujours de belle façon, même quand il courrait derrière moi, caméra à l'épaule, à la poursuite des voyous fuyants de la FIFA. De même Big Dave Langham, le plus calme de tous quand les choses commencent à tanguer. Les monteurs Gary Beelders, Adam Richardson et Simon Thorne ont coupé avec enthousiasme, style et on marqué de nombreux buts de rires.

Le public populaire regardait et lisait. La Fédération des supporters du Fooball au Royuame Uni me fit l'honneur de me nommer « Journaliste du Foot de l'année » en 2006. Ce fut une fierté d'être leur orateur principal à leur « parlement » annuel en 2011.

Jan Jensen de *Ekstra Bladet* de Copenhague ma soutenu sans faille depuis 20 ans. Ezequiel Fernandez Moores, Jens Sejer Andersen de *Play the Game* et Ana May, Thomas Kistner, Jean-François Tanda et Stella Roque, Camini Maraih et Lasana Liburd) Trinité et Tobago ont été présents quand j'ai eu besoin d'eux. Les analyses juridiques des rapports financiers opaques de la FIFA faites par Denis O'Connor ont révélé que chaque année la famille du crime de Zurich dépensait plus pour elle-même que pour le développement du football.

Claire Newell et Johnson Calvert du *Sunday Times*, Torgeir Pedersen Korkfiord et Espen Sandi à Oslo, Jens Weinrich et Karrie Kehoe ont partagés des faits et souvent, des rires. Les professeurs John Hoberman et Jay Coakley m'on montré de nouvelles façons d'appréhender les institutions sportives ainsi que la mondialisation.

À Sao Paulo, Natalia Viana et son équipe de formidables Sœurs ont publié mes papiers sur *apublica.org* et m'ont fait connaîtres les mouvements sociaux et les comités pour la coupe du monde du Brésil, impressionnants. Une accolade au journalistes d'enquête d'Abraji, particulièrement Guilherme Alpendre, Fernando Lolica et Veridiana Sedeh qui se sont occupés de moi.

À Rio Chris Gaffney, Carlos Vainer, Gisele Tanaka et Milli Legrain m'ont accordé leur temps. Ils m'ont conduit dans les favelas et à Maracana pour y rencontrer les sportifs écartés de la piste sportive *Cielo del Barros* parce qu'ils faisaient obstacle à la Coupe du monde. Je me souviendrai toujours de l'accueil généreux des indigènes de l'*Alta Maracana.* Carolina Mazzi et Manuela Andreoni m'ont enseigné ce que sont les gangsters de Rio et les trafiquants de billets.

À Brasilia Romario de Souza Faria Afonso et Carine Marais, José Cruz et Gustavo Castro m'on accueilli chaleureusement. Mes remerciements aux sénateurs Paul Bauer et Alvaro Dias pour l'avoir invité à parler de la FIFA en tant que famille du crime organisé à la Commission de l'éducation, de la culture et du sport en octobre 2001.

Juca Kfouri a rendu la publication de mon livre précédent – et de celui-ci – possible au Brésil et Rodrigo Mattos et Jamil Chade m'on fait profiter de leurs excellentes enquêtes.

Merci à Gavin Macfayden qui m'a fait connaître le Brésil et merci à vous messieurs les juges, les magistrats instructeurs et les avocats qui m'ont invité à parler à l'Ecole de la magistrature à Sao Paulo en décembre

2011 sur la corruption à la FIFA. Nous avons appris les uns des autres à cette occasion.

Ce fut un autre plaisir que d'être associé aux merveilleux journalistes – ma crème de ma crème (en français dans le texte) – du Global Investigative Journalists Network et à leur directeur exécutif Dave Kaplan.

Comme toujours, il y a des sources qui ne peuvent être citées. Mais elles savent qui elles sont et connaissent la valeur des documents qu'elles m'ont fourni.

Merci et abraços, grandes accolades brésiliennes.

Andrew

Table

RÉALISATION : NORD COMPO À VILLENEUVE-D'ASCQ
IMPRESSION : CPI FIRMIN DIDOT AU MESNIL-SUR-L'ESTRÉE
DÉPÔT LÉGAL : SEPTEMBRE 2015 N°129915 (129696)
Imprimé en France